0~3岁
益智亲子游戏

程玉秋 主编
高级育婴师、高级公共营养师
人力资源和社会保障部高级育婴师
职业技能考评员

吉林科学技术出版社

图书在版编目（CIP）数据

0～3岁益智亲子游戏 / 程玉秋主编. -- 长春：吉林科学技术出版社，2014.9

ISBN 978-7-5384-7305-6

Ⅰ.①0… Ⅱ.①程… Ⅲ.①游戏课－学前教育－教学参考资料 Ⅳ.①G613.7

中国版本图书馆CIP数据核字(2013)第308394号

本社广告经营许可证号：2200004000048

0～3岁益智亲子游戏

主　　编　程玉秋
编 委 会　程玉秋　刘红霞　牛东升　李青凤　石艳芳　石　沛　余　梅　张金华　魏丽朋
李　迪　石玉林　樊淑民　谢铭超　王会静　陈　旭　王　娟　徐开全　杨慧勤
卢少丽　张　瑞　李军艳　崔丽娟　季子华　吉新静　石艳婷　陈进周　李　丹
王长啟　申　琦　逯春辉　李　鹏　李　军　张　伟　高　杰　高　坤　高子珺
杨　丹　李　青　梁焕成　戴俊益　李明杰　葛龙广　霍春霞　高婷婷　杨　硕
李　利　王能祥　杨纪云　费军伟　赵永利　刘　毅　韩建立　高　赞　高志强
高金城　邓　晔　常玉欣　黄山章　侯建军　李春国　王　丽　袁雪飞　张玉红
张景泽　张俊生　张辉芳　赵金萍　崔文庆　石　爽　王　娜　金贵亮　程玲玲
段小宾　王宪明　杨　力　孙君剑
出 版 人　李　梁
策划责任编辑　许晶刚　赵洪博
封面设计　悦然文化
人物摄影　精灵豆婴幼儿专业摄影机构
开　　本　710mm×1000mm　1/16
字　　数　448千字
印　　张　28
印　　数　1-10000册
版　　次　2014年9月第1版
印　　次　2014年9月第1次印刷
出　　版　吉林科学技术出版社
发　　行　吉林科学技术出版社
地　　址　长春市人民大街4646号
邮　　编　130021
发行部电话/传真　0431-85677817　85635177　85651759
85651628　85600611　85670016
储运部电话　0431-84612872
编辑部电话　0431-86037698
网　　址　www.jlstp.net
印　　刷　沈阳天择彩色广告印刷股份有限公司
书　　号　ISBN 978-7-5384-7305-6
定　　价　49.90元

前言

游戏是包含了多种认知成分的复杂的心理活动，对宝宝来说，游戏不仅仅是一种娱乐，更是一种良好的学习方式。有人形容，主动探索和积极学习是开发智力的金钥匙，而这把金钥匙就是游戏铸造出来的。

宝宝的第一个也是最好的玩伴就是爸爸妈妈，宝宝最愿意对爸爸妈妈做出反应，而且对宝宝来说，爸爸妈妈就是他安全和快乐成长的基础。亲子游戏是爸爸妈妈与宝宝美好关系的催化剂，不仅可以加强亲子间的感情，增进亲子间的信任，还可以帮助宝宝开发智力、养成良好习惯等。所以，爸爸妈妈要多与宝宝一起做游戏，让宝宝在游戏中快乐成长。

爸爸妈妈可以把游戏当作一种对宝宝的锻炼，在游戏中培养宝宝良好的习惯。游戏中的习惯会对宝宝的成长产生重要影响，比如遵守游戏规则、拥有团队合作意识，都是社会行为规则的反映。

与宝宝玩游戏时要建立平等的关系，这样可以调动宝宝的积极性，让宝宝从游戏中学会正确处理事情的方式。

因此，绝对不能低估游戏对宝宝的重要性，因为这是一切学习的基础，即便是新生儿也能从游戏中获益。

本书以宝宝的月龄为经，以宝宝各个阶段的能力特点为纬，展现了 300 多个游戏，是爸爸妈妈与宝宝进行亲子游戏的百科全书。

目录 CONTENTS

上篇 0~1 岁宝宝分阶段益智游戏

第 1 章 0~1 个月 新生儿本能启迪与早期训练

第2章 1~2个月 宝宝在咿呀学语

第3章 2～3个月 翻身大练习

第4章 3～4个月 爱黏人的萌宝宝

第 5 章 4～5 个月 喜欢蹦跳运动的超级宝宝

第 6 章 5～6 个月 宝宝坐着用手指物

第 7 章 6 ~ 7 个月 怕生的全能宝宝

第 8 章 7 ~ 8 个月 在爬行中长智慧

第 9 章 8 ~ 9 个月 宝宝第一次喊妈妈

第 10 章 9～10 个月 宝宝学会站立

第11章 10～11个月 宝宝迈出人生的第一步

第12章 11～12个月 拿着蜡笔到处乱画的聪明宝宝

下篇 1~3 岁宝宝分阶段益智游戏

第 1 章 1~1.5 岁 爱模仿的小大人

第 2 章 1.5 ~ 2 岁 行走自如的小淘气

第3章 2～3岁 小小年纪闹“独立”

附录

索引

0~3 岁宝宝智能发育水平对照表

	运动	语言	数学逻辑	空间感知
1个月	•俯卧时头能微微抬起来 •双手扶着宝宝上臂，头能竖直 2 秒以上 •宝宝的手经常握成小拳头	与宝宝说话，宝宝会用细小的喉音回应	数学能力表现微弱	能对快速移动的物体做出反应，还没有空间的概念
2个月	•宝宝直立位及俯卧位时能抬头，俯卧抬头能离开床面 30 秒 •用带柄的玩具碰宝宝手时，宝宝能握住玩具柄 2~3 秒	•宝宝会跟随声音呀呀出声，听见熟悉人的声音或轻柔的声音会止哭，能发出和谐的喉音	数学能力发展还处于萌芽状态，还不能理解抽象的数学概念	对空间仍然没有形成概念
3个月	•抬头时，下巴能离开桌面 5 ~ 7.5 厘米 •扶坐时，头能竖起，但微微有些摇晃，并向前倾 •经常把手放到嘴里吮吸 •双手能在胸前互握	有时能发出两个音节的音	能分辨简单的形状了，比如大小	对空间中的一些物体开始产生兴趣
4个月	•当给宝宝盖薄被子时，宝宝双臂会上下活动 •扶着髋部时能坐，或在俯卧位时能用两手支撑抬起胸部 •喂奶时，宝宝会将双手放在母亲乳房或奶瓶上 •手能握持玩具了	会用微笑谈话，会发出“啊、噢、哦”的元音	数学能力还处于萌芽状态，不能理解抽象的数学概念，但可以用感官去了解和体验数学	开始对物体有了整体的知觉，能把部分被遮挡的物体视为同一物体，能分辨自己所在位置的高低
5个月	•从腋窝抱住宝宝，他会站立，而且身体会上下蹿动，两脚还会做轮流踏步的动作 •常用大拇指与示指抓物，手掌能稍微翻转	看到熟悉的食物时，能发出咿咿呀呀的声音，还会对自己或玩具“说话”	•开始认识“大”“小”的概念 •通过自己的体验，明白因果关系	空间能力进一步提高

人际交往	认知	感觉	模仿创新
• 会以哭笑表达自己的情绪 • 用各种方法逗宝宝，宝宝会笑	认知能力很弱	• 会以眼睛跟踪追看他身边的人 • 将物体放在宝宝正面 20 厘米处，宝宝能注视 7 秒以上	可以模仿妈妈伸舌头、张嘴
• 自己会表示兴奋、苦恼、高兴，并能以吸吮方式使自己安静下来	认知能力很弱	宝宝发现某种声音会有所反应	会简单模仿
宝宝见人就笑，笑的次数与日俱增	• 宝宝看到喜欢的物体时，会很兴奋，如呼吸加重、四肢用力等	• 抱着宝宝来到桌边，然后把醒目的玩具放在桌子上，宝宝很快就能注意到玩具 • 在不同的方向发出声音，宝宝会转头寻找	模仿能力增强，可以模仿妈妈简单的表情
• 能自发地发出笑声，也会对大人的逗引做出反应 • 照镜子时，宝宝会注意到镜子中自己的影像，还会对着镜中的自己微笑、说话，开始对人有反应	• 能挑出自己喜欢的玩具，开始认物了 • 能区分男声与女声	• 能倾听音乐，并且对音乐表现出愉快的情绪，而对激烈的声音会表现出不快 • 对颜色开始产生分辨能力了，对红色最为敏感，其次是黄色	可以简单模仿，比如捡拾小东西
听到熟悉的人说话就高兴，会微笑，甚至大笑	• 能区分陌生人和熟人 • 会注意镜子中的自己	• 视觉与触觉的协调能力发展起来了，看到什么东西都想摸	会模仿别人的表情，模仿时会皱起眉头，对着人脸微笑

	运动	语言	数学逻辑	空间感知
6个月	•平躺时能熟练地从仰卧位翻滚成俯卧位 •扶着腰部让宝宝站立，他能上下蹦跳 •会自己拿饼干吃了 •宝宝会自己用手拿开盖在脸上的衣服	处在语言能力发展的第二个阶段，也是连续发音的阶段，这个时候宝宝的语言特点是重复语句	在宝宝面前摆放三块积木，当他拿到第一块后，开始伸手想拿第二块，并注视着第三块	妈妈放纸飞机时，宝宝会追随飞机飞行的路线
7个月	•宝宝会连续翻滚了，并且能独坐很久 •被拉着站起时，腿会保持直挺，能站立片刻 •能将玩具从一只手换入另一只手	能发“爸爸”“妈妈”等复音，但无意识	会辨别新鲜和非新鲜事物	会有意识地寻找丢失的玩具，对物体恒存概念有了一定的理解
8个月	•开始爬行，有的时候还能扶着物体站起来呢 •可以自己坐起来，头还是向前倾，但可以用手臂支撑 •喜欢用示指抠洞或按遥控器、手机的键盘	能自然地发出各种声音	妈妈将玩具用布盖住大半部分，宝宝能找得到	喜欢上下、左右等不同方位的身体变换游戏
9个月	•开始用膝盖爬行，动作比较流畅 •能扶着物体站起来，站起来还会自己蹲下，少数宝宝会扶着家具或侧墙走动 •能拿着奶瓶喝奶，奶瓶掉了也会自己捡起来	•知道自己的名字，叫他名字时他会答应，能懂“平台”等复杂语句 •能发出“妈—、爸—、大—、拿—”等辅音，可以学习称呼亲人	有简单的数量概念，能区分物体的大小和数量的多少	对里外、上下、左右的空间方位有一定的知觉
10个月	•如果发现有趣的玩具，能扶着东西蹲下去捡，能从站位到坐位，身体下肢的灵活性不断增加 •宝宝会自己捧着杯子喝水了，也会手脚并用地爬行了 •牵着宝宝的双手宝宝能够走几步了	与宝宝说话，宝宝会用细小的喉音回应	对数字1、2比较敏感	能从不同的方位取物

人际交往	认知	感觉	模仿创新
当大人给宝宝洗脸时，如果他不愿意，他会将大人的手推开	• 能觉察到自己身体的不同部分，并知道自身与外界的不同 • 听到自己的名字会转过头来	视觉灵敏度已经接近成人水平	模仿能力增强
照镜子时，会对镜中的自己微笑、亲吻或拍打等	• 拿到东西后，会翻来覆去地看看、摸摸、摇摇 • 懂得了“不许”的含义	视觉发育的范围会越来越广，听觉也越来越灵敏	• 能模仿爸爸妈妈发出的双音节 • 学会了招手表示再见
• 逐渐学会辨识他人的情绪 • 大人手拿着洋娃娃逗引宝宝，宝宝会追逐洋娃娃 • 开始有怯生感，怕和爸爸妈妈分开	对周围的一切充满好奇	• 最常出现的行为就是一会儿注视这个物体，一会儿又注视那个物体 • 对单词和短语非常感兴趣，日渐变得通达人情	能够专注于自己喜欢的游戏或者玩具，会简单的模仿
当大人玩捉迷藏游戏时，宝宝会主动参与	• 宝宝会指身体各个部位了 • 给宝宝不喜欢的东西，他会摇摇头，玩的高兴时，他会咯咯地笑	能够准确找出声源，会认真观察爸爸妈妈的动作	会模仿爸爸妈妈的动作去做，可以叠加较大的物体
对其他的宝宝比较敏感，如果看到父母抱其他宝宝就会哭	• 用声音在宝宝头部周围逗引，宝宝会转头寻找声源 • 听到不同的声音会有不同的反应	现在的宝宝已经知道了若干物品的名称，接下来就可以认识物品的颜色了，宝宝认识的第一种颜色是红色	宝宝会做模仿游戏了，如拍手欢迎、挥手再见、拍洋娃娃睡觉等

	运动	语言	数学逻辑	空间感知
11个月	• 宝宝能单手扶物 • 能够蹲下捡起玩具再站起来 • 将杯盖准确地放在杯子上	• 宝宝能理解大人的话了，可用姿势来回答 • 模仿狗叫	对 1、2、3 的大小的含义有了比较深的理解	知道前后、上下方位的变化
12个月	• 宝宝自己能独立站稳了，并能独自走上 2~3 步 • 宝宝喜欢拿着蜡笔乱涂了 • 宝宝会自己用勺盛饭入口了	会用一个单词表达自己的意思	了解 1、2、3 的含义	可以变换不同的方向去拿东西
1~1.5岁	• 宝宝会爬到沙发或椅子上，然后转过身来，自己坐好 • 宝宝能一次性地将书翻 2~3 页，而且还会把瓶盖打开又盖上	宝宝会背简单的数字了，如 1、2、3 等，还会背简单的儿歌	能够理解数字 1~5 的含义	能从较远处将套圈套在目标物体上
1.5~2岁	• 宝宝走路变得更加娴熟，双脚靠得更近，步态更加稳了 • 能搭高五六块积木	宝宝会背诵几首完整的儿歌和唐诗了	能写几个简单的数字	学会把东西放进抽屉里，知道需要从抽屉内取出
2~3岁	• 宝宝能在坡路上走得很好，也不怕在沙上行走。在走路时，也能做其他的事情，如用手、讲话以及观看周围的事物等 • 宝宝已经具备了良好的平衡能力，并会拍球、抓球和滚球了 • 会自己系扣子，会玩包剪锤游戏，还会刷牙	当大人用“你”提问的时候，能够用“我”来回答	懂得用大小不同的杯子量米	知道自己身体的两侧有左右之分

人际交往	认知	感觉	模仿创新
宝宝喜欢模仿大人的动作及其他宝宝的动作与游戏，如拍娃娃睡觉等	知道早上和晚上的时间概念	宝宝看了画着苹果的卡片后，再给宝宝吃苹果时他就会比较激动	懂得遇到障碍物要绕开
宝宝知道具体的事物是什么，在哪里。如当妈妈问他“洋娃娃在哪里”时，他会用眼睛或用手指，来表明他认识这个事物	能够分辨自然界中简单的声音	能够找出发声源，能听懂几个字的句子	能够学着用工具来达到自己的目的
宝宝开始主动喜欢到户外玩耍、做游戏了，喜欢到小朋友多的地方玩，但一般还是各自玩耍，互不交往	宝宝会说自己的小名了，也会从街口走到自己的家了	能对不同的水温做出反应	喜欢玩儿过家家游戏
宝宝开始知道故事中谁是好人，谁是坏人	宝宝会说出妈妈和自己的名字	能简单描绘看过的图形 能模仿较长一段歌曲	能够自己动手搭积木
喜欢玩与人打交道的游戏，并学会分享	宝宝的因果关系理解力有进步了，对上发条的玩具和开关等设备更加感兴趣了	跟着音乐和别人相互配合伴奏	能与家人一起动手制作布娃娃

上篇

0~1岁宝宝

分阶段益智游戏

第 1 章

0~1 个月 新生儿本能启迪与早期训练

我一出生，就是一个小小运动健儿了，会打哈欠、凝视、笑、吸吮自己的小手指、蹬腿、踢脚、挥手、摇胳膊、扭头，可多本事了。我出生第一天能尿 10~30 毫升；随着我的长大，我越来越能尿，每天能嘘嘘 10 多次，能尿 100~300 毫升；到了我快满月的时候，每天能尿 250~450 毫升。我醒着时，如果在我旁边 10~15 厘米的地方发出声音，我就会一下子变得很乖，并注意听听是什么声音。这个时候的我已经懂得冷热、干湿和疼痛了，尤其喜欢软软的东西。看，我可爱吧。

——宝宝寄语

0～1个月宝宝的成长树

大动作

- 俯卧时头能微微抬起来
- 头可以左右扭转
- 双手扶着宝宝上臂，宝宝的头能竖直 2 秒以上

精细动作

- 触碰手时能条件反射般地收缩，有握持反射，能握住细小东西 10 秒以上
- 宝宝的手经常握成小拳头

语言

- 与宝宝说话，宝宝会用细小的喉音回应
- 用啼哭表示自己不舒服或饥饿

感觉

- 会以眼睛跟踪追看他身边的人
- 将物体放在宝宝正面20厘米处，宝宝能注视7秒以上
- 用声音在宝宝头部周围逗引，宝宝会转头寻找声源

人际交往

- 会以哭笑表达自己的情绪
- 用各种方法逗宝宝，宝宝会笑

宝宝的基本生长发育

	项目	男宝宝	女宝宝
出生时	身高（厘米）	46.8 ~ 53.6	46.4 ~ 52.8
	体重（千克）	2.5 ~ 4.0	2.4 ~ 3.8
满月时	身高（厘米）	52.3 ~ 61.5	51.7 ~ 60.5
	体重（千克）	3.8 ~ 6.4	3.6 ~ 5.9

妈妈育儿指南

1. 坚持母乳喂养。
2. 宝宝喝完奶后，要及时清洁口腔。
3. 宝宝醒着时，时刻不忘和宝宝对话。
4. 多用微笑和丰富的表情看着宝宝。
5. 多听音乐，给宝宝唱歌、讲故事。
6. 妈妈在和宝宝说话时，尝试让宝宝注视着妈妈。
7. 在婴儿床边挂一些颜色鲜艳的物品，让宝宝能注视到。同时，妈妈要及时调整方位，避免让宝宝长时间斜视某一方位。
8. 进行早期运动锻炼，这是健身长智的关键。
9. 宝宝高兴的时候会满面笑容，悲伤的时候会放声大哭，发怒的时候脸色会不好看。要从小培养宝宝的表情与情绪，使其性格情感都健全。
10. 出生后，宝宝的睡眠规律尚未形成，夜间尽量少打扰他，在月子里哺乳要按需喂养，到宝宝满月时母乳喂养要逐渐延长到2.5~3小时，奶粉喂养宝宝要延长到4小时，尽量让宝宝晚上多睡、白天少睡，尽快和大人的生活节奏保持一致。

读懂新生儿，选择合适的玩具与游戏

新生儿的视力水平

关于新生儿的视力水平，目前还没有统一的衡量标准。在正常情况下，妈妈在宝宝的正面晃动，宝宝就会紧紧地盯着妈妈的脸。因此，这个时期的宝宝视力只有 0.02 左右，只能看到 20~30 厘米远的事物；宝宝的视野很窄，不会跟着东西的晃动而移动视线。

新生儿对声音强度特别敏感

正常情况下，宝宝的听觉在胎儿期就已经形成了，因此新生儿一听到较强的声音就会蜷缩身体。另外，宝宝可以大致判断出声音的方向，有时可以朝声音的方向扭头。通常，宝宝对较强的声音容易做出明显的反应，但是区分不出声音的类别。

哭是新生儿的语言

宝宝 1 个月时，如果妈妈和他说话，他能注视妈妈的脸片刻，并会展现反射性的微笑，有时还会发出“咿咿”“啊啊”的语音，这是宝宝在和妈妈说话，也是宝宝的最初语言。

此外，新生儿还会用哭来表达自己的情感，这也是宝宝最初的语言。哭象征着生命，哭声大小衡量着生命的质量。整个新生儿期，宝宝都在哭，新妈妈要学会听懂这种特殊的语言，要根据宝宝的不同哭声表现来判断宝宝是肚子饿了还是口渴了，是身体不舒服还是尿湿了（详见附录“读懂新生儿的语言”）。

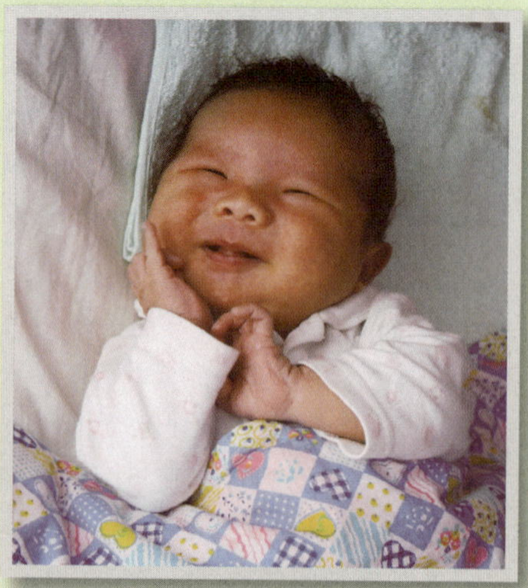

新生儿具备的条件反射能力

健康的宝宝从出生的那一刻起，经过刺激就会有一些反射动作出现，这些反射通常是非意识控制的，但经过 3 个月左右，就开始逐渐被意识性的动作所取代。

条件反射内容	条件反射的表现
吸吮反射	当妈妈把乳头或其他物体放入宝宝口中时，他会条件反射般做出吸吮的动作。一般情况下，这种反射动作在宝宝出生后 4 个月会消失，但出现在睡眠中或自发的吸吮动作则会持续很久
伸腿反射	用一只手握住宝宝一条腿的膝关节并使其伸直，再用手去刺激这一侧的足底，然后再刺激另一侧足底，可看到宝宝另一条腿也会不由自主地先弯曲，再伸直，继而出现内收，这个动作叫交叉伸腿反射
觅食反射	宝宝初到人世就会有一些天生的本能动作，比如当你用手轻轻触摸宝宝的左侧脸颊时，他会立即将头转向该侧，若轻轻触碰其嘴唇，他会做出噘嘴的动作，好像是在寻找食物
拥抱反射	将宝宝放置在床的一侧，头悬空，并用手托住，这时如果手突然放低，头向后侧低 10° ～ 15° 角时，宝宝会立即出现两手拥抱的姿势，或者在头部附近用手用力地拍打床垫，这就是拥抱反射
踏步反射	当你扶宝宝站起时，其足底先着地，身体略向前倾，他会做出踏步走的动作，这就叫踏步反射

适合新生儿的玩具与游戏

刚出生的宝宝还不能区分颜色，他们只关心几何形状，因此最好选择黑白大图卡或颜色单纯而鲜明的气球。随着宝宝逐渐长大，他开始喜欢红色和黄色等鲜艳的颜色，这时候可以选择可爱的小布偶等，来刺激宝宝的视觉。声音过大或奇形怪状的玩具千万不能选择，因为会让宝宝感到恐惧。另外，在选择玩具时要注意大小、重量、材料和做工，检查是否有毒性，是否安全。

新生儿的游戏重点并不在于玩，而在于感官探索，提供给宝宝各种素材，让他看、听和触摸。新生儿的游戏还包括很多能增进亲子感情的活动，比如可以安抚宝宝的游戏、一些辅助宝宝练习动作能力的游戏等。

运动能力开发

宝宝一出生，就有一定的运动能力，会打哈欠、凝视、笑、吸吮自己的手指、蹬腿、踢脚、挥手、摇胳膊、扭头等，这是培养新生儿动作能力与运动健身的基础。因此，应早点加以培训和锻炼。而且，对新生儿进行早期运动训练是健身长智的关键。

小手小手握握

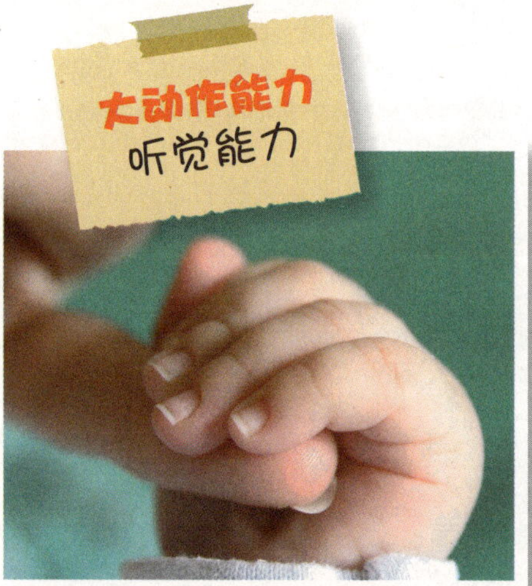

益智点

训练宝宝手的握持能力，提高宝宝右脑的自然能力，同时培养母子亲情，提高宝宝的人际交往能力。

游戏来了

妈妈把示指塞到宝宝的手中，使宝宝紧握，并停留片刻。

爸爸妈妈看过来

宝宝的小手指灵活度要经历五个阶段：握住、张开、松开、交换、拾起。

在宝宝生命的最初几周，他的小手大多会握成一个小拳头，手指伸展开的时间极短。当你用手指触摸宝宝的掌心时，他的小手立即会出现这样的反射——紧握你的手指。

3~4 个月大的宝宝能够自如地活动十根手指头。所以当宝宝趴着的时候，他会伸出一只手去够放在眼前的东西。6 个月的宝宝喜欢探索，喜欢拿住再松开的感觉。8 个月的宝宝用两只手交换玩具。你会发现这个时候的宝宝总是很有耐心地抓住一个物体来回把玩，随心所欲地把一块积木从一只手递到另一只手上。1 岁的宝宝喜欢用手指头捡拾，这时宝宝的手指变得更灵敏——能够像镊子那样发挥作用，拇指和中指能够拾起像毛线或面包屑这样细小的东西。

摇摇小手

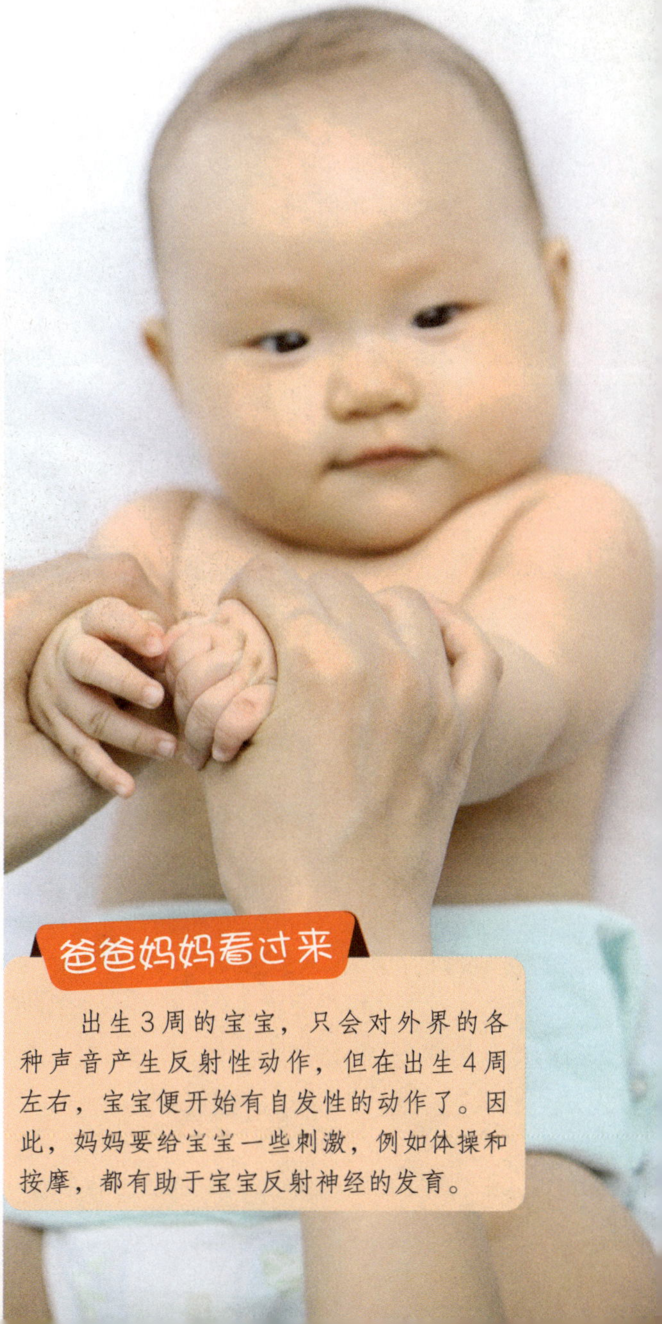

益智点

让宝宝感受到肢体运动的节拍和速度，锻炼宝宝胳膊的力度，从而锻炼宝宝的大动作能力。

游戏来了

让宝宝倚着枕头或被子躺下，也可以将宝宝抱在妈妈怀中，让宝宝正对着妈妈，然后举起宝宝的小手在宝宝面前晃动，引起他的注意。

妈妈可以提前准备简单的儿歌，或自己随意编几句有节奏感的句子，如“小手真乖，小手摇一摇，小手快跑”“小手飞呀飞，小手摇啊摇，小手跳啊跳”等，然后一边哼儿歌，一边举起宝宝的一只小手轻轻晃动，让宝宝的小手跟着儿歌的节奏摇动。

注意要点

妈妈在念“小手快跑”时，可加快速度将宝宝的小手放在宝宝的体侧；在念“小手飞呀飞”时，可拉着宝宝的小手做小鸟飞翔状；当念“小手跳呀跳”时，可拉着宝宝的小手上下“跳动”。此外，妈妈在拉着宝宝的小手做各种动作时，一定要轻柔，以免扭伤宝宝的胳膊。

爸爸妈妈看过来

出生3周的宝宝，只会对外界的各种声音产生反射性动作，但在出生4周左右，宝宝便开始有自发性的动作了。因此，妈妈要给宝宝一些刺激，例如体操和按摩，都有助于宝宝反射神经的发育。

宝宝巧抬头

益智点

对宝宝进行抬头训练能锻炼其颈、背部肌肉，促进宝宝早点将头抬起来，扩大宝宝的视野。

游戏来了

1. 俯卧抬头。每天在两次喂奶之间，让宝宝俯卧一会儿，并用玩具逗引宝宝抬头。

2. 竖抱抬头。在喂奶后，首先竖抱起宝宝，使其头部靠在妈妈的肩上，并轻轻地拍几下背部，防止宝宝溢奶。然后，不扶着宝宝的头部，让其自然立直片刻，如此每天4～5次，以促进宝宝颈部肌力的发展。

3. 俯腹抬头。宝宝空腹时，将宝宝放在妈妈的胸腹前，并使其自然地俯在腹部，用双手放在宝宝的背部进行按摩，并逗引他抬头，有时宝宝会将头抬起来。

注意要点

一般宝宝在出生后10天就可以进行俯卧抬头训练了。

宝宝扭扭操

大动作能力
自我认知能力

益智点

通过为宝宝辅助做扭扭操，可以开发宝宝的大动作能力，并具有强身健体的效果。

游戏来了

让宝宝平躺，握住宝宝的双脚。将宝宝的左脚抬起，交叠于右脚上。此时，宝宝的腰部应微微扭转下。恢复平躺的姿势，再换右脚交叠于左脚上，如此左右重复各 10 次。

注意要点

妈妈在抓握宝宝的双脚时不要用力，动作幅度不要过大，以免弄疼宝宝。一切以适合新生儿的力度为宜。

盘盘小腿

大动作能力
自我认知能力

益智点

锻炼宝宝腿部的肌肉，提高腿部大动作能力。

游戏来了

给宝宝穿上暖和、宽松的衣服，将宝宝放在床上躺着，房间里面保持暖和。妈妈轻轻握住宝宝同侧的脚踝和大腿，盘向另一条腿，让宝宝的身体和屁股跟着盘过去，然后再将宝宝放回平躺的姿势。换另一条腿，做盘转运动，如此反复数次。

注意要点

在做盘腿游戏时，爸爸可以在旁边帮忙，用手轻轻护着宝宝的腰背，帮助宝宝盘转。

让宝宝学拿东西

身体协调能力
精细动作能力

益智点

开发宝宝的身体协调能力。

游戏来了

根据宝宝的动作协调能力，可准备笔杆、筷子之类的东西让宝宝试握。将笔杆或筷子放到宝宝的手心，宝宝会握住手中的物品。这时你可以试着将宝宝提起，你会发现，宝宝可以被你提到半坐位，有的宝宝甚至可以完全握住笔杆或筷子而使整个身体离开小床。

注意要点

由于宝宝的力量有限，提起的时间不宜过长。

宝宝打水操

大动作能力
自我认知能力

益智点

通过为宝宝辅助做打水操，可以锻炼宝宝的腿部力量、促进宝宝腿部肌肉发育，提高大运动能力。

游戏来了

让宝宝平躺，握住宝宝的双脚脚踝。先将宝宝的左脚上下摇一次，再将宝宝的右脚上下摇一次，如同双脚打水状。也可以在宝宝的脚踝处施力，先弯曲、伸直宝宝的左脚，再弯曲、伸直宝宝的右脚，反复 10 次。

注意要点

妈妈在抓握宝宝的双脚时不要用力，动作幅度不要过大，以免弄疼宝宝。一切以适合新生儿的力度为宜。

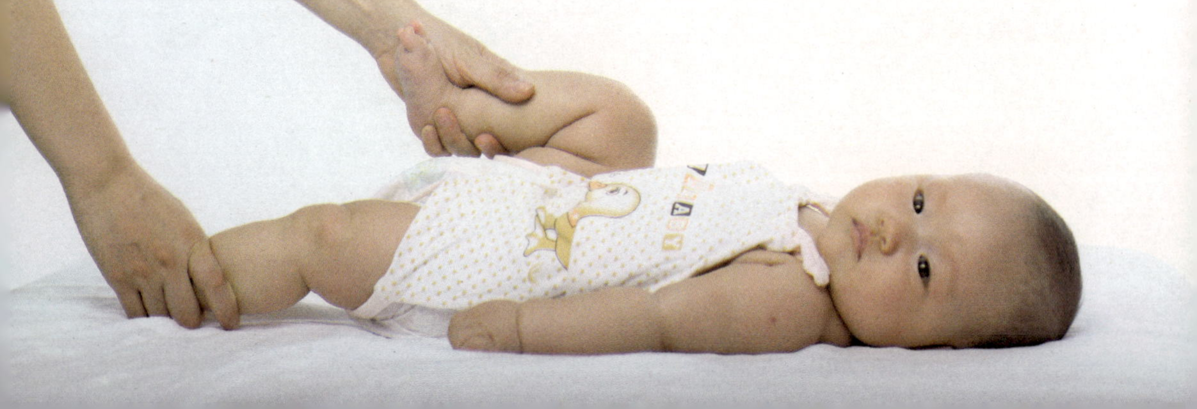

按摩小脚丫

运动能力
触觉能力
人际交往能力

益智点

通过对宝宝脚底按摩，增进宝宝神经系统发育，可以进一步增加宝宝对自己身体的体验和认识，有助于宝宝情感的发展，有利于宝宝身心健康发展。

游戏来了

1. 妈妈把温暖的手轻放在宝宝的脚底，安静地握住宝宝的脚，给予支持，保持接触，等待宝宝的信息。

2. 妈妈用一只手托住宝宝的脚后跟，另一只手的手指聚拢在宝宝的脚背，用拇指指肚轻揉脚底，从脚尖抚摸到脚跟，反复 3~4 次。妈妈一边抚触，一边念着儿歌："妈妈揉揉小脚，宝宝健康快乐。"

3. 妈妈用一只手托住宝宝的脚，另一只手的拇指和示指轻轻捏住宝宝的脚趾，从小指开始依次转动、拉伸每个脚趾。

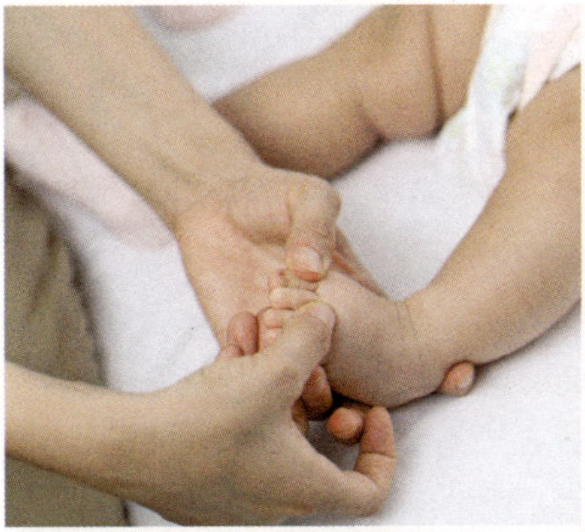

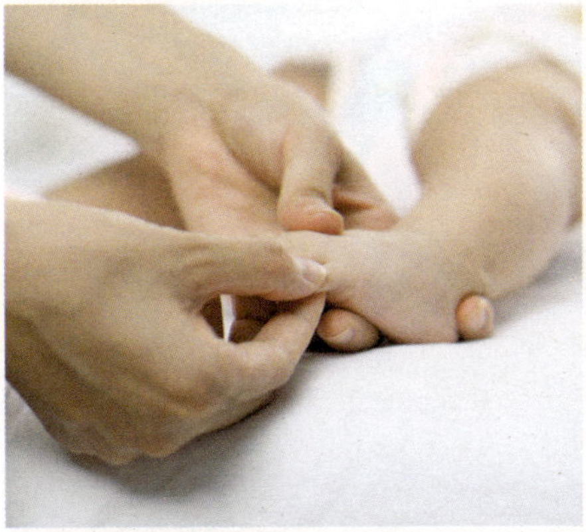

爸爸妈妈看过来

抚触按摩是亲子间爱的传递与交流，可以促进宝宝肌肉协调发展、心情愉悦、人格健康发展，并能有效地促进宝宝智力的发育。科学实验证明，缺乏抚触将导致宝宝发育迟缓，身心发展受到严重阻碍。

注意要点

脚底按摩很适合新生宝宝。当妈妈抱着宝宝时，只要宝宝愿意，就可以帮宝宝进行脚底按摩。

横托抱

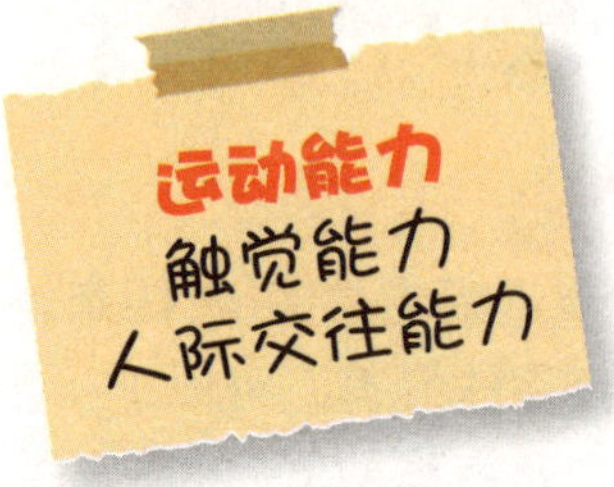

益智点

可充分利用宝宝的先天防御性反射，锻炼宝宝的背部力量、身体自控能力，增加胸压，促进肠蠕动，利于肠胃成熟，促进排便。当头部能够自如控制后，为坐姿挺拔、预防驼背奠定基础。此外，还可以促进亲子关系亲密和谐。

游戏来了

右手抓住宝宝的双踝，上提的同时用左手托住宝宝的颈背部，随后右手托住宝宝的臀部，托至前胸。两手距离逐渐加大，宝宝的背部开始会下垂。当宝宝的身体下降到一定程度时就会做出本能的挺胸动作。新生儿一般可以挺3~5秒。妈妈的双手逐渐向内靠拢。

注意要点

此亲子操在宝宝出生后10天便可进行了，如果是爸爸来进行就更好了，因为爸爸腕部有力。托抱宝宝时两手距离不要过窄，不要裹着被子做，刚开始做时离床近一点儿。新生儿每天2~3遍，每遍2~3次。以后增加每次练习的时间，次数尽量保持不变。

语言能力开发

1个月之内的新生儿，已经能区分语言和非语言声响了，此外，还能分辨不同的语音。这时，要与宝宝多交流，促进其语言能力的发育，同时也有利于与宝宝建立更密切的关系。

拉长发音

语言能力
视觉能力
听觉能力
模仿能力

益智点

刺激宝宝语言发育。

游戏来了

让宝宝仰卧在妈妈怀里或躺在床上，妈妈做出各种表情，并发出简单欢快的声音，引起宝宝的反应。当宝宝发出“O——O——O”的声音时，妈妈重复并拉长其发音“O——O——O”。

注意要点

这种相互交流有助于宝宝语音的形成。延长发音可以强化宝宝正在形成的语音，有助于宝宝语言能力的提高。

爸爸妈妈看过来

妈妈发出的声音不要太大，以免吓着宝宝，也不要急于求成地发出太复杂的音。

专家点拨

要培养宝宝的语言能力，先要培养宝宝听别人说话的兴趣，从而强化宝宝对语音的理解能力。

在家里，爸爸妈妈要营造一个温暖亲切的环境。妈妈可抱起宝宝，轻轻地亲吻他，用手抚摸他的小手、小脸、小身体。在宝宝哭闹时，将宝宝抱起来贴近胸口处，让宝宝听听妈妈的心跳声，他就会变得安静和愉悦起来。

为宝宝唱歌

语言能力
听觉能力
模仿能力

益智点

培养宝宝的发音及口唇模仿能力，刺激宝宝语言发育。

游戏来了

当宝宝的注意力集中在妈妈脸上时，妈妈给宝宝唱一些儿歌，可以是妊娠期给宝宝唱过的歌曲，也可以是新歌，只要节奏明快、朗朗上口即可。唱歌时妈妈要脸对着宝宝的脸，并观察宝宝的表情和反应。

注意要点

妈妈的口形对宝宝很有吸引力，这样做游戏可以刺激宝宝张口发音。妈妈的表情可以夸张些，可以带动宝宝活跃起来，刺激宝宝的语言模仿能力。同时，给宝宝唱歌也能刺激宝宝的听力。

和宝宝说话

语言能力
听觉能力

益智点

建立重要的语言连接，刺激和促进宝宝语言能力的发展。

游戏来了

当宝宝躺在摇篮里或妈妈的怀抱中时，妈妈要把正在做的事情慢慢告诉宝宝。眼睛注视着宝宝，让宝宝明白是在和他说话。不时改变音调，可以用高音、低音、平板的声音，但一定要柔和、饱含爱意。

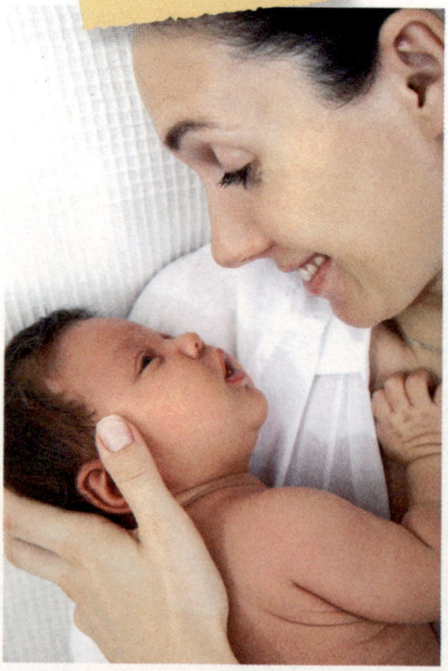

注意要点

试着经常和宝宝说话，可以把你正在做的或正在想的都告诉宝宝。虽然看起来你说的话宝宝不太明白，但事实上，你重复得越多，宝宝越容易掌握。

数学逻辑能力开发

出生1个月内的宝宝数学能力表现微弱，但并不代表宝宝没有数学能力。对于婴幼儿来说，早点理解数量的概念有利于他们日后数学能力的提高。所以爸爸妈妈要尽量帮助宝宝感受数量的变化。

小红帽，小蓝帽

数学能力
视觉能力
听觉能力

益智点

帮宝宝感觉数量变化，提高数学能力。

游戏来了

妈妈分别把两顶小帽子套在两只手上，吸引宝宝的注意力。为宝宝念儿歌："小红帽，小蓝帽，一眨眼睛不见了。"念"小红帽"时将戴红帽子的手稍微举高，在宝宝面前慢慢晃动两下；念"小蓝帽"时将戴蓝帽子的手稍微举高，在宝宝面前晃动两下；念"不见了"时速度稍快地将两只手藏在背后，或将一只手藏在背后。

注意要点

1. 这个游戏不仅能帮宝宝感受数量，还能锻炼宝宝的空间知觉，并能让他感受物体在空中的运动。

2. 除了用帽子外，也可以换成两三种颜色对比鲜明的小玩具，代替帽子与宝宝做游戏。

数字儿歌朗诵

数学能力
听觉能力
人际交往能力

益智点

帮助宝宝对数字的理解。

游戏来了

在宝宝睡醒或吃饱后，妈妈可以把宝宝抱在自己的腿上，用手支撑起宝宝的头部，让宝宝看着妈妈的脸，然后给宝宝唱儿歌："1"像铅笔能写字；"2"像小鸭能浮水；"3"像耳朵能听话；"4"像红旗飘啊飘……妈妈也可以一边给宝宝唱数字儿歌，一边逗引宝宝发笑，让宝宝在妈妈的声音、逗乐中接受数字的熏陶。

注意要点

出生1个月的宝宝对数字的概念还很模糊，数学智能发展还处于萌芽阶段，不能理解抽象的数学概念。如果妈妈能经常与宝宝玩数字游戏，便能促进宝宝的数学智能发展。父母应寓教于乐，只要能用具体事物表达出来的数学概念，都能借游戏让宝宝认识。

爸爸妈妈看过来

妈妈可以一边给宝宝唱数字儿歌，一边逗引宝宝笑，让宝宝在妈妈的声音、逗乐中接受数字的熏陶。

空间感知能力开发

1个月的宝宝能对快速移动的物体做出反应，还没有空间的概念。

认识我们的家

空间感知能力
视觉能力
听觉能力

益智点

帮助宝宝了解周围的环境。

游戏来了

在宝宝出生后半个月，妈妈竖着抱起宝宝，用右手支撑他的头使他不至于后仰，沿着房间观看室内墙壁四周的挂图和玩具饰物，和宝宝一起熟悉家。爸爸在后面与宝宝说话，引诱他寻找或者让他转头看。

妈妈可以边抱宝宝看边给宝宝讲述，每到一处就指指看到的物品，告诉宝宝这是什么，比如看到宝宝的小床时，要对宝宝温和地说："宝宝看看，这是我们的家，这是宝宝的小床，宝宝的床很漂亮。"如果看到宝宝对家里某个物品特别感兴趣，就在该物体前多停留一会儿，以使宝宝能够固定地凝视，并认清楚。

虽然这时宝宝还没有照镜子的经验，不明白镜子里是什么，但是爸爸妈妈仍然可以将宝宝抱到镜子前，对着镜子做几个动作，并告诉宝宝"这是宝宝，那是妈妈"之类的话。

注意要点

虽然宝宝还不能听明白妈妈的话，但这样的游戏能帮助宝宝初步熟悉自己周围的环境。让宝宝以舒服的体位看到许多新事物，宝宝会伸头或使劲转动头部去看或寻找，也使得颈部得到锻炼，逐渐能够支撑头部。

爸爸妈妈看过来

这个游戏可以每天进行，但时间不宜过长，每次 3 ~ 5 分钟后让宝宝躺下休息一会儿，以免宝宝厌倦。在给宝宝看屋子里的物品时，应选择宝宝熟悉的、色彩鲜艳的去看。这样做能让宝宝从正面看东西，训练双眼的协调能力；还可以让宝宝看多种类型的东西，以培养宝宝的视觉接受与认知能力。

认识左右手

空间感知能力
视觉能力
听觉能力

益智点

帮助宝宝认识左右手。

游戏来了

妈妈握着宝宝的左手，轻柔地对宝宝说："这是宝宝的左手。"再握住宝宝的右手，对宝宝说："这是宝宝的右手。"帮助宝宝判断方位。

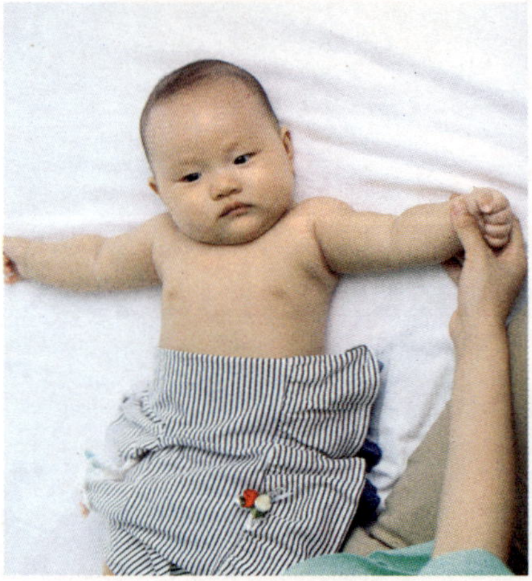

注意要点

让宝宝认识左右手游戏能培养宝宝的方向感，还能帮助宝宝很好地认识自己。这个游戏还可以延伸到左脚、右脚和左面、右面。

认方向

空间感知能力
视觉能力
听觉能力

益智点

帮助宝宝辨别左右、上下等方向，提升空间位置判断能力。

游戏来了

妈妈两只手各拿一只气球，两只气球的颜色要有明显的区别。将气球分别举在宝宝面前，距离宝宝的目光约30厘米，并晃动气球引起宝宝的注意。举起左手的气球时，要对宝宝轻声说："这是左边。"举起右手的气球时，要轻声说："这是右边。"在对宝宝说"左右"时，要注意与宝宝之间方向的差异。

注意要点

宝宝的空间知觉发展很迅速，特点是从自我出发，所以他们对空间方位的辨别也是以自我为中心的。1个月的宝宝虽然还难以理解左右、上下的概念，但只要妈妈经常这样陪宝宝练习，就能让宝宝的空间位置判断能力尽早得到训练和发展。

黑白图卡

空间感知能力
形象思维能力

益智点

训练宝宝对图形、颜色的感知能力，开发宝宝的形象思维能力、空间感知能力。

游戏来了

父母为宝宝准备一些黑白图形，比如黑色的三角形、白色的圆形、黑色的长方形等。让宝宝躺在床上，然后出示不同的图形给宝宝看，每种图形让宝宝看 1 分钟，同时观察宝宝的反应。

也可以采用在小宝宝的床头贴上棋盘、拼图、条纹、曲线、同心圆、串珠等几何图形的方式来进行。在宝宝醒来时，让他去看这些令他感兴趣的东西。

注意要点

形象思维能力强的人，对形象的图和画都很感兴趣，喜欢看书中的插图和图表，这种特征在很小的时候就会表现出来。发展这种智能，能让宝宝以后善于形象地把握事物，有利于培养观察形象思维、对空间关系的把握能力等。

黑色的三角形

白色的圆形

黑色的长方形

玩玩小火车

空间感知能力
视觉能力
听觉能力

益智点

帮助宝宝感受空间中的位置关系。

游戏来了

用颜色鲜艳的纸板剪一个长方形小火车。把小火车放在宝宝面前，吸引宝宝注意。对着宝宝轻柔地说："宝宝快看，小火车要开走喽。"然后从左向右缓缓移动小火车。边移动小火车边模拟火车发出的"呜呜"声。

当小火车从宝宝身体的一侧移动到另一侧后，"呜"的一声停下来，然后再换方向，从右向左慢慢反方向移动。

当宝宝的眼睛能够熟练追随小火车后，妈妈可以适当调整火车行驶的路线，让火车上下移动行驶。

注意要点

在这个游戏中，小火车在宝宝的视线中移动，可以吸引宝宝的视线，帮助宝宝感受空间中的各种位置关系，提升他的空间知觉能力。同时游戏还能帮助宝宝学习转头，提高宝宝的身体协调能力，锻炼其颈部肌肉。

爸爸妈妈看过来

每次游戏时间不宜过长，可以每天反复玩几次。1个月的宝宝视力范围很窄，也容易疲劳，所以妈妈和宝宝无论做什么游戏，距离宝宝的眼睛都不要太远，以后随着宝宝渐渐长大，再将距离慢慢拉大。

人际交往能力开发

婴儿出生就会笑，这是“生理性的微笑”，是与生俱来的。慢慢地，新生儿会学会对人脸和玩具微笑，这是他产生了社会交往的需要，转变为“社会性微笑”。

乖宝宝找妈妈

人际交往能力
听觉能力
视觉能力
运动能力

益智点

锻炼宝宝的人际交往能力。

游戏来了

把宝宝放在柔软的婴儿床上或摇篮里，让宝宝舒服地仰卧。妈妈先俯身面对宝宝，与宝宝视线相对。妈妈慢慢地转身，移动到宝宝的侧面，一边移动一边说：“妈妈去哪儿了？妈妈呢？”接着再慢慢地移回到宝宝的视线之内，一边移动一边说：“呵呵，妈妈在这儿呢。”然后拿起宝宝的小手，触摸一下自己的鼻子或者脸颊，逗宝宝笑，反复两三次。

注意要点

通常，1 个月的宝宝已经能够听出妈妈的声音，通过游戏可以增进妈妈和宝宝之间的感情，让宝宝感觉愉快。此外，还可以锻炼宝宝的听力，为宝宝掌握语言打下基础，还可以锻炼宝宝头部的灵活性，提高宝宝的运动能力。

爸爸妈妈看过来

小宝宝非常容易疲劳，游戏时间一定不要太长，每次 2~3 遍即可。1 个月的宝宝转头能力还很弱，所以妈妈要注意移动的角度不要太大，可以根据宝宝的情况稍稍大于宝宝能转动的角度即可。

逗笑宝宝

人际交往能力
情感表达能力
听觉能力

益智点

养成逗笑的条件反射，引起宝宝愉快的情绪，培养宝宝的情感表达能力。

游戏来了

从宝宝出生第一天起，父母就可以逗宝宝笑。可以抱着宝宝，挠挠他的身体，摸摸他的小脸蛋，用快乐的声音、表情和动作感染宝宝。宝宝在这种情绪下，目光也会逐渐变得柔和，眼角也会出现细小的皱纹，露出快乐的笑容。

可以在宝宝高兴的时候给他做个鬼脸，或者给他看一些玩具的怪动作，也能逗笑他。

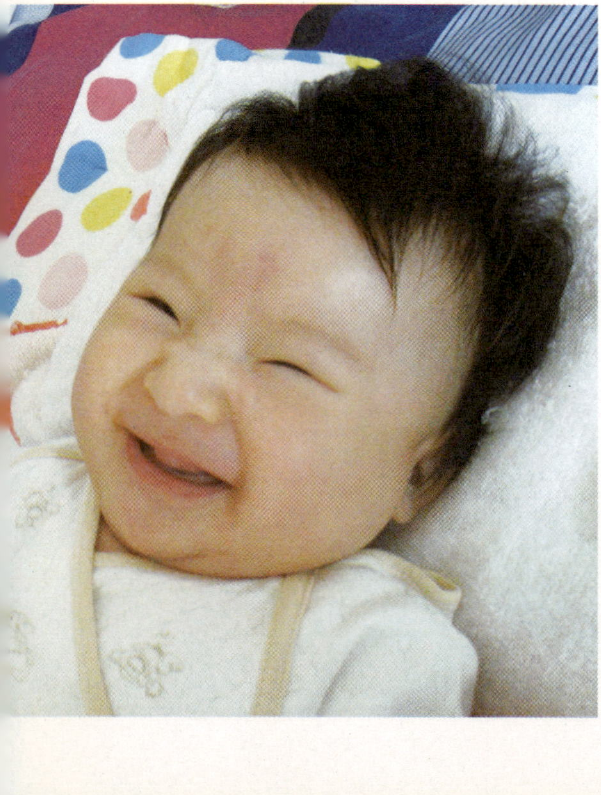

注意要点

出生14~21天后，宝宝就会出现笑容。爱笑的宝宝都招人喜欢，也容易与外界建立起良好的人际关系。而且，美国医生伊林沃夫研究认为，越早出现笑容的婴儿越聪明，笑引起的情绪能促进宝宝大脑的发育。他观察出生第三天会笑的新生儿在6岁时的智商为180。

专家点拨

新生儿喜欢被人逗引，有人接近他就笑，离开他就哭，和他讲话会咯咯地发音应答。新生儿还特别依恋母亲，早期交往能力在妈妈搂抱、爱抚、笑笑、玩玩中得到发展。

当爸爸逗新生儿时，他也会报以喜悦的表情，甚至微笑。这是新生儿与爸爸妈妈建立情感的本领。一般来说，新生儿对爸爸妈妈及周围亲人的拥抱、亲吻等，都会有积极的反应。这种交流，对新生儿行为能力的健康发展非常有益。因此，千万不要以为新生儿什么也不懂，就知道吃、喝、拉、撒、睡，这是很错误的认识。

爸爸也要照顾宝宝

人际交往能力
观察能力

益智点

锻炼宝宝与不同的人相处的适应能力。

游戏来了

爸爸也要参与到对宝宝的照顾中，经常抱起宝宝，替他洗澡、换尿布、穿衣服、逗引宝宝笑等。宝宝很快就会发现爸爸的抱法与妈妈有所不同，爸爸的动作快捷有力，爸爸的脸不如妈妈的光滑。宝宝在这种不同的照顾方式中，会逐渐提高适应能力。

注意要点

宝宝需要适应不同人的不同照顾方式，从小得到爸爸照顾的宝宝，适应能力也会提高，而且能与爸爸用互动的方式交流，容易产生感情。从小照顾宝宝的爸爸到了宝宝长大后，也能与宝宝感情融洽，而那些从小就害怕爸爸的宝宝，难以与爸爸相处。

爸爸妈妈看过来

由于宝宝小，只能让宝宝适应2~3个人照顾。如果经常换人照顾宝宝，会让宝宝产生不安全感。

自然认知能力开发

父母在照顾宝宝时要帮助宝宝熟悉生活中的各种声音，让宝宝多接触大自然中各种事物发出的声音，比如雷声、雨声、动物的叫声、汽车的鸣笛声等，不仅能丰富宝宝的听力，更主要的是帮助宝宝辨别自然界中的各种事物，提升宝宝的自然感知能力。

听雨声

自然认知能力
听觉能力

益智点

培养宝宝认识自然界事物的能力。

游戏来了

下雨天，可以和宝宝一起坐在窗前听外边的雨声，边听边给宝宝唱儿歌："小雨小雨哗哗下，宝宝快长大。"滴滴答答的雨声能让宝宝感觉到大自然的刺激。

注意要点

妈妈与宝宝说话时尽量用普通话，并注意不可用过强的噪声似的语言刺激宝宝。

感觉能力开发

新生儿出生后，用感官把外界的信息不断地传递到大脑中，使感官——大脑——身体——行动都协调起来，才能适应外界的生活，这些适应的过程和心理发育与感觉能力密切相关。

眼跟红球180°

视觉能力
运动能力
探索能力
人际交往能力

益智点

通过训练视觉，能刺激宝宝的大脑发育，并启发宝宝的探索和交往能力。

游戏来了

宝宝仰卧位时，用一红绒球放在他的眼睛正上方，并且上下左右缓慢地移动，使宝宝的眼睛跟着红绒球看。这时，在追视的基础上，宝宝有时会舞动四肢，向爸爸妈妈发出开心的微笑。在经过一段时间的视觉训练后，宝宝的眼睛就会跟着红球转 180° 了。

注意要点

爸爸妈妈在照顾宝宝时要帮助宝宝进行视觉能力的训练。除了眼跟红球 180° ，还可以用红花或色彩鲜艳的物体在小宝宝眼前左右来回慢慢移动，距离要适当，引导宝宝将头向着红花方向移动，视线随红花移动。这样便可以增强宝宝的视觉能力。

专家点拨

新生儿出生后就具有看的能力，并能记住所看到的东西。新生儿喜欢看鲜艳、动感的东西，对光敏感。出生3周左右，他就学会注视视野中出现的物体，并追随物体转移视线。个别宝宝和妈妈眼睛对视时，甚至会暂停吸吮，全神贯注地凝视着妈妈，这是人类最完美的情感交流。

尽管新生儿的视觉能力是所有感觉中发展水平最低的，视觉适应及视敏度水平有限，但被称为“智慧之窗”的眼睛能获得外界80%的信息，充分发挥这方面的潜在能力，将有利于智力发展。

听觉记忆能力
听觉能力

会叫的玩具

益智点

让宝宝在游戏中感受各种声音、认识各种不同声音。

游戏来了

给宝宝买几种会发出不同声音的玩具，如一捏会发出“喵喵”叫的小猫，一拍会发出“汪汪”叫的小狗，或者是能发出“啾啾”叫的小熊。

在宝宝醒着的时候，用这些玩具逗引宝宝，并将各种声音配合起来，让宝宝在玩玩具的同时，获得声音的刺激，并了解常见动物的叫声。

注意要点

各种会发出声音的玩具对宝宝很有吸引力。它们因“特别”“神奇”而深受宝宝的喜爱，而且这些声音之间的差别很大。如果能将各种动物玩具或布娃娃及它们所发出的声音配合起来，不仅能让宝宝感受到各种声音，锻炼他的听觉记忆并发展认知能力，还能增强宝宝对自然界及动物的好奇心。

铃儿响叮当

听觉记忆能力
运动能力

益智点

让宝宝经常接触声音，习惯声音，从而提高宝宝的听觉记忆能力。

游戏来了

准备好大小合适的铃铛，将铃铛系在宝宝的手上或脚上。宝宝动手或动脚使铃铛响起。或者妈妈一边轻轻摇动宝宝的手和腿，使铃铛轻响，一边说："宝宝听，什么响？宝宝听，铃铛响。铃儿铃……"

注意要点

铃铛不能太响，以免刺激宝宝的耳膜。铃铛上不能有毛刺，以防划伤宝宝。在宝宝睡觉时解下铃铛，以免宝宝醒来突然听到声音受到惊吓。另外，在摇动宝宝手脚时动作要轻柔。

专家点拨

新生儿会将头转向声音传来的方向。虽对轻微的声音不如成人敏感，但是能够分辨不同大小、方向和频率的声音，尤其对语言会有所反应。能辨认出妈妈的声音。

新生儿最喜欢听妈妈的声音。有个小实验很有趣：让宝宝只看着妈妈的脸，但让宝宝听到别人说话的声音；再反过来，让宝宝看着别人的脸，但听到妈妈说话的声音。在这两种情况下，宝宝都会出现慌乱、苦恼的样子。但如果让宝宝看着妈妈的脸，并听到妈妈说话的声音，宝宝就会眼睛发亮，神情兴奋，面露笑容。其次是爸爸的声音，再接下来就是高亢悦耳的声音。

新生儿不喜欢音量过大的声音和噪声，如在耳边听到音量大的噪声，头部会转到相反的方向，甚至用哭声来抗议这种干扰。

黑了，亮了

视觉能力
光亮适应能力
自然认知能力

益智点

发展宝宝对光亮的反应能力与适应能力。

游戏来了

1. 把卧室窗帘拉下来，这时光线会暗下来。让宝宝平躺在床上。

2. 首先关灯 1 分钟，然后再开灯 1 分钟。

3. 连续做 5 次，10 分钟为一个完整的过程。

注意要点

最好在宝宝安静的情况下进行此游戏，并且要注意光线不能太暗，稍微暗淡即可，否则会使宝宝受到惊吓。

爸爸妈妈看过来

关灯后，宝宝会安静几秒钟，然后宝宝会感到很害怕，就会想哭。这时爸爸妈妈要轻拍宝宝，让宝宝知道父母在他身边。1 分钟后打开灯，灯光会让宝宝有安全感，宝宝会很快安静下来。如此反复几次，宝宝就不会对黑暗感到特别害怕，因为他知道一会儿就会亮起来。

专家点拨

宝宝的视觉并不是生来就很敏锐，而是需要科学训练培养。刚出生的宝宝视觉能力很差，只对光线的明暗有感觉。对明暗的反应是宝宝视觉发育的开端。通过视觉游戏加以训练，能让宝宝看得更远、看得更清、看得更多。

闻气味

嗅觉能力
逻辑分辨能力

益智点

训练宝宝的嗅觉能力。

游戏来了

用浸过乳汁的毛巾放在宝宝头部一侧，让宝宝转过头来闻。

注意要点

也可以把带有宝宝气味的衣服放在宝宝头部一侧，观察宝宝的反应。

专家点拨

新生儿能察觉到一些气味；闻到不喜欢的气味会把头扭到一边。母乳喂养的婴儿能根据乳房和腋下的气味辨认出自己的妈妈。

嗅觉是母婴相互了解的一种方式。宝宝出生后，不仅嗅觉灵敏，而且还非常喜欢妈妈乳汁的香味，喜欢在妈妈的怀里，妈妈的体味可以给宝宝安全感。

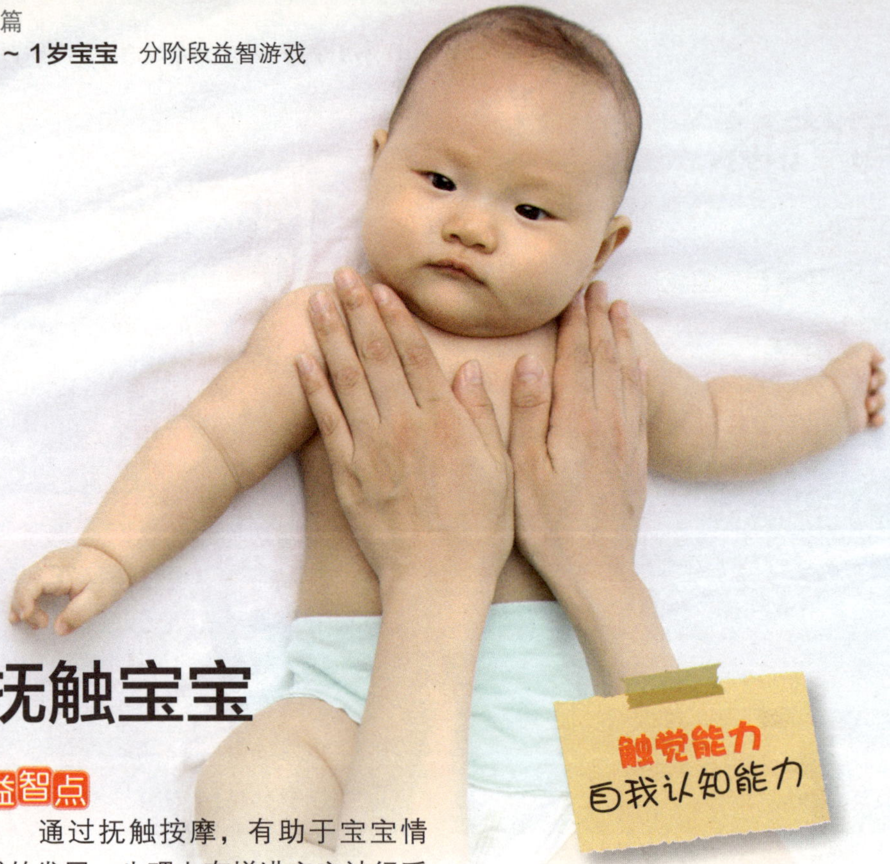

抚触宝宝

益智点

通过抚触按摩，有助于宝宝情感的发展，生理上有增进宝宝神经系统发育的作用，使宝宝感到放松，刺激血液和淋巴系统，有利于宝宝健康生长发育。

游戏来了

当宝宝睡醒后，要抚触按摩宝宝全身的皮肤，并和宝宝说话。

注意要点

为宝宝按摩，最好在宝宝清醒、能清楚观察宝宝的表情和反应的情形下进行。喂完奶后的1小时内不适合进行抚触。为避免宝宝吐奶，最好选在两餐之间抚触，如早上11点和下午4点各喂一次奶，就要在下午2～3点进行抚触。宝宝洗澡后也是抚触按摩的好时机。

专家点拨

新生儿的触觉器官最大，全身皮肤都有灵敏的触觉。实际上胎儿生命一开始，当他们被子宫内温暖的软组织和羊水包围时就开始有触觉了。习惯于被紧紧包裹在子宫内的胎儿，出生后喜欢紧贴着身体的温暖环境。当新生儿啼哭时，父母都会本能地抱起自己的孩子，并轻拍、摇动他们，这是在充分利用触觉安慰新生儿。

模仿创新能力开发

新生儿从2周起，就学会模仿妈妈的面部表情，如模仿妈妈伸舌头、张嘴。新生儿最初学会的本领都是通过模仿而获得的。例如，妈妈聚精会神地看着宝宝，宝宝目不转睛地望着妈妈。

伸伸舌头咂咂嘴

分析判断能力
视觉能力
听觉能力

益智点

培养宝宝的观察与模仿能力，训练创造性思维能力。

游戏来了

父母面对宝宝做口形的游戏，比如爸爸张口，妈妈也张口；爸爸伸出舌头，妈妈也伸出舌头；爸爸咂舌，妈妈也咂舌。观察宝宝会不会模仿父母的动作，跟着张口、伸舌、咂舌并发出声音。

注意要点

父母在给宝宝做动作的时候，要注意宝宝模仿得是否正确。有的宝宝发育得比较慢，一开始的时候可能只是看着，不会跟着父母做动作，这时候就要求父母有足够的耐心，反复做这个游戏，慢慢地宝宝就会跟着一起做了。

0～1个月
宝宝智能水平小测试

1 第一次看离眼20厘米、模拟妈妈面孔的黑白图画时，注视

A. 10秒以上　B. 7秒以上
C. 5秒以上　D. 3秒以上

2 在离耳部15厘米处摇动内装20粒黄豆的塑料瓶时，宝宝

A. 转头眨眼　B. 皱眉
C. 耸鼻张口　D. 不动

3 大人将手突然从远处移至宝宝眼前，宝宝

A. 转头眨眼　B. 眨眼
C. 不动

4 手

A. 双手可达胸前，可吸吮任一侧手指
B. 单手可达胸前，只吸一侧手指
C. 吸单侧拳头
D. 双手在体侧不动

5 把笔杆放入宝宝手心，宝宝

A. 紧握10秒以上　B. 握住5秒以上
C. 握住2秒　D. 不握或握后马上放开

6 啼哭时，大人发出同样哭声，宝宝

A. 回应性发音2次
B. 回应性发音1次
C. 停止啼哭，等待
D. 仍继续啼哭

7 大人同宝宝讲话时，宝宝

A. 发出喉音回答　B. 小嘴模仿
C. 停哭注视　D. 不理会

8 逗笑——大人用手指挠宝宝胸脯，宝宝发出回应性微笑出现在

A. 5天前　B. 10天前
C. 15天前　D. 20天前

9 识把，两周后用声音、姿势、便盆为条件出现的排便及排尿在

A. 15～20天　B. 20～25天
C. 25～30天　D. 不会

10 10天后俯卧时

A. 头能抬起，下巴贴床

B. 眼睛抬起观看

C. 头转向一侧，脸贴在枕头上

D. 头不能动，埋入枕中，由大人转动

11 扶腋站在硬板上辅助迈步

A. 10步　B. 8步

C. 6步　D. 3步

12 俯卧时，大人双手从胸部两侧将宝宝抱起，宝宝

A. 头与躯干平行，下肢下垂

B. 头与下肢均下垂

题号 / 得分	A	B	C	D
1	10	7	5	3
2	10	8	6	0
3	6	5	0	
4	6	5	3	1
5	10	7	5	0
6	10	8	7	2
7	12	10	8	0
8	16	14	12	0
9	12	10	8	0
10	12	10	8	4
11	10	8	6	3
12	8	4		

测评结果

所得分数	结果分析
70分以下	宝宝的智力发展未达到理想的水平，妈妈要多加训练。
70 ~ 110分	宝宝的智力发展尚可，达到平均水平，若要提升宝宝的智能，妈妈要多加训练。
110分以上	宝宝的智力发展非常棒，继续努力吧。

备注：本书中的智能测试评分方法仅供参考。测试的结果因人而异，若宝宝达不到平均水平，可重复测试，让宝宝多学习，就一定做得到。

第2章

1～2个月 宝宝在咿呀学语

现在我可以模仿短促的发音了，我的小嘴老是“咕噜咕噜”的；我非常喜欢听音乐和妈妈的歌声，并且对别人的微笑和谈话有反应了；晚上我变得比较安静，喜欢在白天玩，妈妈说我能分清白天和黑夜了；俯卧时，我的头能离开床面；我特别喜欢玩自己的手，老是吮吸着小手指；看到其他小宝宝时，我会很高兴。

当爸爸妈妈把颜色鲜艳的图形和会动的玩具放到我面前时，我会非常感兴趣，还会经常握住玩具呢；爸爸妈妈逗引我时，我会很开心地笑起来。

——宝宝寄语

1～2个月宝宝的成长树

大动作

- 轻轻拉着宝宝的手腕坐起，与第一个月相比，宝宝的头不会马上前倾，能竖直 2 ～ 5 秒，但很快会垂下去
- 宝宝直立位及俯卧位时能抬头，俯卧抬头能离开床面 30 秒

语言

- 大人对宝宝讲话时，宝宝能集中注意力，还能发音回应

精细动作

- 用带柄的玩具碰宝宝手时，宝宝能握住玩具柄2～3秒

人际交往

- 宝宝自己会表示兴奋、苦恼、高兴，并能以吸吮方式使自己安静下来
- 宝宝不舒服时会哭，可笑出声，有面部表情

感觉

- 宝宝发现某种声音会有所反应

宝宝的基本生长发育

	项目	男宝宝	女宝宝
基本生长发育	身高（厘米）	55.6~65.2	54.6~63.8
	体重（千克）	4.7~7.6	4.4~7.0

妈妈育儿指南

1. 可以给宝宝喂白开水。
2. 坚持母乳喂养，并预防肥胖症。
3. 在宝宝醒后或喂奶1小时后，帮宝宝练习俯卧抬头，每天至少2次。
4. 多给宝宝看鲜艳的图形和运动的物体，培养宝宝的观察能力。
5. 训练宝宝的手部精细动作和大动作能力。
6. 多逗引宝宝笑，培养宝宝愉快的情绪和交往能力。
7. 多跟宝宝说话、交流，让宝宝对发音产生兴趣，提高语言能力。
8. 创造各种声音，提高宝宝寻找声源的能力。
9. 让宝宝看自己的小手。
10. 训练宝宝规律的生活习惯。
11. 多带宝宝进行户外活动，坚持日光浴、空气浴、水浴，做宝宝体操。
12. 观察宝宝的哭声。
13. 观察宝宝排便是否正常。
14. 定期给宝宝清洗眼屎，避免发生眼部疾病。

读懂 1~2 个月宝宝，选择合适的玩具与游戏

宝宝的小手松开了

宝宝到第 2 个月大时，小手已经开始松开了，不再一直紧握拳头，有时会两手张开，摆出想要拿东西的样子。虽然这是一个无意识的动作，但宝宝有时看到玩具会乐得手舞足蹈，全身乱动，有时踹得床板啪啪作响。宝宝经常会本能地将手伸到头部、用手抓挠眼睛和耳朵，最后将手伸进口中吸吮。虽然尚不能有意识地活动手指，如有东西碰到小手时，也会无意识地抓紧往嘴里塞。如果给宝宝小玩具，宝宝可无意识地抓握片刻。

爸爸妈妈一定要把握好这个时机，选择一些不同质地、适合宝宝抓握的玩具，如拨浪鼓、海绵条、纸卷、瓶盖或积木等，多对宝宝进行手部动作的训练，以开发宝宝的智力。

先用玩具去触碰宝宝的小手，让他感受不同的物体。等宝宝的双手完全展开后，将玩具柄放到宝宝手中，并使之握紧后再慢慢抽出。妈妈也可将示指或带柄的玩具塞入宝宝的手中使其握住，并保留片刻。

另外，妈妈也可在喂奶时将宝宝的小手放在自己的乳房或脸上，让其触摸；抱着时，可在宝宝前方放些玩具，逗引宝宝触碰，帮助宝宝进行早期的手部感知活动。

宝宝对妈妈的声音情有独钟

经过 1 个多月的哺育，宝宝已经很熟悉妈妈说话的声音了，若听到陌生的声音，他会感到吃惊，如果声音很大，他还会因感到害怕而哭起来。

因此，大人要多给宝宝听些轻柔的音乐和歌曲，对宝宝说话、唱歌的声音都要悦耳。另外，宝宝玩具的声响应控制在 70 分贝以内，生活环境的噪声不要超过 100 分贝。

适合 1～2 个月宝宝的玩具与游戏

这个阶段的宝宝对色彩、声音、动作等有很强的探索欲望，所以最好选颜色鲜艳（红黄搭配）或发声的无棱角的玩具，越简单越好，最好只有一种功能，如色彩鲜艳的气球、图案对比明显的图片、可以抓握能捏出响声的塑料玩具，声音比较柔和的摇铃、床铃、花铃棒等。在宝宝清醒时，爸爸妈妈拿着玩具距离宝宝 30 厘米左右的地方，左右上下或者做弧形转圈，让宝宝的眼睛追着玩具走；或在距离宝宝耳朵 15~20 厘米的地方轻摇响铃，让宝宝转头；或把这些小摇铃、花铃棒有意识地塞到宝宝的小手中，帮助宝宝的触觉发育，练习宝宝的抓握能力。

注意玩具不要离宝宝太近，不要把声音很大的电动玩具放在宝宝的耳边，对宝宝的耳膜不好。毛茸茸的玩具最好不要给宝宝，很容易引起呼吸道感染。

这个时候可以给宝宝听一些节奏舒缓、柔和的轻音乐或古典音乐，有利于宝宝性格的培养。还可以抱着宝宝和着音乐的节奏起舞，锻炼宝宝的音乐节奏感。另外在不同的时间可以给宝宝选择不同的音乐，如睡前听一些节奏舒缓的音乐，在宝宝玩得很开心时可以听一些节奏欢快的音乐，早晨醒来可以给宝宝听一些大自然的声音等。

运动能力开发

出生1～2个月，是宝宝成长发育最迅速的时期，也是动作成长发育的最快阶段，这时应做好全方位的训练。

学升降

抓握能力
平衡能力

益智点

诱导宝宝多做抓握动作，提升手部能力，并能借此建立亲子关系。

游戏来了

宝宝躺在床上，家长把双手的小拇指塞进他的小手内，他会自然地握着。

当感觉到宝宝的握力渐渐增强，可慢慢把双手提升，宝宝会自然跟随，再轻轻地将仰卧的宝宝拉起来，让他坐着。每次持续数秒。

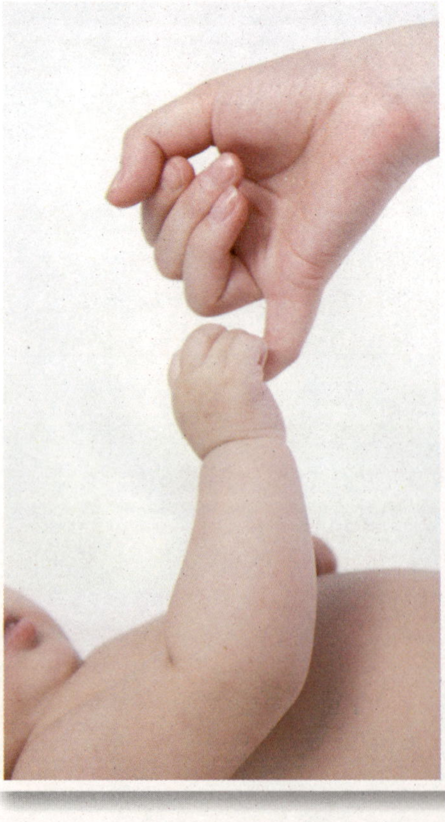

注意要点

当宝宝的握力慢慢增强，并与家长有默契后，家长可试着把宝宝拉高一点，像玩单杠游戏一般，维持约30秒。

爸爸妈妈看过来

2个月大的宝宝刚开始抓握东西时，眼睛并不看着手，看东西时也不会去拿，眼和手的动作不协调。

十指游戏

抓握能力
触觉能力

益智点

大脑有许多细胞专门处理十指、手心、手背、腕关节的感觉和运动信息。宝宝的手部动作越复杂、越精巧，就越能在大脑皮层建立更多的神经递质，从而使宝宝变得更聪明。

游戏来了

宝宝睡醒后，让其仰卧在妈妈怀中，面朝着妈妈，给他的手上系一根彩色布条或一个哗啦响铃，以吸引宝宝观察自己的小手。

妈妈拉着宝宝的小手慢慢晃动，让其看到彩色布条或听到铃声，同时用十指轻轻抚弄宝宝的十指。

拉着宝宝的一只小手触摸另一只，让宝宝边看自己的小手边摆弄自己的小指头，或摆弄系在手腕上的布条或响铃。

妈妈协助性的动作有：揉揉宝宝的小指头，拉着宝宝的左手示指在右手心画圈，拉着宝宝两只小手互相对拍，拉着宝宝的小手捏布条等。

注意要点

妈妈在揉捏宝宝十指时动作要轻柔，尽量让宝宝自己主动玩。

爸爸妈妈看过来

宝宝在成长发育的过程中，小手其实会比小嘴先“说话”。宝宝往往先认识自己的手，许多时候，宝宝会盯着自己的手看个不停。因此，手是宝宝认识世界的重要部位。

抬头训练

大动作能力
视觉能力

益智点

锻炼宝宝的颈部肌肉，开阔视野，扩大视觉范围，促进宝宝的智力发育。

游戏来了

让宝宝自己俯卧在床上，两臂屈肘于胸前，妈妈在宝宝的一侧逗引其抬头。

注意要点

刚开始每次做30秒，慢慢根据训练情况逐渐延长至3分钟左右。

仰卧转头

大动作能力
视觉能力

益智点

锻炼宝宝的颈部肌肉，开阔视野，扩大视觉范围，促进宝宝的智力发育。

游戏来了

将色彩鲜艳的、带响声的玩具固定在床上，用皮筋将玩具和宝宝的手脚部位连套起来。宝宝仰卧时，随着四肢不规则的运动，玩具也会在空中摇晃起来，同时发出声响，此时宝宝的视线会随着摇晃的玩具移动，从而使宝宝全身运动起来。

爸爸妈妈看过来

爸爸妈妈也可以一起与宝宝进行这个游戏。一个人将宝宝竖直抱起来，另外一个人拿着色彩鲜艳和带响声的玩具，放在接近宝宝面部的前方，跟宝宝逗着玩。这时宝宝的头向前倾并能抬起来，以观察彩色的玩具。

竖抱转头

大动作能力
视觉能力

益智点

让宝宝转头，能训练宝宝的颈部活动能力，并开阔视野。

游戏来了

将宝宝抱在身上，面向前方，有人在他的背后忽而向左、忽而向右伸头，与宝宝玩捉迷藏的游戏，并变化着摇动响铃，或呼唤宝宝的名字，或与之说话。总之，要尽量引起宝宝的兴趣，使之主动地左右转头。

注意要点

每天做 4 ~ 5 次，每次 1 ~ 3 分钟。在起初训练时，记得要将手放在宝宝头的两侧加以保护。

看！这只可爱的绿色带响声的小青蛙，爸爸妈妈轻轻一捏，宝宝就会不由自主地转头看过来的。

会飞的宝宝

大动作能力
人际交往

益智点

使宝宝的身体得到被动锻炼，有助于宝宝大动作能力的发展，同时增进亲子间的感情距离。

游戏来了

爸爸或妈妈躺在床上或地板上，轻柔地将宝宝举起、放下，或者搂着他的胸部或腹部，让宝宝向前“飞”，向后“飞”，或从一边“飞”向另一边。缓缓地放低他的头，然后放低他的脚，让他慢慢而轻柔地朝各个方向移动，让宝宝沉浸在一种舒适的飞翔的感觉中。

注意要点

可以在宝宝刚会抬头时与宝宝一起玩这个游戏，宝宝会特别开心。速度不要太快，只是让宝宝感受体位变化的乐趣，如果宝宝感到害怕，就不要玩了。

语言能力开发

2个月大的宝宝，在有人逗时，会发笑，并能发出“啊”“呀”的语音。一旦发起脾气来，哭声也会比平常大得多。这些特殊的语言是宝宝与大人的情感交流方式，爸爸妈妈应对宝宝这种表示及时做出相应的反应。

换尿布的默契

语言能力
自我认知能力
听觉能力

益智点

开发宝宝的语言能力。

游戏来了

在给宝宝换尿布时，先让宝宝光着屁股玩一会儿，宝宝会产生一种轻松感，他会欢快地把腿抬起、放下。此时妈妈就可以说“宝贝，蹦蹦、跳跳吧”“妈妈给你换干净的尿布”。这样每当宝宝光着屁股时，就会兴奋地笑，并不断地伸腿、蹬脚。

爸爸妈妈看过来

平时，与宝宝接触时要多交谈。宝宝在刚开始说话时，通常是无意识的，很容易忘记，家长要耐心地去巩固宝宝无意识时说出的话，这样才会让宝宝循序渐进地记住。

注意要点

在跟宝宝说话时，最好面向宝宝，这样宝宝就会盯着你的嘴。当宝宝开口发出同样的声音时，就会非常快乐。

妈妈抱着宝宝，让宝宝感到很放松，以此营造愉快的氛围，再来引导宝宝说话，宝宝会更容易接受。

宝宝，我是妈妈

语言能力
听觉能力

益智点

提高宝宝说话的热情，刺激宝宝的语言发展。

游戏来了

妈妈经常有意识地与宝宝对话，比如宝宝醒了，妈妈就说："宝宝醒了，你看看是谁抱你了？""宝宝，我是妈妈。""宝宝，知道我是谁吗？"

注意要点

妈妈与宝宝交流时，应用眼睛注视着宝宝，并面带微笑，语音要轻柔，表情要丰富。

爸爸妈妈看过来

宝宝出生前，感觉器官已基本形成，感官、传送神经核相应的脑中枢系统已基本上具备传送、接受并存储某些适应宝宝发育水平的信息。所以，不要忽视和宝宝的交流对话。

摇啊摇，铃啊铃

语言能力
听觉能力

益智点

发展宝宝的听觉能力，并刺激宝宝的自我认知能力。

游戏来了

妈妈先摇摇小铃铛、拨浪鼓等发声玩具，吸引宝宝的视线，让他把注意力集中到妈妈的脸上。妈妈叫宝宝的名字，对着他说话。

注意要点

妈妈在与宝宝说话时要注视着宝宝，并注意说话的声调与面部表情。

爸爸妈妈看过来

还可以在不同的方向弄出声音来，让宝宝去寻找声源。这是很好的听觉训练，也和语言的发展有关，因为宝宝总是先学会听，然后学会说的。

大声笑

语言能力
反应能力
幽默天性
人际交往能力

益智点

提高宝宝说话的热情，刺激宝宝的语言发展。

游戏来了

1. 妈妈做鬼脸，或发出怪声逗宝宝笑。

2. 拿一个玩具，如狗熊、大乌龟、大象等，慢慢移到宝宝面前，突然叫一声就藏起来，然后妈妈哈哈大笑，引诱宝宝也跟着笑。

注意要点

妈妈要注意控制笑声的分贝，不要吓着宝宝。

爸爸妈妈看过来

妈妈平时可以在宝宝面前做舔嘴唇的动作，也可以用唾液吹出小泡泡，鼓励宝宝模仿，这样能锻炼宝宝嘴唇肌肉的活动能力，为宝宝以后的说话奠定基础。

数学逻辑能力开发

2个月的宝宝对数字的概念还很模糊，数学能力发展还处于萌芽状态，还不能理解抽象的数学概念，但可以通过一些数字游戏，让宝宝理解数字。宝宝的条件反射能力很强，可以通过对宝宝的反复训练，促进宝宝的逻辑思维能力发展。

一二三四歌

语言能力
听觉能力

益智点

提高宝宝对数字的兴趣，增进亲子间的亲密关系。

游戏来了

在宝宝睡醒或吃完奶后，妈妈把宝宝抱在腿上，或让宝宝仰躺在床上，让宝宝的脸朝向自己的脸，然后给宝宝唱儿歌：

1像铅笔细又长，2像小鸭能浮水，
3像耳朵听声音，4像红旗飘啊飘。

注意要点

妈妈可以一边给宝宝唱数字儿歌，一边逗笑宝宝，让宝宝在妈妈的声音、逗乐中接受数字的熏陶。

爸爸妈妈看过来

如果经常与宝宝玩一些数字游戏，便能逐渐促进宝宝数学能力的发展。对于月龄很小的宝宝，数学提升能力活动都是一些简单有趣好玩的小游戏。爸爸妈妈只要用具体的事物表达出数字概念，就会让宝宝借游戏认识数字。

宝宝学“嘘嘘”

逻辑思维能力
条件反射能力

益智点

培养宝宝识把的条件反射，促进宝宝逻辑思维能力的发展，训练宝宝主动表现的能力。

游戏来了

妈妈要留意宝宝的排泄规律。摸清规律后，每次到了宝宝要排便的时间，妈妈就把宝宝抱起，让宝宝背靠在自己胸前，并用双手托稳宝宝的双腿，对宝宝发出“嘘嘘”声，刺激宝宝便便。如果宝宝形成了条件反射，识把了，不要忘了亲亲宝宝，并夸夸宝宝：“宝宝真棒，学会嘘嘘了。”作为对宝宝的鼓励。

注意要点

不要“把”宝宝太勤，最好能和宝宝达成默契，培养宝宝主动表现的能力。

爸爸妈妈看过来

宝宝早点学会“识把”，可以促进内脏的充盈感，刺激宝宝的大脑，支配宝宝的排泄系统。养成“识把”习惯的宝宝，有排泄需要时会主动用声音和动作发出信号，要求爸爸妈妈去“把”他。这种信号对宝宝的智力发育非常有益，是促进宝宝神经系统建立的益智行为，对宝宝逻辑思维的锻炼非常有帮助。

空间感知能力开发

2个月的宝宝对空间仍然没有形成概念，但是爸爸妈妈要开发宝宝这方面的能力。

小手不见了

空间感知能力
自我认知能力

益智点

开发宝宝空间感知能力，促进宝宝自我认知能力发展。

游戏来了

在宝宝睡醒后，宝宝正举着小手玩时，妈妈把一块绒布挡在宝宝的眼睛和小手中间，把宝宝的小手遮住。妈妈用好奇的声音问宝宝："宝宝的小手呢？小手去哪儿了？"当宝宝感到疑惑不解时，妈妈再把布拿开，让宝宝看到自己的小手。

注意要点

布子一定要柔软，以免使宝宝感到不舒服。

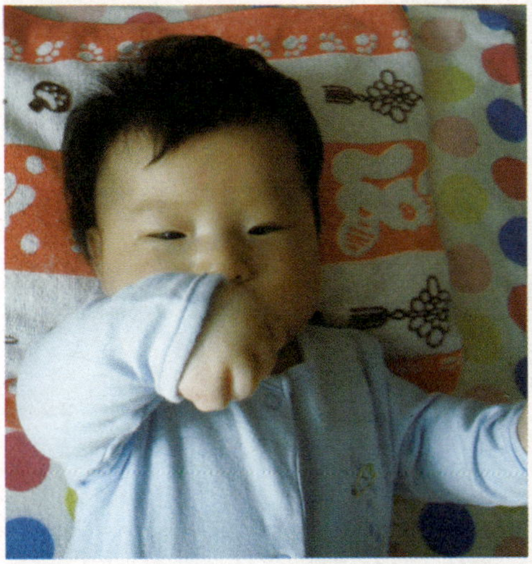

爸爸妈妈看过来

2个月的宝宝已经开始玩自己的小手了，妈妈可以通过这个游戏为宝宝创造发展空间感知能力的机会，逐渐让他理解自己与空间的关系。同时，帮助宝宝认识自己的手与身体的关系，提高自我认知能力。

人际交往能力开发

2个月的宝宝开始有了自己的情绪，喜欢听柔和的声音；会笑；对外界的好奇心与反应不断增长；开始用“咿呀”的发音与人对话。当父母或他熟悉的人出现在他面前时，他会注视着这个人的脸，手脚乱动，会对其微笑。这种反应是宝宝最初的人与人之间的交际方式。

与宝宝共处

人际交往能力
语言能力

益智点

拉近爸爸妈妈与宝宝之间的情感距离，培养宝宝的人际交往能力。

游戏来了

充分利用喂食的时间。不论你是喂母乳还是配方奶粉，喂奶时都要安抚宝宝。经常和宝宝说话，不管他能不能听懂，都必须以充满爱的口吻，轻声细语地和宝宝说话。

注意要点

爸爸或妈妈也可以试着为宝宝读书，不管他是否明白书中的内容。因为这个简单的例行工作，会增加你们共处的机会。

有趣的抚摸

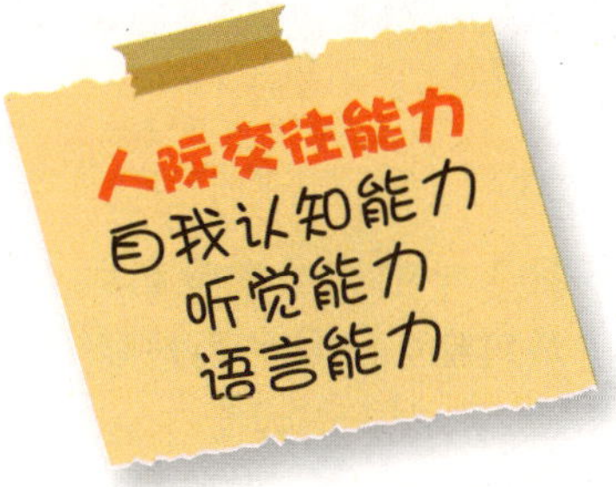

益智点

这是一项极有意思的游戏，可以增进宝宝同父母之间爱的交流。

游戏来了

准备一些可以轻抚宝宝的物品，如毛毯、丝绸、羽毛、棉球等。怀里抱着宝宝，一边用这些物品轻轻触摸他的手指和脚趾，一边同他低声说话，他将会感到非常快乐。

注意要点

每次触摸宝宝的手指和脚趾，可以采用不同的物品，宝宝会非常喜欢这些活动。

音乐能力开发

不是每一位父母都是音乐家，但是我们需要为宝宝创造一个有利于激发其音乐潜能的好环境。

陪宝宝听音乐

音乐能力
听觉能力
语言能力

益智点

为宝宝创造最好的音乐环境，发展宝宝的听觉，提高宝宝的乐感，培养宝宝对音乐的兴趣。

游戏来了

父母在家中腾出一定空间，可以是一个独立的房间，也可以是客厅或书房的一角，作为宝宝的专属“音乐房”。在音乐房里放上录音机、小乐器等与音乐有关的东西。每次宝宝使用完器具后，都可以放回这里，让宝宝感觉这个小区域是一个完全属于音乐、属于自己的地方。

注意要点

父母可以随时在家中歌唱、舞蹈，以带动宝宝。可在宝宝醒着时用亲切、温柔的语调面对面地和宝宝说话，吸引他听，还可定时给他听轻快、柔和的音乐，或妈妈唱歌给他听。

自我认知能力开发

此时的宝宝还没有自我意识，爸爸妈妈要逐渐引导宝宝认识自我。

玩玩小手

自我认知能力
触觉能力

益智点

锻炼宝宝手的被动抓握能力，建立自我意识。

游戏来了

在宝宝清醒的情况下，引导宝宝触摸自己的双手，并让宝宝玩自己的双手，增加宝宝对自己手的认识，同时锻炼宝宝触摸和被动抓握的能力。

注意要点

如果宝宝一开始没有触摸自己的小手，家长也不要灰心，多加引导，宝宝自然就学会了。

自然认知能力开发

让宝宝接触自然、认识自然，培养宝宝的自然感知能力，是很有必要的，因为自然中蕴含着无穷的魅力。

看看绿色

自然认知能力
观察能力

益智点

帮助宝宝认识和探索自然，促进观察能力发展。

游戏来了

选一个好天气，带宝宝到公园或田野里，让宝宝看看绿色的树木、草地或农作物，并告诉宝宝看到的是什么，比如“宝宝看，这是漂亮的花，这是绿色的小草”等，引起宝宝观察的兴趣。

注意要点

人类是自然界的一部分，在自然中成长、受到教育，创设有利的条件让宝宝接触大自然，从自然中学习，不仅能让宝宝的身心获得愉快，还能学到很多知识，有助于开发宝宝的自然感知能力。宝宝在享受风景的同时，还能晒晒太阳，增强身体抵抗能力。

带着宝宝去小公园散步，跟宝宝说，这是花儿，这是叶子，教宝宝认识大自然。

感觉能力开发

当听到有人与宝宝讲话或有声响时，宝宝会认真地听，并能发出“咕咕”的应和声，会用眼睛追随走来走去的人。

宝宝能注视眼前的物体的运动，并开始暂时跟踪；喜欢看人脸形，并表现出对人脸的兴趣；对别人的微笑和谈话会有所反应。

拨浪鼓响咚咚

听觉能力
握持能力
视觉能力
手眼协调能力

益智点

锻炼宝宝的抓握能力和观察力，对宝宝的手眼协调、视觉能力也大有裨益。

游戏来了

妈妈手摇拨浪鼓吸引宝宝的注意力，当宝宝张开小手时，妈妈把拨浪鼓柄放到宝宝的小手中，鼓励宝宝抓握。当宝宝握住玩具时，妈妈可以这样说：“宝宝抓到喽，宝宝真棒！”

注意要点

拨浪鼓能发出富于变化的响声，吸引宝宝的注意力。妈妈要时常检查拨浪鼓两旁的弹丸是否牢固，防止其因不牢固而掉下，出现被宝宝吞食的情况。

认识颜色

视觉能力
认知能力

益智点

用鲜艳的颜色刺激宝宝的视觉，让宝宝熟悉颜色，从而提高宝宝的右脑视觉记忆能力。

游戏来了

1.妈妈准备几只用手捏会叫的小鸭子，一定要不同的颜色。

2.妈妈抱着宝宝，拿起一只黄色的小鸭子，捏一下让它发出声音，来吸引宝宝的注意力，一边告诉宝宝：“这是黄色的。”

3.每一种颜色重复几次。这样可以提高宝宝的视觉记忆能力。

爸爸妈妈看过来

爸爸妈妈还可以在宝宝的小床上方挂一些颜色鲜艳的卡片和物体，使宝宝躺着就可以看到。爸爸妈妈还可以指着同一种颜色的水果并用形象化的语言告诉宝宝是什么，或者编成儿歌念给宝宝听。比如指着樱桃说：“红红的樱桃。”

注意要点

为了增强宝宝的视觉记忆力，爸爸妈妈可以有意识地为宝宝提供良好的环境。

草莓

番茄

樱桃

通过不同的水果，让宝宝认识红色。

好玩的小手偶

视觉能力
听觉能力

益智点

促进宝宝的视觉神经发育。

游戏来了

让宝宝平躺在床上，妈妈的示指上套一个昆虫手偶，站在宝宝的床边晃动示指，放在宝宝眼前以引起他的注意。一边摇动手指，一边唱儿歌。当吸引到宝宝的注意时，观察宝宝视线是否跟着移动，再换另一侧进行练习。

注意要点

刚开始，宝宝的视线跟随妈妈的手指，持续的时间会很短，但若坚持每天练习，宝宝就会不断进步。

专家点拨

2个月大的宝宝，眼睛接受视觉信息的视觉结构和视神经还没发育成熟，看到的只是物体的光和影，只能看到距离自己20～38厘米的物体，这个距离相当于妈妈抱着宝宝喂奶时妈妈的脸和宝宝之间的距离。

宝宝碰到了什么

大动作能力
抚触能力
认知能力

益智点

锻炼宝宝从无意识地碰摸到有意识去摸。

游戏来了

在床栏上挂上布娃娃等玩具，引导宝宝用手去触碰这些玩具。当宝宝在清醒状态并且无意识地碰到了布娃娃，他会感到触摸的感觉，这种奇怪的感觉会让他再次碰触。然后宝宝就会掌握到规律，不断地碰触。爸爸妈妈这时可引导宝宝去碰别的东西，不同的触感会让宝宝好奇心更加旺盛，他会一直做这个游戏。

爸爸妈妈看过来

床栏上的玩具可以换为塑料小球、铃棒等不同质地的物体，以增加触摸物质地的范围。

注意要点

宝宝的皮肤很敏感，千万不要给宝宝一些有毛刺的玩具；不要让玩具碰到宝宝的头，会吓到宝宝。

专家点拨

宝宝往大脑里存储的感知经验越多，以后可提取的信息与经验也越多。让宝宝接受不同触感，也就是接受了更多刺激，对大脑信息存储与提取很有帮助。

模仿创新能力开发

宝宝的创造性思维要从小发展，让宝宝从小就感觉到外界种种新奇的事物，从而愿意去探险。妈妈要经常训练宝宝这方面的能力。

坐“轮船”，坐“飞机”

创造性思维能力
人际交往能力

益智点

帮助宝宝认识世界，激发宝宝探索世界的欲望，同时增进亲子间的关系。

游戏来了

1. 宝宝的情绪好时，妈妈平躺在床上，让宝宝舒服地俯卧在妈妈的腹部。妈妈把双手放在宝宝的脊背上轻轻按摩后进行深呼吸，让腹部稍有起伏，对宝宝说：“宝宝坐轮船喽。”让宝宝感受到妈妈腹部的缓慢运动。

2. 妈妈躺在床上，轻轻地举起宝宝，再放下，或搂着宝宝的胸部或腹部，让宝宝向前“飞”，向后“飞”，或从一边“飞”到另一边，并对宝宝说：“宝宝坐飞机喽。”使宝宝沉浸在舒服的飞翔感觉中。

注意要点

由于宝宝此时还太小，肢体还很软，做游戏时幅度不要太大，力道不要太重。

1～2个月
宝宝智能水平小测试

1 看画

A. 对着喜欢的图画笑，对不喜欢的图画一扫而过，表现分明
B. 仅双眼转动，幅度小于 60°
C. 不追视，双眼不动

2 追视红球

A. 向左右追视达 180°，头和眼同时转动
B. 仅双眼转动，幅度小于 60°
C. 不追视，双眼不动

3 看手，仰卧时伸手到眼前观看

A. 10 秒以上　B. 5 秒
C. 3 秒　D. 不看

4 听声转头

A. 听到妈妈的声音转头观看
B. 眼看不转头
C. 不动

5 玩具放入手心

A. 紧握放入口中　B. 握紧达 2 分钟
C. 握住马上放手　D. 不握，掉下

6 高兴时发出元音啊、咿、哦、呃、呜等

A. 3 个　B. 2 个
C. 1 个　D. 不发音

7 因饥饿而大声哭闹时听到脚步声或奶瓶声会

A. 停哭等待　B. 哭声变小
C. 仍大声啼哭

8 逗笑时

A. 45 天前笑出声音
B. 45 天后笑出声音
C. 微笑无声　D. 不笑

9 用勺子喂水时

A. 吸吮吞咽　B. 舌头顶出　C. 未喂

10 俯卧抬头

A. 下巴离床　B. 下巴贴床
C. 抬眼观看　D. 脸全贴床

11 竖抱时

A. 头直立不用扶持　B. 头垂前方
C. 头仰向后

12 扶腋在硬板床上自己迈步

A. 10 步　B. 8 步　C. 6 步
D. 4 步　E. 不动

题号 / 得分	A	B	C	D	E
1	10	6	0		
2	10	6	0		
3	12	10	6	0	
4	10	5	0		
5	12	10	8	2	
6	10	6	3	0	
7	10	8	2		
8	12	10	8	0	
9	8	4	0		
10	10	8	4	2	
11	6	4	2		
12	10	8	6	4	0

测评结果

所得分数	结果分析
70 分以下	宝宝的智力发展未达到理想的水平，妈妈要多加训练。
70 ~ 110 分	宝宝的智力发展尚可，达到平均水平，若要提升宝宝的智能，妈妈要多加训练。
110 分以上	宝宝的智力发展非常棒，继续努力吧。

备注： 本书中的智能测试评分方法仅供参考。测试的结果因人而异，若宝宝达不到平均水平，可重复测试，让宝宝多学习，就一定做得到。

第3章

2~3个月 翻身大练习

我已经是3个月的宝宝了，这是我体格发育最快的时期。这时的我对周围的一切都充满了好奇，能听到好多好玩的声音。醒着的时候也比较多了，还特别喜欢亲近自己的人，尤其是妈妈。我特别喜欢笑，还能笑出声音，当听见有人和我说话时，我会发出“啊”“呜”的声音，有时还能发出“呀呀”的声音。

这个月是我脑细胞生长发育的第二个高峰期，我需要的母乳也多了。这个月也是我心理培养与智力开发的关键期，爸爸妈妈千万不要忽视对我全方位的培养哦。

——宝宝寄语

2 ~ 3个月 宝宝的成长树

大动作

- 宝宝抬头时，下巴能离开桌面5 ~ 7.5厘米，角度达45°
- 扶坐时，头能竖起，但微微有些摇晃，并向前倾

精细动作

- 宝宝经常把手放到嘴里吮吸，并喜欢将手中的东西放进口中
- 宝宝的双手能在胸前互握了
- 宝宝会选择用某一肢体来操纵响铃

语言

- 有时能发出两个音节的音

人际交往

- 宝宝见人就笑，笑的次数与日俱增

感觉

- 抱着宝宝来到桌边，然后把醒目的玩具放在桌子上，宝宝很快就能注意到玩具
- 在不同的方向发出声音，宝宝会转头寻找

宝宝的基本生长发育

基本生长发育	项目	男宝宝	女宝宝
	身高（厘米）	58.4~67.6	57.2~66.0
	体重（千克）	5.4~8.5	5.0~7.8

妈妈育儿指南

1. 保证宝宝足够的饮水，可以给宝宝喂水煮的蔬菜水和果汁，但不宜多喝。
2. 多带宝宝到色彩和图形丰富的地方，刺激宝宝的视觉，以发展思维能力。
3. 让宝宝学会主动与人打招呼，以养成开朗的性格。
4. 多给宝宝听各种声音，以提高其听觉能力。
5. 让宝宝形成基本的生活规律，防止宝宝睡“倒觉”，不要养成抱睡的习惯。
6. 注意宝宝的皮肤护理，做适当的眼部按摩。
7. 宝宝的围嘴要经常换洗，以保持清洁和干燥。
8. 让宝宝多看、多听、多触摸，以丰富宝宝的感觉学习内容。
9. 增加宝宝手部精细运动和大小肌肉运动能力训练。
10. 为宝宝准备个小运动场，教宝宝学会翻身。
11. 多陪宝宝玩、说话，多拥抱宝宝，建立宝宝的安全感。
12. 协助宝宝够取、拍打、触摸眼前的玩具。
13. 要保证婴儿床上的悬吊玩具安全和牢固。
14. 定期带宝宝做体检。
15. 警惕宝宝入睡后“打鼾”，并注意预防佝偻病。

读懂2～3个月宝宝，选择合适的玩具与游戏

无意识的抓握

3个月左右时，宝宝本能的持握反射就会消失，开始出现无意识的抓握，这标志着手部开始真正发育了。这段时间是手部运动发育的最佳时期，要抓住时机锻炼宝宝。

这时，宝宝的手经常呈张开状，可握住放在手中的长棒达数分钟，还会扒、碰，接触桌子上的物品，并将抓到的东西放入口中舔。但此时，手和眼睛的协调性还不强，常抓不到物体，即使抓到也是胡乱地抓一下。

如果宝宝能自己用拇指、示指对捏东西，就表明他的手部动作发育很不错。训练宝宝双手的活动能力，主要从触摸、抓握开始。妈妈可以经常将带柄的玩具或是自己的示指塞在宝宝的手掌中，让宝宝抓握、触摸，以此来训练宝宝小手的运动能力。

宝宝独特的语言

这时候的宝宝，除了会哭外，还能自由地发出几个音节，如“la、ma”等。见到亲人或被人逗笑时，会发出短暂的笑声。有时候，当宝宝看到一些吸引他注意力的物体时，会出现呼吸加深、全身用劲等表情。

这时训练宝宝语言能力最重要的方式是逗引其发笑。在宝宝俯卧时，妈妈要与其面对面，当用丰富的表情和亲切的语言逗引宝宝时，宝宝会发出笑声，同时还会跟随妈妈的一问一答发出声音；经常对宝宝说话、唱歌，以刺激宝宝的语言能力发展。

宝宝的听觉与视觉

3个月大的宝宝，能区分来自水平方向的不同声音，并会主动寻找声源。这时，宝宝已经能分辨出不同人的声音，对亲人和陌生人的声音会做出不同的反应，特别是听到妈妈的声音时会感到格外高兴；看到大人拿着奶瓶就知道要给他喂奶或喝水了，于是就会非常安静地等待；对红色非常敏感，其次就是黄色，一看到这两种颜色的玩具就会很快做出反应。

适合2～3个月宝宝的玩具与游戏

2~3个月宝宝的视觉能力一天比一天提高，家长和他玩的游戏也要不断变花样。这时宝宝头的运动能力和视觉能力均较差，一般给他看悬吊玩具和移动玩具。

可以先让宝宝看玩具，当他注视玩具后可左右移动玩具。也可以把玩具直接放在宝宝胸前让他捧着玩。当玩具从胸前掉下来时，你可以帮他翻身呈俯卧位，两手放在两侧，他会抬头并伸手去够玩具，你可以帮宝宝把玩具放到他手里。当宝宝支撑不住时，你可以抱起宝宝，让他坐在你的腿上，然后抓着他的脚去踢玩具，如果玩具能发出声音，宝宝会非常高兴。反复多次以后，宝宝会主动触摸玩具。

宝宝的头能竖立后，可以在室内悬挂拉线玩具，这种玩具在拉线时不但会悬转还会发出声响。开始你可以一手抱着宝宝，另一手握着宝宝的小手，把线放在他手心里和他一起拉线，让他体会拉线和玩具之间的关系。几次后他就会明白只有拉线才能让玩具转起来，并发声，之后他会很乐意自己去拉线玩耍。

宝宝睡醒后，妈妈要经常用手轻轻触摸宝宝的脸、双手及全身皮肤，或用宝宝的手触摸面前的物体，以引起宝宝本能的抓握反射。在喂奶时，可让宝宝触摸妈妈的脸、鼻子、耳朵及乳房等，以此来促进宝宝早期的认知活动。

运动能力开发

3个月的小宝宝大部分的时间都在仰卧着，但已经会做一些锻炼全身肌肉的运动了。第3个月是宝宝动作训练的关键期，如果这时宝宝的动作智能发展好，就能帮助其快速成长。爸爸妈妈要抓住这一时期对宝宝进行翻身和主动抓握训练。

大动作能力
条件反射能力

抓握玩具

益智点

锻炼宝宝的上下肢肌肉，促进宝宝大动作能力的开发。

游戏来了

妈妈可以用带长柄的玩具触碰宝宝手掌，他能抓握并举起来，使玩具留在手中半分钟。

注意要点

在宝宝仰卧时，妈妈还可以鼓励宝宝用十指抓握自己的身体、头发和衣服。同样能锻炼宝宝的上下肢肌肉。

专家点拨

宝宝手部的动作是从小拇指侧边向大拇指侧边发展的。在开始抓握时，通常会用小拇指侧边握东西，然后逐渐向大拇指侧边发展，最后发展到用所有手指握东西。

触碰玩具

精细动作能力
手眼协调性

益智点

让宝宝的双手更加灵活，提高手和眼的协调性。

游戏来了

妈妈将宝宝抱在怀里，让宝宝仰卧，面向妈妈，妈妈微笑着注视宝宝，以引起宝宝的注意。

妈妈提着毛绒球在宝宝眼前晃动，然后用毛绒球轻轻地在宝宝的脸上、脖子上擦拭，刺激宝宝用手抓球。

注意要点

在玩游戏的过程中，纱线不要过细，不要伤着宝宝的小手。

爸爸妈妈看过来

在宝宝看得见的地方悬吊颜色鲜艳的玩具，如小气球、小灯笼、小动物、彩色手套、袜子等，扶着他的手去够取、抓握、拍打等。

蹬蹬自行车

大动作能力
腿部协调能力

益智点

锻炼宝宝的腿部力量与协调能力。

游戏来了

1. 让宝宝平躺在地板上或床上，帮助他来回蹬腿，就像骑自行车一样。

2. 拿一个会发声的玩具放在宝宝脚边，让宝宝踢到它，发出声音。

注意要点

帮助宝宝双腿做运动时，速度不要太快，要保证在宝宝能够承受的范围内，这样才能取得更好效果力。

爸爸妈妈看过来

宝宝的双腿在大人的帮助下上上下下，宝宝会喜欢这种感觉。当爸爸妈妈拿来玩具让宝宝蹬响，他就越发喜欢蹬腿玩。这样宝宝的腿部力量就得到了锻炼。

会叫的小猫

专家点拨

潜能开发要从0岁开始。0~3岁是宝宝生长发育的重要阶段，需要爸爸妈妈创造各种条件，根据宝宝身心机能发展规律和年龄特征，有的放矢、循序渐进地进行各种体育活动，增强宝宝体质，促进生长发育。

小手小手拍拍

精细动作能力
手眼协调性

益智点

手部的发展和心智的发展是互相促进的，手部锻炼不仅能促进肌肉和运动智能的发展，还能促进宝宝大脑的发育。

游戏来了

1. 宝宝觉醒后，让他仰卧在床或舒适地靠在妈妈身上。妈妈举起宝宝的两只小手，在其视线正前方晃动两下，以引起宝宝对手的注意。

2. 一边说儿歌，一边轻轻拍动、摇摆宝宝的小手，让宝宝的视线追随手部运动。当念到“跑得快”时，以稍快的速度将宝宝的双手平放在宝宝的身体两侧。

注意要点

跟宝宝玩游戏的时间不要太长，要以宝宝开心、舒适为前提，每次重复三次即可。

爸爸妈妈看过来

经常锻炼宝宝的上下肢肌肉，不但能增强宝宝的体质与运动能力，还可以训练宝宝的听觉和视觉。

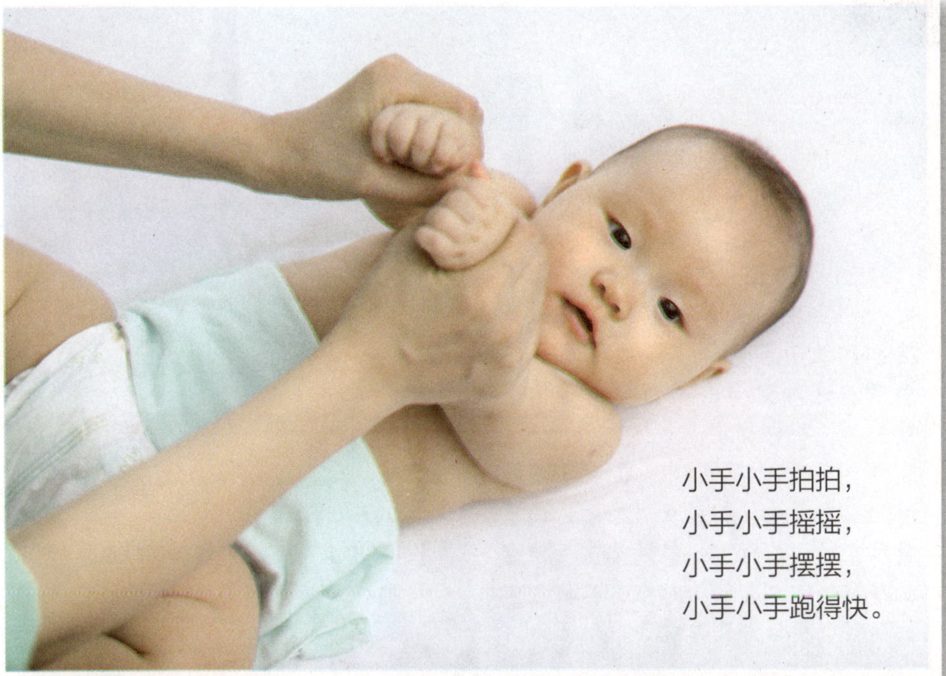

短时间站位

身体协调能力
视觉能力

益智点

有效锻炼宝宝的大动作能力与身体平衡能力。

游戏来了

爸爸或妈妈可以用双手扶着宝宝的腋下，使宝宝站立起来，手放松，但不要离开。这时宝宝能在短时间内保持直立姿势。

爸爸妈妈看过来

还可以用以下的方法帮助宝宝进行动作训练。

坐位稳定：在扶着宝宝坐下时，让宝宝的头部竖起来，并轻微摇动，使头部前倾，与躯干成一定角度。这时宝宝的头部会一再向胸前摇动，不够稳定。

俯卧用前臂支撑：在宝宝俯卧时，有意识地让其将双肘屈曲，使重量落在肘和前臂上，鼓励宝宝用前臂试着撑起来，胸部抬起来，这样宝宝的两臂也不会再蜷缩在胸下了。

注意要点

当宝宝的臀部和双膝慢慢弯下来时，要及时扶住宝宝。

体操训练

大动作能力
触觉能力

益智点

有效锻炼宝宝的上下肢肌肉，促进宝宝大动作能力的发展。

游戏来了

预备姿势：让宝宝仰卧，两臂自然放在身体两侧，妈妈将双手拇指放在宝宝掌心，轻捏他的双腕。

1. 上肢运动

第一拍：两臂同时侧平举，掌心向上。

第二拍：两臂前伸，掌心相对。

第三拍：两臂上举，掌心向上。

第四拍：还原预备姿势。

2. 下肢运动

第一拍：双腿抬起与地面成45°。

第二拍：左腿屈曲至腹部。

第三拍：同第一拍。

第四拍：还原预备姿势。

换右腿进行同样的操作。

注意要点

妈妈在帮宝宝做体操训练时，动作一定要轻柔，手劲不能太大。

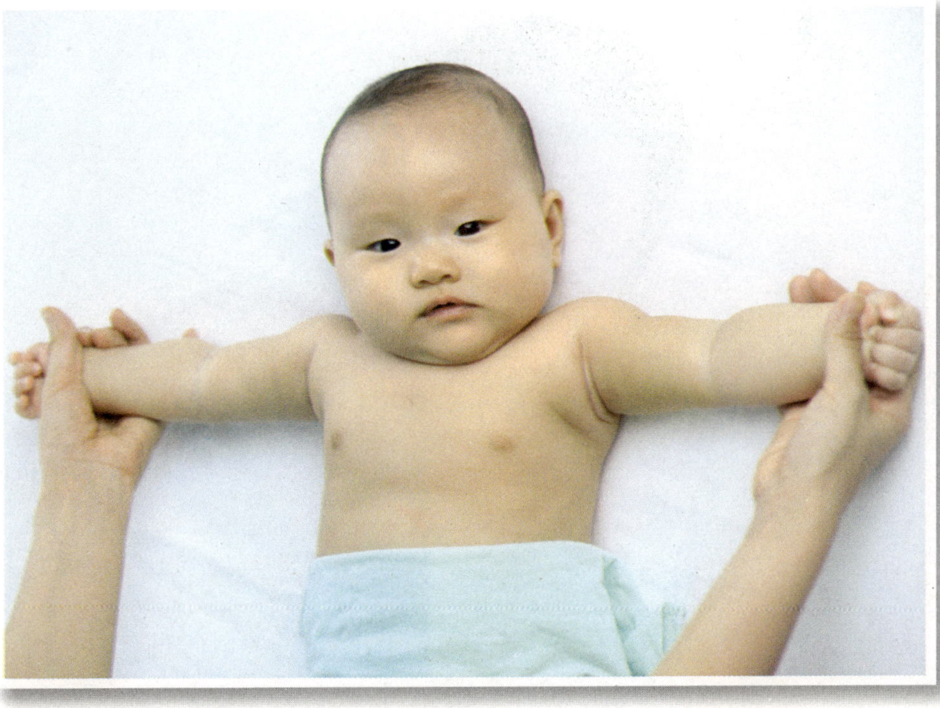

翻身训练

大动作能力
身体平衡协调能力

益智点

让宝宝学会翻身。

游戏来了

1. 在宝宝左侧放一个好玩的玩具，再把他的右腿放到左腿上，再将其一只手放在胸腹间，轻托其右边的肩膀，在背后往左推宝宝，宝宝就会向左转。慢慢地，让宝宝自己翻转。

2. 妈妈让宝宝仰卧在床上，拿着宝宝感兴趣的玩具分别在两侧逗引，让宝宝自动将身体翻过来。

注意要点

在训练宝宝翻身时，应先从仰卧位翻到侧卧位，再回到仰卧位，一天训练2～3次，每次训练2～3分钟。

语言能力开发

3个月的宝宝能笑出声，也能发出声，当听见有人讲话时，会应和着发出“啊”“呜”等声音，偶尔还能发出双元音，如“呀呀”等。父母这时候要多与宝宝交谈，多逗引宝宝“说话”。

拔萝卜

语言能力
听觉能力

益智点

丰富宝宝的语言信息，让宝宝通过明快的语音节奏感受到语言的美妙，从而促进宝宝的语言发展。

游戏来了

1. 爸爸妈妈平时多积累一些儿歌，最好是三四个字为一句的，节奏明快的、单一的儿歌。

2. 爸爸妈妈抱宝宝时，一边摇一边给宝宝唱歌。

注意要点

宝宝如对儿歌有所回应，像微笑、嘟嘟囔囔说个字儿等，妈妈要及时鼓励，并多给宝宝朗读相同质感的儿歌。

拔萝卜

小花猫，拔萝卜，
拔不动，摔地上。
小黄狗，来帮忙，
大萝卜，晃一晃。
小黑猪，小山羊，
一齐来，有力量，
一二三，号子响，
拔出个萝卜粗又长。

睡着了

摇篮里，静悄悄，
小宝宝，要睡觉，
闭上眼，盖好被，
小宝宝，睡着了。

洗澡歌

语言能力
听觉能力
人际交往能力

益智点

丰富宝宝的语言信息，促进宝宝的语言发展，加强亲子间的感情。

游戏来了

爸爸妈妈给宝宝洗澡时，一边念着儿歌，一边给宝宝洗澡。

注意要点

在念儿歌时，爸爸妈妈要做出丰富的表情，逗引宝宝笑。

洗澡歌

小鸭子，嘎嘎叫，
走呀走，摇呀摇，
见了水，要洗澡，
扑通通，往下跳。

数学逻辑能力开发

对于3个月的宝宝，爸爸妈妈要尽量创设条件，通过游戏让宝宝感受到数学的快乐和体验数学信息，帮助宝宝提高数学能力。

大球小球

益智点

帮助宝宝认识大小的概念，提高数学能力，同时培养宝宝的观察能力。

游戏来了

妈妈把一个大球一个小球放在宝宝面前，让宝宝看球，指着大球告诉宝宝："宝宝看，这是大球。"再指着小球告诉宝宝："这是小球。"然后妈妈把大球和小球分别拿起来让宝宝抱一抱，让宝宝亲自感受一下大球与小球在触觉上的不同。

数学逻辑能力
观察能力
触觉能力

注意要点

妈妈每天都要与宝宝做这个游戏，每次持续时间不能太长，以免使宝宝感到厌烦。

爸爸妈妈看过来

数字来源于生活，利用日常生活中的各种事物或宝宝的玩具，丰富宝宝的数学经验，充分调动宝宝的各种感官来体会数字概念。

空间感知能力开发

3个月的宝宝对空间中的一些物体开始产生兴趣，爸爸妈妈可以和宝宝一起做一些有关这方面的简单游戏。

小汽车，嘀嘀嘀

空间感知能力
视觉能力
转头能力

益智点

帮助宝宝理解空间物体的运动，提高空间感知能力。

游戏来了

在宝宝睡醒并空腹时，让宝宝俯卧在床，拿出一辆彩色玩具小汽车，逗引宝宝："宝宝看，小汽车，嘀嘀嘀！"当宝宝注意到小汽车时，妈妈慢慢移动小汽车，同时发出"嘀嘀嘀"的声音，让小汽车越来越远离宝宝的眼睛。把小汽车移出1尺（约0.33米）左右后，再慢慢移回宝宝眼前。反复2~3次，观察宝宝的反应。

注意要点

通过这种由近及远、由远及近的视线活动，可以帮助宝宝认识空间，理解空间物体的运动关系，同时还可以锻炼宝宝的颈部肌肉。

人际交往能力开发

当妈妈出现在宝宝面前时，宝宝会开心得笑起来。当有人走近，宝宝就会笑脸相迎了，跟宝宝逗笑或轻触前胸、肚皮，宝宝会咯咯地笑出声来。

大家都来抱抱

人际交往能力
适应能力

益智点

让宝宝对人有所感知和选择，并使宝宝对他人的亲切感和信任感能够迅速建立起来。

游戏来了

1. 当奶奶抱着宝宝快要入睡的时候，转手给妈妈抱，一般宝宝很快就能入睡。

2. 下一次奶奶把宝宝转手给爸爸的时候，宝宝会睁开眼看看才能入睡。

3. 重复上述练习，直到宝宝可以被任何人抱。

注意要点

刚一开始不要让太多人抱宝宝，否则宝宝会有不安全的感觉。

专家点拨

不必担忧宝宝认生

宝宝见到生人会显露出害怕、退缩甚至警觉的表情，有的还会哭闹，怎么都不愿意和生人接近。

其实，宝宝怕生、认生，是有了记忆力的一种表现。由于家人或亲朋经常和宝宝接触，他们脸的模样已经在宝宝的脑子里留下了印象，宝宝记住了这些熟悉的面孔。而宝宝从没有见过陌生人，这种形象与他记忆中的形象差别太大，所以宝宝会表示拒绝。

小宝宝照镜子

人际交往能力
自我认知能力

益智点

教宝宝认识身体，让宝宝和镜子里的宝宝交流，培养宝宝良好的情绪，提高宝宝的自我认识和与人交流的能力。

游戏来了

1. 给宝宝穿上色彩鲜艳的衣服，并将他带到镜子前面，让宝宝自发地触摸、拍打镜子中的自己和妈妈。

2. 妈妈对着镜子做表情，让宝宝对着镜子模仿。

3. 妈妈摸一摸宝宝的头、鼻子、眼睛等，并告诉宝宝每个部位的名称。分别抬起宝宝的手和脚，让宝宝在镜子里看。

4. 妈妈还可以告诉宝宝：“宝宝看，镜子里的小宝宝在看我们呢！”也可以发出新生儿的声音跟镜子中的宝宝咿呀说话，以引起宝宝的注意。

注意要点

宝宝拥有一定的记忆力了，但不会持续太久。研究发现，3个月的宝宝在间隔8天后，重新学习之前的内容用的时间明显缩短，但如果间隔14天再次学习，就不会出现节省时间的现象。所以，爸爸妈妈要经常重复这个游戏，才能促进其脑部发育。

音乐能力开发

3个月的宝宝对音乐更加敏感了。爸爸妈妈要为宝宝创设音乐环境，增强宝宝的乐感和注意力，陶冶宝宝的性情，丰富和美化宝宝的精神生活。

让宝宝辨音

音乐能力
听觉能力

益智点

通过有意识地让宝宝寻找声源的练习和语言的暗示，让宝宝为以后认识声音打下基础。

游戏来了

利用绝对音感铁琴，先让宝宝只听一种单音，例如“Do”，每次反复弹奏3～5分钟，每天1～3回，听3～5天。3～5天之后再更换下一个单音。等熟悉各种单音后，可让宝宝听各音阶之间的差异，或弹奏简单乐曲，接着可增加各种不同乐器声音辨识的训练及演奏出的不同音乐训练。接下来，可以让宝宝聆听一些自然音乐，如流水声、鸟叫声，让宝宝大脑放松。

注意要点

如果买不到绝对音感铁琴，只要每天给宝宝播放旋律简单悦耳的曲子即可。

自然认知能力开发

3个月的宝宝开始关心自己身体以外的事物了，爸爸妈妈要有意识地让宝宝了解一下周围的事物。

带领宝宝感知天气

自然认知能力

益智点

让宝宝了解各种天气变化，促进宝宝自然认知能力发展。

游戏来了

1. 在天气暖和时，经常带宝宝去户外感受环境和天气的变化，看看太阳、白云、蓝天等。

2. 在刮风、下雨、打雷或下雪时，抱着宝宝到窗边仔细聆听，并告诉宝宝这都是什么天气现象。比如下雨时告诉宝宝：“宝宝看看，下雨了，掉雨点了。”或让宝宝将小手伸出窗外，让小雨点落在宝宝的手上，帮助宝宝更直观地体会下雨的感觉。

3. 遇到其他天气，爸爸妈妈也一样多引导宝宝从看、听、触等方面感受天气现象

注意要点

让宝宝感知天气时，一定要让宝宝直接接触自然。和宝宝一起感受天气，能让宝宝对世界的认识多一种经验的感知和体会，并逐渐让宝宝养成经常观察天气的良好习惯，加深宝宝对天气变化的认知。

感觉能力开发

3个月的宝宝，两侧眼肌已经能互相协调了，能比较熟练地追视各种运动的事物；开始主动注意自己身体以外的环境，能倾听周围环境中的声音，会将头扭向声源。

弹响指，拍拍手

听觉能力
视觉能力
转头能力

益智点

训练宝宝的听觉能力。

游戏来了

1. 宝宝仰卧在床上，妈妈坐在宝宝身边，微笑地注视着宝宝，让宝宝注意到妈妈的表情，引起宝宝愉快的情绪。妈妈用拇指和中指在宝宝面前弹几下响指，发出清脆响亮的声音，吸引宝宝的注意力。

2. 响指游戏进行三四次后，妈妈仍微笑地看着宝宝，开始有节奏地轻快地拍手，吸引宝宝的注意力，拍手游戏也可进行三四次。

3. 游戏进行2分钟后，妈妈可以换到宝宝的另一侧，继续重复进行上面的游戏；宝宝的头也会转到另一侧，眼睛也随着转动。

注意要点

3个月的宝宝对声音的反应有了目标性。通过上面的游戏，能帮助宝宝更好地锻炼听觉，并能训练宝宝对声音节奏感的感知能力。

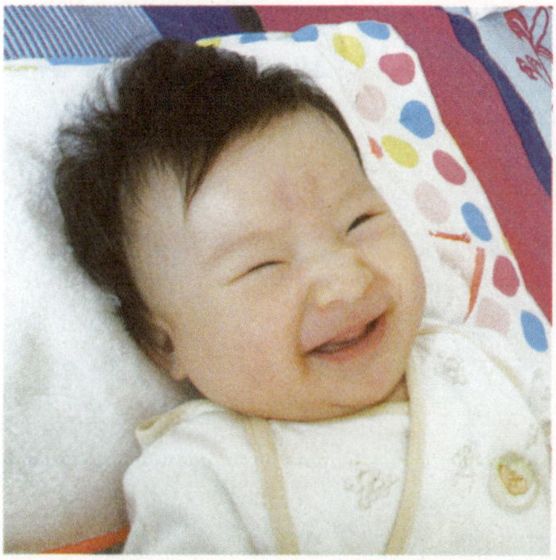

小鸭子，布娃娃

形象思维能力
触觉能力

益智点

帮助宝宝认识和了解不同物体的特性，锻炼宝宝形态认知能力。

游戏来了

把各种质地的物品放在宝宝面前，如小鸭子、布娃娃、木质拨浪鼓等。把这些东西分别放入宝宝的手中，让宝宝握住，并告诉宝宝是什么。比如，把会叫的橡胶小鸭放到宝宝的小手中时，对宝宝说："这是可爱的小鸭子，是橡胶做的，它还会叫呢。"把小布娃娃放到宝宝的小手中时，对宝宝说："这是可爱的布娃娃，是布做的，是不是非常柔软？"

注意要点

爸爸妈妈要培养宝宝的形象思维能力，就要注意与具体的形象结合，应有意识、有计划地给宝宝安排一些富有形象思维能力的活动，使宝宝在游戏中逐渐提高形象思维能力。

扳不倒的不倒翁

视觉能力
触觉能力

益智点

训练宝宝的视觉能力。

游戏来了

为宝宝多准备几种玩具，再准备一个颜色鲜艳的不倒翁。让宝宝俯卧在床上，把玩具放在宝宝前面15~30厘米的地方，并一字排开，不倒翁放在最中间。妈妈坐在宝宝的一侧，对宝宝说："宝宝，今天我们来给玩具排排队。"在确定宝宝被面前的玩具吸引时，妈妈伸出自己的一只手，从左到右，一个个推倒玩具，只有不倒翁摇晃几下，又重新站直，笑眯眯地望着宝宝。这时宝宝就会表现出极大的兴趣，伸出自己的小手想要去触摸。

注意要点

在宝宝3个月前后，宝宝已经能根据自己的需要和兴趣主动注视物体了。当他看到不倒翁摇摇晃晃的样子时，就会充满兴趣地注视。所以，应该经常与宝宝做类似的游戏，帮助宝宝提高视觉能力。

好玩的按压

触觉能力
视觉能力
理解能力

益智点

增强宝宝皮肤的感觉，促进触觉能力发展。

游戏来了

按压宝宝的背部、指关节，让宝宝感受压力的轻重、快慢，先轻后重，先快后慢，一边按压一边说“轻、重、快、慢”，使宝宝将声音与皮肤感觉联系起来，如果说到“重”时开始躲避，说明宝宝懂得了轻重的感觉与声音的联系。

注意要点

给宝宝按压时，即使是重的按压，力道也不能太大。

爸爸妈妈看过来

速度和压力能增加婴儿皮肤弹性和感知能力，增强宝宝的皮肤感觉，加上声音预示，使宝宝学会保护性防御。

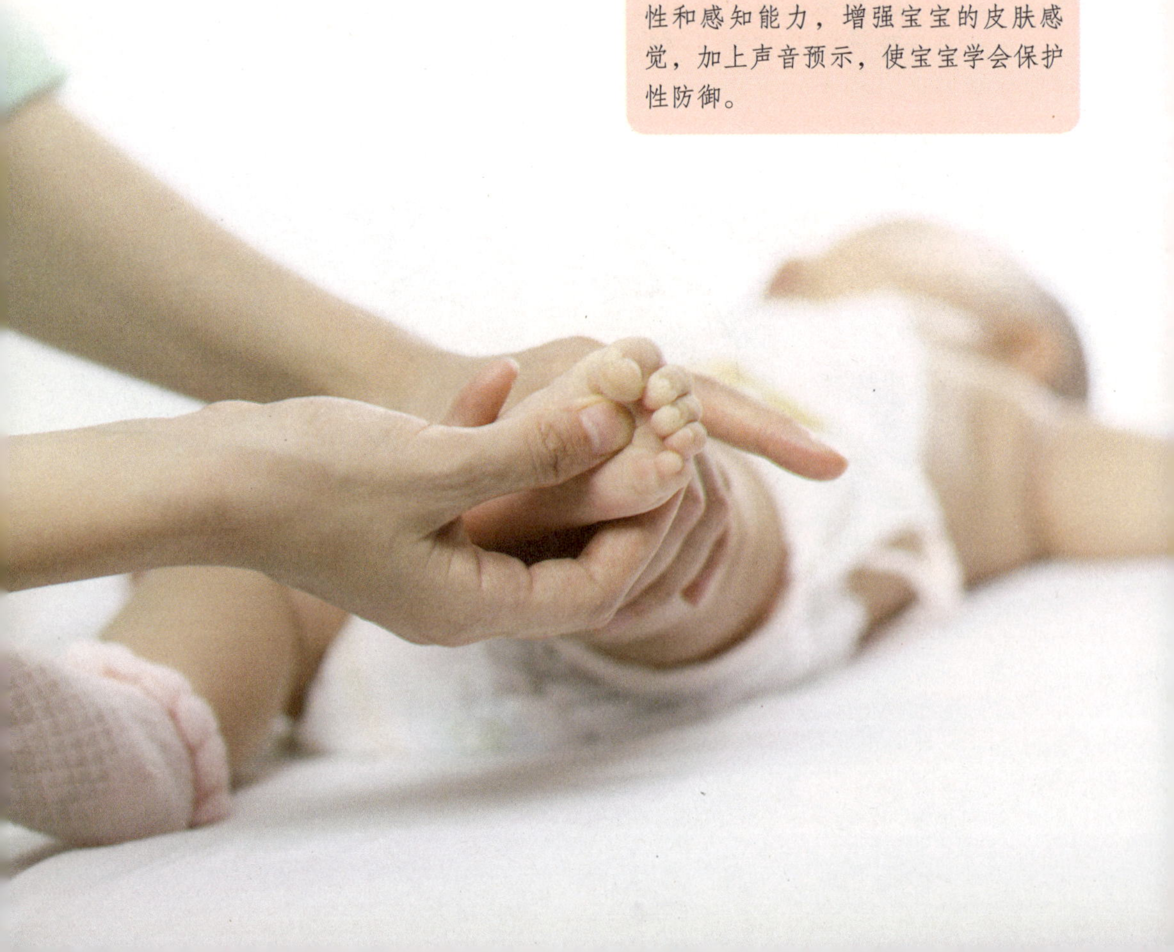

模仿创新能力开发

3个月的宝宝模仿能力增强，可以模仿妈妈简单的表情。

拉响铃铛

创新能力
视觉能力
理解能力

益智点

通过看与听，促进宝宝大脑的判断能力，提高宝宝的创新思维能力。

游戏来了

1. 在宝宝的床头上方挂一些系着铃铛的气球，让宝宝能看到。在气球上系一根绳子，绳子的另一头系在宝宝左手腕上，然后妈妈握住宝宝的小手摇动，气球上的铃铛会响动。妈妈松开手，让宝宝自己玩，他会挥动四肢，牵动气球，让铃铛响起来。

2. 妈妈再把绳子系在宝宝的右手腕上，宝宝会继续晃动全身，最后知道只要挥动右手腕才能让铃铛响起来。

3. 妈妈还可以把绳子分别系在宝宝的左右脚踝上，让宝宝感知动哪个肢体能让气球运动，使铃铛响起来。

注意要点

从宝宝3个月大时便可以开始做这个游戏，爸爸妈妈每天给宝宝做记录，看看宝宝是从哪天开始只用一个肢体就能直接拉响铃铛。通常，宝宝到了85天左右，就能只用一个肢体拉响铃铛了。

2～3个月 宝宝智能水平小测试

1 认识妈妈

A. 见到妈妈主动投怀
B. 见到爸爸主动投怀
C. 对谁都一样

2 追视红球时，宝宝

A. 头颈活动，上下左右环形追视
B. 会上下追视
C. 会左右追视
D. 小于 60° 左右追视，眼动头不动

3 眼看双手，宝宝

A. 互相抓握玩耍，抓脸、衣服、被子
B. 手乱抓，眼看不清
C. 手不会抓物

4 牵铃的绳子套在某一肢体上，宝宝

A. 知道动哪一肢体铃声会响
B. 全身滚动使铃声响
C. 不会牵绳弄不出声音

5 会发长元音或双元音

A. 3个　B. 2个　C. 1个

6 大人讲话时，宝宝

A. 大声答话　B. 小声答话
C. 笑而不答　D. 毫无反应

7 什么情况下会笑

A. 见熟人笑，对镜子笑
B. 见人就笑
C. 人逗才笑
D. 很少笑

8 对大人诱导大小便的动作是否做出反应

A. 会做表示，白天很少弄湿床铺
B. 偶然成功
C. 常用尿不湿，不去诱导

9 翻身 90°

A. 仰卧转侧卧　B. 俯卧转侧卧
C. 侧卧转仰卧　D. 侧卧转俯卧

10 俯卧抬头

A. 抬起半胸，用肘支着
B. 抬头，下巴离床
C. 眼睛往前看，下巴贴床

11 宝宝俯卧，大人用双手从两侧托胸并举起时

A. 头、躯干和髋部呈直线，膝部曲成游泳状
B. 头和躯干呈直线，下肢下垂
C. 头及下肢均下垂

12 扶腋站在硬板上迈步

A. 5 步　B. 4 步　C. 3 步　D. 1 步

题号 / 得分	A	B	C	D
1	5	4	1	
2	9	6	3	1
3	10	6	0	
4	12	10	2	
5	9	6	3	
6	12	10	8	0
7	10	8	6	4
8	10	6	0	
9	12	10	8	6
10	10	8	6	
11	10	6	2	
12	6	5	4	2

测评结果

所得分数	结果分析
70 分以下	宝宝的智力发展未达到理想的水平，妈妈要多加训练。
70 ~ 110 分	宝宝的智力发展尚可，达到平均水平，若要提升宝宝的智能，妈妈要多加训练。
110 分以上	宝宝的智力发展非常棒，继续努力吧。

备注：本书中的智能测试评分方法仅供参考。测试的结果因人而异，若宝宝达不到平均水平，可重复测试，让宝宝多学习，就一定做得到。

第4章

3~4个月 爱黏人的萌宝宝

我已经是4个月的宝宝了，这时候的我很喜欢玩，喜欢让人抱，会把头转来转去地找人，如果没人在我身边会很不高兴，会又哭又闹。这时的我每天都缠着妈妈抱我到户外去。

这时的我视力有了较快的发展，喜欢看很多好玩的东西；我还喜欢和爸爸妈妈玩藏脸游戏；手眼协调能力也有所提高，慢慢能理解什么是远、近、高、低，对于不同方位的移动物体我会紧紧追视。

我超喜欢爸爸给我买的电动狗熊玩具，每次都看到它动来动去的，还发出好听的声音，爸爸把它递给我，我会两手一起拿在眼前玩弄，还会用力摇晃呢。

——宝宝寄语

3～4个月宝宝的成长树

大动作

- 当给宝宝盖薄被子时，宝宝双臂会上下活动
- 扶着髋部时能坐，或在俯卧位时能用两手支撑抬起胸部

精细动作

- 喂奶时，宝宝会将双手放在母亲乳房或奶瓶上
- 手能握持玩具了

语言

- 会用微笑谈话，会发出“啊、噢、哦”的元音

感觉

- 宝宝能挑出自己喜欢的玩具，开始认物了

人际交往

- 宝宝能自发地发出笑声，也会对大人的逗引做出反应
- 照镜子时，宝宝会注意到镜子中自己的影像，还会对着镜中的自己微笑、说话，开始对人有反应

宝宝的基本生长发育

	项目	男宝宝	女宝宝
基本生长发育	身高（厘米）	59.7~69.5	58.6~68.2
	体重（千克）	5.9~9.1	5.5~8.5

妈妈育儿指南

1. 在给宝宝添加辅食时，应遵循由稀到稠、由少到多的原则，可添加菜水、果泥、蛋黄等。
2. 多添加富含铁的食物，补充铁剂，以免宝宝患缺铁性贫血。
3. 补充维生素A，预防营养缺乏引起的夜盲症；补充维生素C，提高宝宝免疫力。
4. 给宝宝选择合适的枕头，并配置睡袋。
5. 适当带宝宝到户外活动。在使用婴儿车的时候，要注意安全。
6. 在干燥的季节中，给宝宝涂抹婴儿专用的润唇膏，防止嘴唇干裂。
7. 提高宝宝的抗寒能力。
8. 帮助宝宝养成良好的排便习惯，开始把大小便。
9. 让宝宝尽情地多看、多听、多摸、多运动、多闻、多尝。
10. 宝宝已经会翻身并能够取玩具，注意别让宝宝摔伤。
11. 添加辅食时，要添加易消化的食物，避免宝宝出现消化不良。
12. 谨防宝宝吞食异物。
13. 训练宝宝的手部运动，增强手部的灵活性。

读懂 3～4 个月宝宝选择合适的玩具与游戏

开始对自己的小手感兴趣了

宝宝在成长发育的过程中，小手其实会比小嘴先“说话”。宝宝往往先认识自己的手，许多时候，宝宝会盯着自己的手看个不停。因此，手是宝宝认识世界的重要部位。

这个时期的宝宝，很喜欢在自己胸前玩弄和观看双手，对自己的双手产生了浓厚的兴趣，喜欢将两手握在一起，抓到东西喜欢放在嘴里，喜欢抓东西，抓起来后又喜欢放下或扔掉，喜欢将东西抓在手中敲打。

这个时期的宝宝刚开始抓握东西时，眼睛并不看着手，看东西时也不会去拿，眼和手的动作是不协调的。需经过多次反复的触摸、抓握，当视觉、触觉与手部的运动之间发生了联系后，才逐步开始形成手和眼的协调。

小小音乐倾听者

宝宝最喜欢听的是人的声音，尤其是妈妈的声音。此时的宝宝能倾听音乐，并且对音乐，如“催眠曲”表现出愉快的情绪，而对激烈的声音会表现出不快。爸爸妈妈要想尽办法吸引宝宝去寻找前后左右不同方位的东西，以及不同距离的发声源，来促进宝宝方位知觉能力的发展。还可以让宝宝从周围环境中直接接触各种声音，通过这种听觉训练，来促进宝宝的听力发展，以使宝宝的认知能力得到提高。

适合 3~4 个月宝宝的玩具与游戏

对于这个阶段的宝宝来说，可以选择一些一捏就能发声的玩具（小球、小摇铃都可以），以及不倒翁、吸盘等玩具，宝宝会非常感兴趣。镜子也是这个时期必不可少的玩具。每天抱着宝宝有意识地去照镜子，一直坚持到一岁，通过镜子宝宝可以认妈妈、认宝宝、认五官。镜子对于培养宝宝的社会性和认知能力特别有好处。准备小勺、乒乓球、小核桃等，让宝宝拿在手里，感觉不同质地的东西带给他的感受。买一些发声的悬挂玩具，让宝宝用手拉拽，锻炼他的抓握能力。另外，经常让宝宝抓握吊环、响铃、响环等，能锻炼他的臂力与抓握能力。

爸爸妈妈在日常生活中还可以通过以下的方法来训练宝宝的抓握能力。

1. 妈妈将玩具拿到宝宝胸部上方，宝宝看到玩具后，双臂会活动起来，但手不一定会靠近玩具，或仅有微微的抖动；如将玩具放在桌面上，宝宝看到后，会主动挥举双臂，此时要鼓励宝宝去抓握玩具。

2. 妈妈抱着宝宝靠在身前，爸爸在距离宝宝 1 米处用玩具逗引。先让宝宝慢慢接近玩具，逐渐缩短距离，最后让宝宝一伸手就能触碰到玩具。如果宝宝没有主动伸手接近玩具，可引导他用手去抓握、触摸和摆弄玩具。

爸爸妈妈还可以通过玩具与游戏训练宝宝的视觉能力。4 个月的宝宝视觉有了一定发展，对颜色开始产生分辨能力了，对红色最为敏感，其次是黄色。爸爸妈妈尽量让宝宝多看各种颜色的图画、玩具及物品，并告诉宝宝物体的名称和颜色，这对宝宝对颜色的认知非常有帮助。还可以用发出声音的玩具来吸引宝宝转头。每天训练 2~3 次，每次 3~5 分钟，这样能扩展宝宝的视野。

运动能力开发

4个月的宝宝，经过从仰卧到侧卧，此时要对宝宝进行拉坐抬头等大运动能力的训练，宝宝的运动能力在这个阶段会不断提高，而且宝宝做动作的姿势比以前熟练很多，还能够做对称性动作了。当你把宝宝抱在怀里时，宝宝的头能稳稳地直立起来了。

宝宝拉坐练习

大动作能力
抓握能力

益智点

通过这个训练，宝宝的头部能慢慢伸直，躯干上方也可挺直，能锻炼颈部和背部的肌肉，提高宝宝的臂力，为以后宝宝用手支撑身体做准备。

游戏来了

当宝宝在仰卧位时，妈妈可握住他的手，将他缓慢拉起。

注意要点

要让宝宝自己用力，妈妈仅用很小的力气，以后逐渐减力，或只让宝宝握住妈妈的示指拉坐起来。

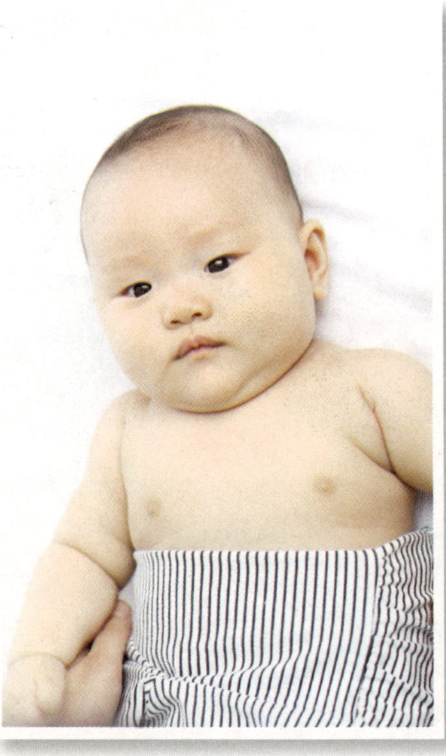

弯弯腿

大动作能力
人际交往能力

益智点

能增强肌肉的力量，为宝宝走路做准备。

游戏来了

1. 让宝宝躺在一个结实的地方。

2. 爸爸妈妈握住宝宝的脚踝，按照一定的节奏屈伸大腿。

注意要点

如果宝宝反抗，要立即停止，不要强迫宝宝做任何动作。

好玩的浴巾秋千

平衡能力
空间感知能力
人际交往能力

益智点

使宝宝的平衡能力得到锻炼，增进亲子间的亲密关系，让宝宝初步认识左右方位。

游戏来了

在宝宝洗澡时，让宝宝仰卧在大浴巾里，爸爸妈妈分别拉住浴巾的两个角，抬起浴巾。爸爸和妈妈按照口令“向左”“向右”依次摆动浴巾，让宝宝在浴巾内荡秋千，他会非常高兴。摇晃的幅度由小慢慢增大。

注意要点

1. 如果把口令变成歌谣，浴巾随着节拍摇荡，爸爸妈妈与宝宝会更加感到乐趣无限。道具也可以变成一块毛毯，平时在宝宝情绪好时就可以做。

2. 这个游戏最适合 4 个月的宝宝。到了 5 个月宝宝已经学会翻身了，出于好奇心，他会翻身到毛巾边缘一探究竟，稍不留神就会滚到地上，发生危险。已经学会 180° 翻身的宝宝就不要做这个游戏了。

鼓励宝宝用前臂支撑

大动作能力
身体协调能力

益智点

在做俯卧抬头的基础上，锻炼了宝宝用手臂支撑全身的能力。

游戏来了

1. 给宝宝穿上宽松的衣服，让宝宝趴在床上，将他的两只胳膊放在胸前，做支撑状。

2. 妈妈站在宝宝面前，先呼唤宝宝或拿一个发音玩具，逗宝宝抬头，然后拿着玩具在宝宝面前晃动，引导宝宝用前臂支撑身体，有时宝宝会将胸部抬起，同时高高地抬头。

注意要点

宝宝如不能用前臂支撑，妈妈不要太着急，平时多抱抱宝宝，让其站立，多补充钙质，强硬骨骼，慢慢地宝宝就能用前臂支撑起身体了。

醒着的宝宝比较活泼好动，一会儿仰卧位，一会儿侧卧位，一会儿俯卧位，嘴巴也不闲着，经常把小手伸进嘴里津津有味地吸吮着。

准确抓握玩具

精细动作能力
触觉能力

益智点

培养宝宝抓握、触摸和摆弄玩具的兴趣，锻炼宝宝的抓握能力。

游戏来了

1. 在桌子上放些如积木块、毛绒小老鼠、彩铃、拨浪鼓等容易抓握的小玩具。

2. 将宝宝抱到桌面上，让他慢慢接近玩具，此时鼓励宝宝伸手去抓玩具。

3. 也可以让妈妈抱着宝宝，爸爸拿着玩具在宝宝面前晃动捏响，逗引宝宝伸手去抓，这样效果更好。

注意要点

1. 如果宝宝没有主动接近玩具，可摇动玩具或用语言来引导宝宝用手去抓握、触摸和摆弄玩具。

2. 让宝宝抓握的玩具最好能经常变化，宝宝要反复练习，并记录下能准确抓握的次数。

语言能力开发

4个月的宝宝在语言能力上有了一定的发展，逗引时他会非常高兴，并露出甜甜的微笑，嘴里还会不断发出咿咿呀呀的声音，好像在跟妈妈对话。有时，宝宝会以低音调的声音改变口腔气流，发出哼哼声和咆哮声。因此，爸爸妈妈一定要抓住宝宝的这一特点，开发宝宝潜在的语言能力。

跟宝宝对话

大动作能力
抓握能力

益智点

鼓励、引导宝宝发音。

游戏来了

1. 妈妈在宝宝睡醒时，要注重进行发音的练习，如发一些“啊、哦”等语气词，来引导宝宝发出声音。

2. 妈妈要多次重复发音，声音的高低要有一些变化。

3. 宝宝睡醒后发音自娱时，妈妈更要应和宝宝的发音。

注意要点

随着宝宝月龄的不断增长，妈妈要越来越多地与宝宝进行语言交流，以促进宝宝左脑的发育。

专家点拨

妈妈和宝宝之间的语言交流对宝宝生长和发育起着重要作用，是刺激宝宝神经系统的语言加工能力所必需的，所以要经常进行。

爸爸妈妈看过来

鼓励宝宝发辅音

这时的宝宝会用口唇发出辅音，有时会自言自语地说“啊不”或“啊咕”。这时，爸爸妈妈也可同时呼应着宝宝说“啊不”，让宝宝多说点话。爸爸可以大声、标准地发出“爸”的音，并用示指指着相片，跟宝宝说“这就是爸爸”，最好尽量将照片和人物联系起来。在宝宝伸手去拍打玩具时，妈妈可以说“打打”或“拍拍”。

一般来说，宝宝知道大人喜欢听他发音时，他就会使劲儿大声地喊叫，并有意识地把声音拉长或重复。此时，爸爸妈妈要经常鼓励宝宝发音。

穿衣歌

语言能力
听觉能力
运动能力
自我认知能力

益智点

促进宝宝语言能力发展，同时可以帮助宝宝认识自己身体的各个部位。

游戏来了

妈妈在给宝宝穿衣服时，一边穿一边念下面的儿歌，这时宝宝会把注意力集中在儿歌上，会手舞足蹈。

注意要点

念儿歌时，要面对着宝宝，要面带微笑。

小胳膊，穿袖子，
穿上衣，扣扣子，
小脚丫，穿裤子，
穿上袜子，穿鞋子。

引导发音

益智点

引导宝宝发出不同的声音，来表达不同的要求，从而初步培养宝宝的语言能力。

游戏来了

1. 用亲切温柔的声音，面对着宝宝，使他能看得见口形。

2. 试着对他发韵母a（啊）、o（喔）、u（呜）、e（鹅）的音，逗宝宝笑一笑，玩一会儿，来刺激他发出声音。

注意要点

爸爸妈妈在念时，口形一定要做对，否则会误导宝宝。

语言能力
听觉能力
理解能力
模仿能力

爸爸妈妈看过来

结合身边物品跟宝宝说话

爸爸妈妈要多跟宝宝说话，最好是面对宝宝，结合身边的物品，一个字一个字地发出音节，如告诉宝宝“这是苹果”“这是小猫咪”等。爸爸妈妈说话的时候要让宝宝看清自己的口形，他才能很好地模仿。如果经常这样做，宝宝有一天突然能说出一长串话就是很自然的事情了。

当宝宝说话时，即使是“咿咿呀呀”的声音，爸爸妈妈也要及时应答，这样会让宝宝愉快、兴奋，愿意再次发出声音。

数学逻辑能力开发

这时的宝宝，数学能力还处于萌芽状态，不能理解抽象的数学概念，应让宝宝学会用感官去了解和体验数学。

数楼梯

数学能力
听觉能力

益智点

培养宝宝对数字顺序的认识，逐渐熟悉数目的顺序。

游戏来了

妈妈把宝宝放在摇篮里，一边摇摇篮，一边跟着摇篮的节奏数数给宝宝听。也可以在抱着宝宝上楼梯时有节奏地从 1 数到 10 给宝宝听。

妈妈还可以拿着宝宝的小手，一个一个地拨弄宝宝的小手指，数“1、2、3、4……”

注意要点

每天和宝宝有目的地进行类似游戏，通过宝宝的听觉、视觉、触觉等逐渐强化宝宝对数的概念，逐渐熟悉数字。

空间感知能力开发

4个月的宝宝已经开始对物体有了整体的知觉，能把部分被遮挡的物体视为同一物体，能分辨自己所在位置的高低。

捉迷藏

空间感知能力
人际交往能力

益智点

发展宝宝的空间感知能力，培养宝宝的愉悦情绪，增进亲子关系。

游戏来了

妈妈盘腿坐在床上，让宝宝面对面坐在妈妈腿上，使宝宝保持平衡。爸爸躲在妈妈背后，先从一侧伸出手，让宝宝一只手抓住爸爸的手指，另一只手抓住妈妈的胳膊。

爸爸摇晃被宝宝抓住的手指，吸引宝宝的注意力，再从妈妈背后的另一侧突然伸出头来叫宝宝的名字。然后爸爸再换方位出现在宝宝面前。

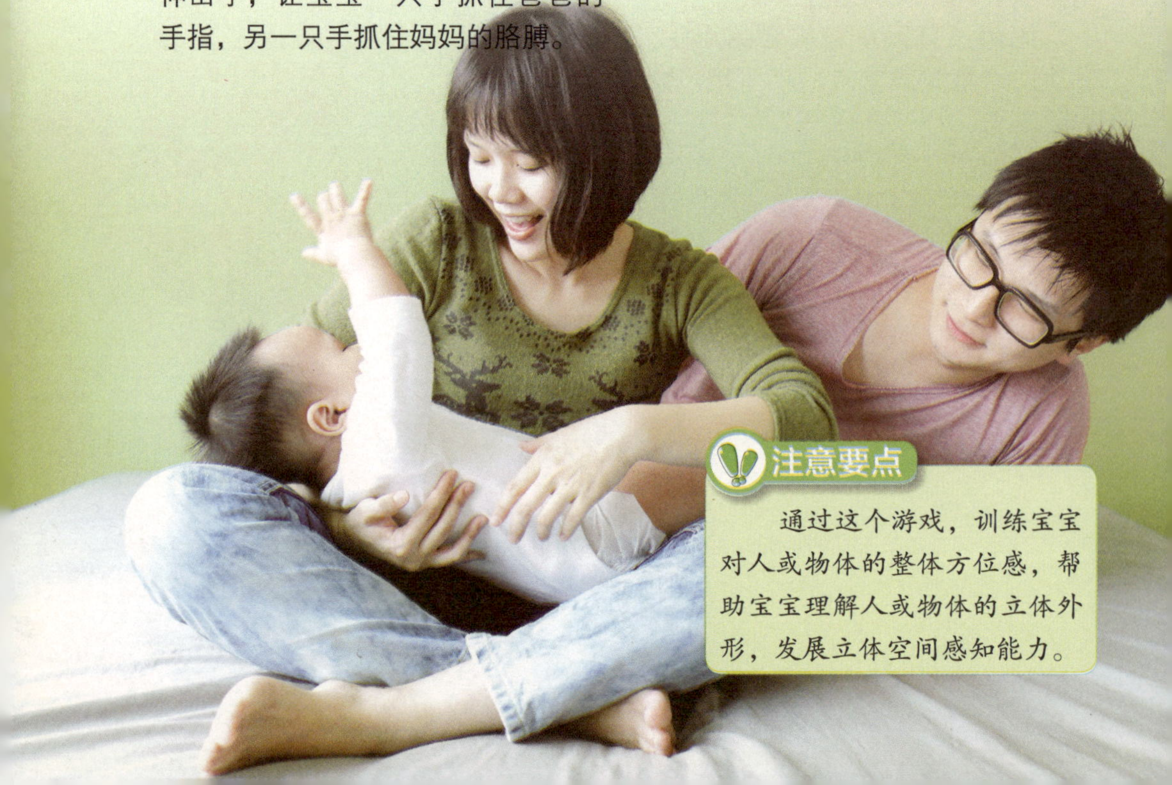

注意要点

通过这个游戏，训练宝宝对人或物体的整体方位感，帮助宝宝理解人或物体的立体外形，发展立体空间感知能力。

人际交往能力开发

4个月的宝宝能认识身边的亲人，对生人会注视，不会做出亲热的表情。

认识小伙伴

人际交往能力
自我认知能力

益智点

促进宝宝良好的同伴关系。

游戏来了

爸爸妈妈经常抱着宝宝到户外，让宝宝观看其他小朋友玩耍，而且要不断对宝宝说：“宝宝看，这是小哥哥，那是小姐姐。”

注意要点

同伴交往是宝宝整个社会交往系统中的重要组成部分，也是培养宝宝人际关系能力的一个重要内容。经常带宝宝参与到小朋友的游戏中，能刺激宝宝想一起玩耍的欲望，促进宝宝的人际交往技能，为培养良好个性打好基础。

爸爸妈妈抱着宝宝到户外，要为宝宝介绍正在玩耍的小姐姐。

亲近动物

人际交往能力
理解能力

益智点

培养宝宝与动物相处的能力，使宝宝形成与动物之间的默契，有助于开发宝宝的人际交往能力。

游戏来了

当宝宝与一只狗足够熟悉时，如果宝宝从外面刚回到家，狗就兴奋地向其跑过来，这时宝宝就能理解，狗是在欢迎他回家。

注意要点

在训练过程中，要注意宝宝的安全，不要让动物伤害宝宝。

爸爸妈妈看过来

无论是家里养的小宠物（小鸡或者鱼）还是大宠物（猫或者狗），都可以为宝宝提供与动物相处的经验。宝宝与动物足够熟悉的话，宝宝可能会与动物形成默契。

自我认知能力开发

宝宝长到 4 个月是父母最开心的时期，因为宝宝有了自己的个性，有脾气，有能力，能吸引人们关心他，并要求人们关心他。他已经不再是过去任由大人处置、躺在被子里的婴儿了，会表达自己的需要了。此时，爸爸妈妈应给予宝宝关心和照顾，给宝宝足够的注意力。

大鼻子小鼻子顶鼻子

益智点

让宝宝认识自己的鼻子，提高自我认知能力，增进亲子间的关系。

游戏来了

1. 妈妈抱着宝宝，面对宝宝，问：“宝宝的鼻子呢？”然后用手轻轻抚摸宝宝的鼻子，说：“宝宝的鼻子在这儿呢！”

2. 等宝宝感觉到妈妈的触摸后，妈妈再问：“妈妈的鼻子呢？”拿起宝宝的小手，触摸妈妈的鼻子，并和宝宝说：“妈妈的鼻子在这儿呢！”

3. 妈妈靠近宝宝，与宝宝的鼻子轻轻触碰，同时要轻柔地说：“顶鼻子啰。”

自我认知能力
听觉能力
人际交往能力

注意要点

根据宝宝的实际情况，妈妈可以对游戏进行适当的扩展，比如也可以和宝宝一起找耳朵。也可以试着让爸爸与宝宝一起玩这个游戏，让宝宝体验不同的感受。

爸爸妈妈看过来

宝宝非常喜欢做动作重复性高的游戏。虽然这种游戏看起来很简单、很幼稚，却能促进宝宝智力的快速发展，因此不可小看。

自然认知能力开发

此时的宝宝各种心理特点都有了长足的进步，对周围环境的好奇心也越来越大，喜欢到户外活动，观察户外的各种景物。

奇妙的世界

自然认知能力
视觉能力
听觉能力

益智点

发展宝宝的视觉、听觉能力，培养宝宝对自然界的好奇心，提升自然认知能力。

游戏来了

选择一个好天气，抱宝宝到户外散步，让宝宝看看热闹的人群、来往的车辆，听听各种声音……不断地为宝宝解说，如“宝宝听，丁零零，这是自行车”“宝宝看，小汽车来了”。带宝宝到公园玩，让宝宝看看红花、绿叶、听听小鸟的叫声。

注意要点

爸爸妈妈经常带宝宝到户外活动，让宝宝接触外部环境，能促进宝宝对外部世界的注意和观察，丰富宝宝的自然世界，激发宝宝对外界的好奇心与探索精神。

多让宝宝感受大自然，看看草原、蓝天、树林，体会生活的美好。

感觉能力开发

4个月的宝宝视觉有了一定发展，对颜色开始产生分辨能力了，对红色最为敏感，其次是黄色。宝宝也具备一定的辨别方向的能力，听到声音后，头能顺着响声转动。这时，一定要做好宝宝的视力与听力的训练和培养。

奇妙的电视

人际交往能力
理解能力

益智点

刺激宝宝的视觉，延长宝宝对事物注视的时间，训练宝宝的专注力。

游戏来了

妈妈把宝宝抱到距离电视对角线 2~3 倍距离，让宝宝看 1~2 分钟电视，同时用简单的语言对宝宝解释电视画面内容。比如，“宝宝看，电视上有小猫”。

关掉电视后，妈妈可以这样对宝宝说：“电视可好看了，有宝宝喜欢的小汽车、小猴子、大老虎……宝宝以后可以经常看电视……”

爸爸妈妈看过来

对于宝宝来说，虽然还不能理解电视内容，但是电视中丰富多彩、个性十足的形象极易吸引宝宝的注意力。可以有选择地让宝宝看一些电视节目，里面的内容会让宝宝集中注意力，这对锻炼宝宝的专注力非常有好处。

注意要点

宝宝离电视的距离不能太近，看电视的时间不能太长，否则对宝宝的视力发育不利。

红彤彤的苹果远了

视觉能力
抓握能力
空间感知能力

益智点

让宝宝认识苹果，了解红色，以锻炼宝宝的抓握能力。还可以利用宝宝喜欢的红色来刺激宝宝追视，从而培养宝宝的空间距离感，提高宝宝对空间距离变化的感知能力。

游戏来了

1. 妈妈将一个红彤彤的大苹果举到宝宝面前，并拉着宝宝的手摸摸苹果，说："宝宝，这是苹果，又大又红的苹果，味道甜甜的，可好吃了！"

2. 妈妈将苹果放在一个小的红口袋里，在宝宝眼前不停地晃动袋子，用袋子轻碰宝宝的小手，逗宝宝抓取。一两次之后，宝宝就会抓住袋子。

3. 妈妈取出苹果后，要露出惊奇的表情对宝宝说："苹果、苹果！"

4. 妈妈举着苹果往后移动，边走边用示指指着苹果跟宝宝说："宝宝看，苹果远了，够不到了。"

5. 多次训练后，宝宝会对苹果产生一定的认知，当听到"苹果"时，就能目视苹果了。

注意要点

需要注意的是，妈妈往后移动苹果时，要让苹果始终保持在宝宝的视线内，退后至1.5米处停止，让宝宝远距离注视一会儿，再往宝宝眼前移动。

颜色碰撞真好玩

视力跟踪能力
认知能力

益智点

增强宝宝视力的跟踪能力，有利于宝宝把声音和图像联系起来。

游戏来了

1. 把几个颜色鲜艳的小球放入塑料瓶中，盖上盖子。

2. 倾斜或翻转小瓶，带动瓶子里的小球相互碰撞发出声音。

3. 引导宝宝观察小球是怎样运动的。

注意要点

游戏时要注意安全，谨防宝宝吞食小球。

爸爸妈妈看过来

宝宝对鲜艳的颜色很有感觉，看到瓶子里的颜色互相交替碰撞，还可以发出声音，他会很兴奋，会积极地参与到游戏中。

专家点拨

训练宝宝眼睛随物品移动的能力，对日后阅读有很大帮助。一是能进一步帮助宝宝提高关注力，二是为日后逐行阅读和提高阅读效率创造条件。

辨别高、低音

听觉能力
人际交往能力

益智点

让宝宝感受高音、低音的变化。

游戏来了

1. 妈妈弹奏或播放有明显高、低音区别的曲子。

2. 爸爸抱着宝宝倾听，并不时对宝宝说："宝宝听，多好听的曲子呀！"

3. 当听到高音的部分，爸爸将宝宝高高举起，对宝宝说："高喽！宝宝比爸爸还高。"

4. 当听到低音处时，爸爸就把宝宝放低，对宝宝说："宝宝低喽！"反复数次。

注意要点

在做上述游戏时，要先让宝宝注意听音乐，感受到宝宝在听音乐时，再将他举高放低，让宝宝在运动中感受声音的高低变化，这对提高宝宝听觉能力大有好处。

模仿创新能力开发

宝宝的模仿能力是与生俱来的。千万不要把宝宝当成什么也不懂的婴儿。宝宝的本领总是出乎父母的意料，这时候，父母要做的是鼓励其自我发展。

小宝宝捡扣扣

模仿能力
观察能力
抓握能力
触觉能力

益智点

通过训练，锻炼宝宝的观察能力。

游戏来了

妈妈抱宝宝坐桌子前，在宝宝小手可以拿到的距离放扣子，观察宝宝是否可以观察到扣子的存在，家长用手拾起，再放下，此时宝宝会模仿家长捡起扣子，扣子数量可增加，也可由大到小。

注意要点

不要让宝宝把扣子放到嘴里。

3 ~ 4 个月 宝宝智能水平小测试

1 追视滚轴

A. 从桌子一头看到另一头
B. 追视到桌子中央
C. 不追着看

2 在白纸上放 1 粒红色小丸

A. 立即发现
B. 大人用手指着才能看到
C. 未看到

3 听舒缓的音乐

A. 微笑而入睡
B. 微笑
C. 无表情

4 认人

A. 对爸爸、妈妈及照料人皆投怀
B. 对爸爸、妈妈均投怀
C. 对生人注视，无亲热表情

5 吊球

A. 会用手拍击横吊在胸前的小球
B. 试击不中
C. 只看不动手

6 模仿大人唇形发出辅音，如“妈、爸、姐、哥、姑”等

A. 3 个
B. 2 个
C. 1 个

7 大人蒙脸玩藏猫猫时

A. 笑且动手拉布
B. 笑不动手
C. 无表情

8 晚上睡眠延长

A. 晚上能连续睡 5 ~ 6 小时，白天觉醒时间增加
B. 晚上能连续睡 4 小时
C. 晚上连续睡 3 小时

9 用勺子喂

A. 张口舔食
B. 噘嘴吸吮

10 俯卧时

A. 用手撑胸
B. 用肘撑胸
C. 只能抬头

11 仰卧抬腿踢上方吊球时

A. 踢打吊球
B. 会踢但不中
C. 不能活动

12 仰卧，大人说“坐起”

A. 双手拉坐时头伸直
B. 拉坐时头向前倾
C. 拉坐时头向后仰

题号 / 得分	A	B	C
1	10	5	0
2	10	8	3
3	10	8	2
4	12	8	5
5	10	8	4
6	15	10	5
7	6	3	0
8	8	6	4
9	4	0	
10	10	8	6
11	10	8	0
12	10	8	4

测评结果

所得分数	结果分析
70 分以下	宝宝的智力发展未达到理想的水平，妈妈要多加训练。
70 ~ 110 分	宝宝的智力发展尚可，达到平均水平，若要提升宝宝的智能，妈妈要多加训练。
110 分以上	宝宝的智力发展非常棒，继续努力吧。

备注：本书中的智能测试评分方法仅供参考。测试的结果因人而异，若宝宝达不到平均水平，可重复测试，让宝宝多学习，就一定做得到。

第5章

4~5个月
喜欢蹦跳运动的超级宝宝

5个月的我能认识第一件物品了，喜欢玩各种游戏，已经具备了初步的逻辑思维能力。对于我喜欢的东西，我总是注视很久。此时爸爸妈妈可以教我学习认物了，如"叶子""小鸟"等。

此时的我长了很多本事，自己会180°大翻身；爸爸妈妈抱着我到户外时，我开始害怕生人了，总是喜欢躲藏在妈妈温暖的怀中；仰卧时，我不但会自己把腿举到眼睛看得到的地方，而且还会把腿当作玩具，用手放到嘴里啃咬。爸爸妈妈经常用手扶着我的腋下，让我在他们的膝盖上蹦跳，我可喜欢这个运动了。

——宝宝寄语

4～5个月宝宝的成长树

大动作

- 宝宝被人从腋窝抱住时，会站立，而且身体会上下蹿动，两脚还会做轮流踏步的动作

精细动作

- 宝宝常用大拇指与示指抓物，手掌能稍微翻转
- 宝宝看到小物体或小玩具时，会将它拿起来放到嘴里

语言

- 当宝宝看到熟悉的食物时，能发出咿咿呀呀的声音，还会对自己或玩具“说话”

模仿创新能力

- 宝宝会模仿别人的表情，模仿时会皱起眉头，对着人脸微笑

自然认知

- 宝宝能区分陌生人和熟人了

宝宝的基本生长发育

	项目	男宝宝	女宝宝
基本生长发育	身高（厘米）	62.4~71.6	60.9~70.1
	体重（千克）	6.2~9.7	5.9~9.0

妈妈育儿指南

1. 帮助宝宝接受新的食物，添加辅食如蛋黄、米粉、水果泥、菜汁等，要及时为宝宝添加富含钙、磷及各种维生素的食物。
2. 每天给宝宝进行亲子按摩、被动操。
3. 多抱宝宝起来玩，每天扶坐、扶站、扶蹦，引导宝宝抓悬吊着的玩具。
4. 正确处理宝宝喉咙的痰。
5. 加强看护，避免宝宝掉到地上。
6. 注意照顾夜里啼哭的宝宝。
7. 防止宝宝触摸危险物品，也防止宝宝吞入异物。
8. 清洁宝宝的耳朵要细心。
9. 给宝宝洗澡时，避免宝宝烫伤或滑倒。
10. 多刺激宝宝的手指，促进其脑部发育。
11. 让宝宝多活动身体，能增强宝宝肢体平衡能力，发展前庭系统，更能让宝宝在活动中接触周围的环境，从而促进脑部发育。

读懂 4~5 个月宝宝，选择合适的玩具与游戏

宝宝能发出重复的连续音节了

宝宝语言的形成是一个极其复杂的过程，需要经过一段相当漫长的时间，才能渐渐地成熟起来。通常，宝宝从不会说话到会说话要经历三个阶段，即学会发音——理解语言——表达语言。5 个月大的宝宝正处在发音的初级阶段。这时的宝宝明显变得活跃起来，发音明显增多，除了发出声母和韵母外，还会说重复的连续音节，如“ma-ma-ma ”“ba-ba-ba”“da-da-da”等。

宝宝现在会发的音虽然没有实质性意义，但这些音却为以后正式说出词和理解词做了准备。这时宝宝对自己发出的声音很感兴趣，常常会不厌其烦地反复出声。在大人的引逗下，宝宝甚至会发出尖叫声。

生活中，爸爸妈妈要多跟宝宝说话，创造好的语言环境。将说话与教宝宝认识环境的活动结合起来，教他认识物品，反复教他认识熟悉各种日常生活用品，如起床时教他认识衣服和鞋子，开灯时教他认识电

灯，坐婴儿车时教他认识车子等，并多带宝宝外出以开阔眼界，认识大自然，如大树、花草、小动物等。

要让宝宝有自言自语与爸爸妈妈咿咿呀呀“交谈”的机会。其实，你不要认为此时宝宝年龄很小，什么也不懂。事实上，这时的宝宝已经学会看大人的脸色，凭借自己的直觉基本知道大人说话的意思了。因此，爸爸妈妈要多说话，并鼓励宝宝多说话，以培养其说话的兴趣。宝宝说话越早，智力开发得就越早。

爸爸妈妈也可以跟宝宝边玩边说儿歌或边做游戏，这样会使宝宝感知到游戏与儿歌的关系，并且能激发宝宝愉悦的情绪，促进宝宝多说话。

爸爸妈妈看过来

通常，宝宝学会认知第一种东西时要用15～20天，学会认知第二种东西时要用12～18天，学会认知第三种东西时用10～16天。但是，也有1～2天就会认识一件东西的。这主要取决于宝宝对东西感兴趣的程度。

教宝宝认知东西，要一件一件地学，不要同时让他认好几种东西，以免延长学习的时间，只要教的方法得当，宝宝5个半月就能认识灯，6个月就能认其他2～3种物品，7～8个月时，如果你问：“鼻子呢？”他就会笑眯眯地指着自己的小鼻子了。

适合4~5个月宝宝的玩具与游戏

5个月的宝宝感知能力进一步加强，双手功能有了提高，手里拿到东西就会抓住不放，躺在床上已“不老实”，自己会翻身，听到大人讲话，会发出“嗯”“啊”的声音，开始学会认生。此时，要选择有利于发展宝宝感知能力的玩具，如可用松紧带拴在床沿的玩具小动物、机械或电动玩具等；有利于锻炼宝宝手的抓握能力的玩具，容易清洗、消毒、宝宝又能捏响的塑料动物、橡胶娃娃等；有利于发展宝宝身体动作（翻身、俯卧、抬头、支撑胸部）的玩具，如吹塑玩具、发响玩具等。必须注意的是，选择抓握玩具大小要合适，玩具约长6厘米，宽4厘米。玩具太大，宝宝抓不住、捏不响，玩具太小，宝宝易放入口中或误吞。

爸爸妈妈要根据宝宝这个阶段的能力发展特点，充分利用以上玩具，与宝宝一起快乐地玩游戏，比如可以玩一些有利于宝宝翻身的游戏。

运动能力开发

5个月的宝宝，做各种动作较以前熟练了，而且俯卧时，能把肩夹成90°角。拿东西时，拇指较以前灵活多了，可以攥住小东西。

靠坐训练

大动作能力
身体协调能力

益智点

锻炼宝宝背部脊柱支撑能力，为独坐做准备。

游戏来了

让宝宝靠着枕头、小被子、垫子等软的东西半坐起来。宝宝很喜欢靠坐，因为靠坐比躺着看得远，双手还可以同时摆弄玩具。

注意要点

宝宝靠坐时，妈妈应在旁边照料，不宜离开。宝宝会因为用腿蹬踢，导致身体下滑而躺下，或者重心向左右偏移，身体倒向一侧。

靠坐训练时间要一点一点增加。

踢彩球

大动作能力
听觉能力

益智点

活动宝宝的双腿，锻炼宝宝的下肢肌肉。下肢运动能扩大到四肢和全身，以促进宝宝大动作能力的发展。

游戏来了

准备几个彩色塑料球或彩色气球，用细线吊在宝宝小脚上方 5 ~ 10 厘米处，保证宝宝能看得到，也能伸腿碰得到。

让宝宝仰卧，妈妈用手触碰彩球，让它们动起来，并配合声音和动作吸引宝宝的注意力。

宝宝看到球跳动或听到声音很兴奋，就会边努力蹬腿，边屈伸膝盖，从而双腿上举或随球而动，感到欢欣鼓舞。

注意要点

宝宝如只是看着，没有伸腿去踢的动作，妈妈可拉着宝宝的小脚触碰彩球，碰到时惊喜地对着宝宝欢笑或用肯定的声音鼓励宝宝，如“呀，踢到了，再踢一个”或“好”等，慢慢地，宝宝就会自己试着伸腿去踢。

先用颜色鲜艳的东西吸引宝宝的注意力，再鼓励宝宝踢踢挂在脚上方的彩球。

沉沉浮浮抓小鸭

大动作能力
身体协调能力

益智点

通过训练宝宝抓握能力，从而提高宝宝的手部协调性。

游戏来了

1. 在小澡盆中给宝宝洗澡，将一些玩具放在澡盆里，一些浮起，一些下沉。

2. 将漂浮的玩具小鸭子摁进水中，等鸭子浮起来时，对宝宝说：“呀，小鸭子会游泳。”

3. 捞起沉在盆底的玩具，如陀螺，又扔进水中，待陀螺又沉入水底时说：“呀，陀螺不会游泳。”让宝宝也试试。

注意要点

注意游戏时间，不要让宝宝着凉。

学爬行

大动作能力

益智点

锻炼宝宝的身体平衡性，促进整体运动智能的发展。同时，也锻炼四肢和颈部的力量和胸腹背的肌肉，促进宝宝的成长。

游戏来了

1. 让宝宝俯卧在床上，妈妈从宝宝背后抵着宝宝的脚。

2. 这时，爸爸拿着玩具在前面逗引，让宝宝爬过来拿玩具。妈妈在后面抵住宝宝的脚，宝宝通过自己的蹬力向前爬行。

3. 宝宝会在妈妈的扶持和推动下爬向爸爸，去拿玩具。

注意要点

宝宝这时已能从仰卧翻到俯卧，能主动用前臂支起上身并抬头。父母应帮宝宝做这种被动爬行的游戏，但每次的时间不能过长。

语言能力开发

5个月大的宝宝正处在发音的初级阶段。这时的宝宝明显变得活跃起来，发音明显增多。

学认“台灯”

语言能力
视觉记忆能力

益智点

让宝宝听懂物品的名称，并能将声音与物体相联系，这是他日后学习语言的基础。

游戏来了

1. 从宝宝130天起开始训练，妈妈抱着宝宝坐在桌子旁，用手拧开台灯。

2. 妈妈可不停开关台灯，让它一会儿亮，一会儿灭，来吸引宝宝的注意。

3. 等宝宝的目光注视台灯时，妈妈要说“台灯”，并拿着宝宝的手摸摸灯罩，即使宝宝没有反应，妈妈也要不停地重复。

4. 让灯亮着，妈妈抱着宝宝离开桌旁，当宝宝的视线离开灯时，妈妈再说“台灯”，看宝宝是否回头看灯。认识灯后，再进行吊灯或台灯的区分学习。

注意要点

有的宝宝喜欢看会动的汽车或者猫猫，妈妈应该注意到宝宝这方面的兴趣，从而用他喜欢的物体作为其听懂的第一种东西，让宝宝学会认识它。

数学逻辑能力开发

大和小是很重要的数学概念，宝宝开始可能很难理解它们。可先让宝宝认识“大”，引入“大”的概念，先不用提及“小”，但两个物体的比较还是需要的。

大苹果和小苹果

数学逻辑能力
理解能力

益智点

训练宝宝对大小的感知。

游戏来了

1. 准备一大一小两个苹果和大小两个罐子（形状和颜色大致相同，大小差别要明显）。和宝宝面对面坐在地板上，苹果摆在宝宝面前。

2. 妈妈对宝宝说：“这是大苹果，那是小苹果。宝宝摸摸苹果。”

3. 拿出2个罐子，依照上面的方法让宝宝摸一摸。诱导宝宝将2个苹果分别放在大小不同的罐子里。

4. 通过语言的重复来强化概念，如“这是大大的苹果，那是大大的罐子”，“把大苹果放在大罐子里”。

注意要点

爸爸妈妈可以用盒子或碗替换罐子，但不能用盘子等扁平器皿。宝宝放错大小苹果时，器皿本身能帮助他发现和纠正错误。

空间感知能力开发

宝宝到了5个月大时，宝宝妈妈要继续创造条件，培养宝宝的空间智慧能力。

抓小球

身体协调能力
手眼协调能力
大动作能力

益智点

培养宝宝的空间智慧能力，同时提高宝宝的视觉能力与抓握能力。

游戏来了

抱着宝宝坐在床上，把一个乒乓球递给宝宝，让宝宝伸手抓住。当宝宝看着小手中的球时，妈妈轻轻用手指把球捅落到床上。捡起乒乓球，再次放到宝宝手中，然后再用手指把球捅落到床上。

注意要点

在游戏中，宝宝看到自己手中的球掉落，会追视球掉落的路线。可以提高宝宝的追视能力和抓握能力，更重要的是，可以增强宝宝的空间智慧，帮助宝宝明白事物的不同变化。

人际交往能力开发

5个月的宝宝在社交和情绪上已经有了很大的发展。在看到熟悉的人或事物时，宝宝能发出“咿咿呀呀”的声音，好像在对人说话。爸爸妈妈要提升宝宝的社交能力，保持良好情绪，使宝宝愉快地成长。

藏猫猫

人际交往能力
反应能力
记忆能力

益智点

让宝宝练习此游戏，宝宝能够感到很快乐。

游戏来了

1. 拿一条手帕或一件干净的衣服，妈妈先给自己盖脸，让宝宝掀开。

2. 妈妈替宝宝盖脸，让宝宝自己拉开。

3. 让宝宝自己藏进手帕或衣服里，由妈妈将覆盖物拉开。

4. 让宝宝主动盖住自己，等大人来时，自己拉开逗人笑，让他自己操作全过程。

注意要点

5个多月的宝宝大多数能做到第2步，即让妈妈盖住自己，然后自己拉开同大人玩，个别宝宝能自己藏起来让大人寻找。

让宝宝也来接待客人

沟通能力
反应能力
理解能力

益智点

帮助宝宝发展社交能力，能缓解宝宝的怕生情绪。

游戏来了

1. 当爸爸妈妈和别人聊天时，不妨让宝宝也参与进来。

2. 爸爸妈妈要经常抱宝宝出去玩儿，多接触些陌生人。

注意要点

宝宝会尝试用不同的方法与你交流，甚至假装咳嗽来引起妈妈的注意。妈妈要从宝宝单纯热切的眼神中，读懂宝宝想与人交流的愿望。

宝宝看到熟悉的客人也会很高兴。

专家点拨

宝宝认生怎么办?

性格外向的宝宝

一般说来，性格外向的宝宝在遇到陌生人对其示好的时候，往往反应比较激烈，会大哭着挣脱陌生人的怀抱，企图得到妈妈的“救援”。

1.多带宝宝跟别人联谊。爸爸妈妈最好经常带着宝宝去别人家做客，最好能有与宝宝年龄相仿的小朋友，毕竟同龄人之间的沟通障碍要小得多，渐渐让宝宝习惯于这种沟通，从而提升交际能力。

2.及时安抚。宝宝认生时，妈妈要马上让宝宝回到其认为安全的环境，如将其抱到怀里或放回婴儿车中，不要强迫他接受陌生人的亲热，这样只会让他更加紧张。

性格内向的宝宝

1.多接触陌生人。抱着宝宝，主动跟陌生人打招呼、聊天，让宝宝感觉到这个陌生人的友好。

2.尝试慢慢接近。想要接近宝宝，最好拿他最熟悉、最喜欢的玩具，这样宝宝会慢慢转移注意力，从而缓解其恐惧心理。

3.多到户外去。平时要多带宝宝到户外，多接触陌生人和各种各样的有趣事物，开拓宝宝的视野。

自我认知能力开发

这个时期，宝宝从感觉上将自己与外界分开，加上在镜中已认识自己的样子，在自己玩耍时听到自己的声音，慢慢开始认识自我。

区分“我”与外界

自我认知能力
感觉能力

益智点

通过宝宝的反复实践，让他区分自我与外界。

游戏来了

1. 让宝宝的小手握住自己的另一只手，他会感到有挤压感；让宝宝抓握他喜欢的玩具，他不会感到挤压感。宝宝会觉得非常有趣，这时他会反复地抓握自己的手，再去抓一个玩具；摸摸自己的手，又去摸摸玩具，发现感觉不同。

2. 让宝宝拍一拍自己的小手，再拍一拍玩具。他会感到截然不同的感觉，前者小手会感到疼痛，后者不会。

注意要点

如果宝宝一开始没有按照家长的引导去做，说明宝宝还没有意识到游戏的趣味；家长可以给宝宝反复示范，让宝宝学做，慢慢地宝宝就会体验到其中的趣味了。

爸爸妈妈看过来

宝宝经常会咬妈妈的乳头使妈妈感到疼痛，但吮吸自己的手指时很少会伤到自己，因为手指感到挤压时，宝宝自然会松口，不会使劲咬。

专家点拨

随着月龄的增长，宝宝的身体处处都有了感觉，他会逐渐开始认识自我。探索是区分自我与外界的基础，通常宝宝是从区分自我与外界开始认识自我的，宝宝会通过抓取的感觉去区别自身与外界。宝宝喜欢咬东西、咬自己，是在通过这种方式来确认“自我”。

变化的玩具

分析判断能力
视觉能力
听觉能力

益智点

帮助宝宝认识新事物，发展分析判断能力。

游戏来了

妈妈可将宝宝经常玩的玩具安上新的装置，比如在小狗上系个小铃铛，让小狗既能按出声音，又能摇出声音。宝宝会对此感到非常新奇。

注意要点

通过这个游戏，可以让宝宝练习冲破旧的认识，探索新方法，帮助宝宝提高探索能力，发展创新思维。

专家点拨

新生儿思维特点

1. 思维的动作性。宝宝的思维主要是通过动作来进行的。一般来讲，宝宝只考虑自己动作所接触到的事物，只能在他所接触的事物之中进行思考，而不能在事物之外思考，更不能考虑、计划自己的动作，以及预见动作的后果。

2. 思维的形象性。感性与具体形象性是婴幼儿思维的主要方式。他们在思考和解决问题时，其思维经常带有具体性和形象性。

3. 思维的兴趣性。婴幼儿往往会对自己感兴趣的事情进行思考，而他们思考的时候也是他们思维最活跃的时候；而对于他们一点也不感兴趣的事物，是不会思考的。因此，此时婴幼儿思维的积极性便很难被调动起来。

4. 思维的简易性。婴幼儿在思考问题时，只是进行简易性的思考，往往会忽略各个方面的因素对这个问题的影响，而只是简单地凭以前自己的思维经验来“套用”。

自然认知能力开发

5个月的宝宝对大自然中的事物开始表现出好奇，能专注地看一个人、一个小动物、一棵树等。

宝宝，这是门

自然认知能力
自立能力

益智点

帮助宝宝认识周围的新事物，加深对周围事物的了解。

游戏来了

抱着宝宝到门口，用手指着门说："宝宝看，这是门。"并让宝宝摸摸门。握住宝宝的手打开门，边开门边对宝宝说："乖宝宝把门打开了，好棒啊。"然后再和宝宝一起关门，同样边关门边对宝宝说："乖宝宝关门了。"重复玩几次，直到宝宝玩够为止。

注意要点

这个游戏可以让宝宝对世界的认识多一种经验的感知与体会，并逐渐培养宝宝的自立能力，同时还可以帮助宝宝认识门里与门外事物的关系，提升自然智慧。爸爸妈妈可以适度延伸这个游戏，比如变成开灯关灯。

感觉能力开发

5个月的宝宝感、触觉发展最快，一饿了就开始哭。当宝宝的耳朵捕捉到妈妈的声音时，宝宝会停止哭泣或哭得稍微小点声儿。平时，爸爸妈妈要多让宝宝学抓或摸各式各样的物品，来培养宝宝的感触能力。

厨房辨音

听觉能力
认知能力

益智点

让宝宝多听各种不同的声音，熟悉生活周围的声音，从而提高宝宝的听觉记忆能力。

游戏来了

1. 准备各种可发声的物品。

2. 可以是自己发声的，比如电话铃声。

3. 也可以是通过撞击发声的，让孩子自己手里拿勺子敲盆发出声音等。

注意要点

家长可利用其他厨具发声，只要宝宝觉得好玩，都会用心听。

爸爸妈妈看过来

5个月的宝宝，听觉已经有很大的发展，听到声音后能很快地将头转向声源。

点名游戏开始了

听觉能力
反应能力
辨识能力

益智点

让宝宝明白不同的声音代表不同的人，也让宝宝将呼唤和自己联系起来。

游戏来了

1. 5 个月大的宝宝一般都有小名了，没有的可适当给起一个。

2. 爸爸妈妈在生活中尽量多呼唤宝宝的小名，让宝宝通过听觉，将大人的呼唤和自己联系起来。

3. 宝宝习惯以后，每次听到呼唤会有所反应，如回头或抬眼看看，或动一动小手等，当然这并不一定意味着宝宝能理解其中的含义。

注意要点

如果宝宝没有反应，需要在不同的场合反复练习，经常称呼宝宝的小名，宝宝就会将名字和自己联系起来了。

挠挠手脚心

益智点

能提高宝宝的触觉反应能力，促进宝宝触觉的发展。

游戏来了

1. 将宝宝放在床上平躺，脱掉宝宝的鞋袜。

2. 妈妈将手洗干净，拉着宝宝的小手，用示指和中指在宝宝的手心里轻轻划动，给宝宝制造一种瘙痒感，宝宝会摇着小手躲开或攥住小手。

3. 也可用一块小黄瓜片或其他比较凉爽的东西代替示指，来丰富宝宝的触觉。

4. 再用同样的方法来刺激宝宝的脚心。妈妈可在做游戏时，哼唱一些儿歌，如“小手心，大指头，划过来，划过去”等。

触觉能力

注意要点

中医认为，手脚心通心，对宝宝的手脚心做适量的按摩有利于血液循环和气机运行。因此，爸爸妈妈可经常给宝宝按摩手脚心。

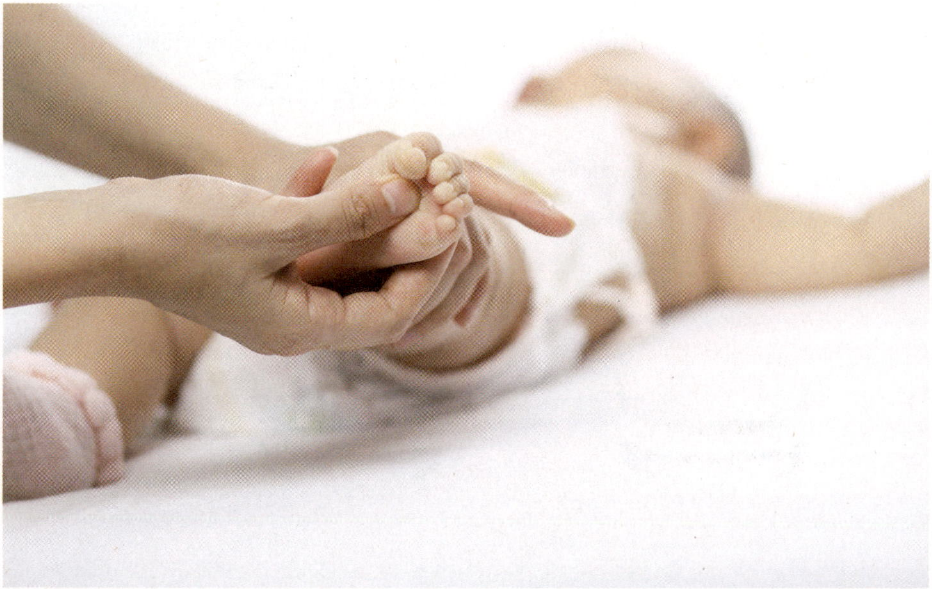

酸酸甜甜

味觉能力
条件反射能力

益智点

通过此游戏，刺激宝宝的味觉，锻炼宝宝对酸、甜味道的感知能力。

游戏来了

准备两支棉签，用其中一支棉签蘸取少量醋水，放在宝宝小嘴里，观察宝宝吮吸动作与表情；再用另一支棉签蘸取少量糖水，放在宝宝小嘴里，观察宝宝吮吸动作与表情。

注意要点

这个游戏可以在宝宝清醒时并且情绪好的时候做；在把棉签放到宝宝嘴里时动作要轻柔。

专家点拨

新生儿有良好的味觉，从出生后就能精细地辨别溶液滋味。出生只有1天的新生儿对于浓度不同的糖水吸吮的强度和量是不同的。他们喜欢较甜的糖水，吸吮浓度较高的糖水比吸吮浓度较低的糖水量多、吸吮力强。当吸吮咸的、酸的或苦的液体时，会有不愉快的表情。

模仿创新能力开发

5个月的宝宝记忆能力已经有了很大的提高，已经能记住爸爸妈妈告诉的一些动作和物体，并能够简单模仿。

练习开关

模仿能力
观察能力
记忆能力

益智点

训练宝宝的观察与记忆能力，从而达到开发宝宝右脑的目的。

游戏来了

1. 向宝宝展示：打开盖子，关上盖子。重复几次。

2. 然后将准备的东西，如苹果、小球或其他喜欢的东西，依次放入盒中，盖上盖子。

3. 鼓励宝宝自己打开盖子，寻找东西。

注意要点

一开始如果宝宝打不开盒子，家长不要着急，可以帮助宝宝一起打开，再让他自己完成。

4～5个月 宝宝智能水平小测试

1 听到物名时

A. 眼睛找到目标
B. 眼看大人的手
C. 不追着看
D. 乱看

2 听到金属着地的声音

A. 用目光看地面寻找
B. 眼睛乱找
C. 没反应

3 够吊球

A. 单手够取
B. 双手抱取
C. 击中但够不着
D. 不够取

4 仰卧时自由抬腿

A. 手能抓足
B. 手够不着足
C. 不抬腿

5 能发出双辅音“爸爸”“妈妈”“打打”等

A. 3 个
B. 2 个
C. 1 个

6 玩藏猫猫时

A. 自己蒙脸逗大人笑
B. 大人蒙脸，宝宝会拉开脸上物品，并会笑
C. 不会拉开，自己也不蒙脸，很少笑

7 吃奶时

A. 双手抱奶瓶或乳房
B. 不动手

8 吃奶时

A. 自己将奶嘴放入口中，或者自己寻找乳头
B. 大人将奶嘴或乳头放入口中

9 翻身

A. 从俯卧翻到仰卧或从仰卧翻到俯卧能翻 180°

B. 从侧卧转俯卧或仰卧翻 90°

10 挟腋蹦跳

A. 双腿能短时伸直负重

B. 双腿屈曲不能伸直负重

11 靠垫扶坐

A. 头能伸直

B. 头向前倾

C. 头向后仰

12 仰卧拉坐时

A. 双腿伸直能站起来

B. 头向前倾只能坐起

C. 头后仰靠人拉起

题号 / 得分	A	B	C	D
1	10	8	6	2
2	10	8	2	
3	10	8	6	0
4	10	8	4	
5	15	10	5	
6	12	10	4	
7	4	0		
8	4	2		
9	10	5		
10	10	4		
11	10	8	6	
12	10	6	2	

测评结果

所得分数	结果分析
70 分以下	宝宝的智力发展未达到理想的水平，妈妈要多加训练。
70 ~ 110 分	宝宝的智力发展尚可，达到平均水平，若要提升宝宝的智能，妈妈要多加训练。
110 分以上	宝宝的智力发展非常棒，继续努力吧。

备注：本书中的智能测试评分方法仅供参考。测试的结果因人而异，若宝宝达不到平均水平，可重复测试，让宝宝多学习，就一定做得到。

第6章

5~6个月 宝宝坐着用手指物

我已经是半岁的宝宝了，这时候我身心的成长发育已经有了很大的变化。爸爸妈妈和我说话时，我会咿咿呀呀地回答，还知道了说“妈妈”时对着妈妈，说“爸爸”时看着爸爸。

此外，我会用手指物了，也能把东西拿稳了。大小便前我会有明显的动作表示，如翻身、滚动、发冷、打战等，爸爸妈妈都说我比以前懂事儿多了，也容易照料多了。同时我也爱交际了，每次爸爸妈妈把我带出去，我总是东瞅瞅西看看，觉得什么都好玩儿。

——宝宝寄语

4～6个月宝宝的成长树

大动作

- 宝宝平躺时能熟练地从仰卧位翻滚成俯卧位
- 扶着腰部让宝宝站立，他能上下蹦跳

精细动作

- 宝宝会自己拿饼干吃了
- 将宝宝的衣服盖在他的脸上，他会自己用手将衣服拿开

数学逻辑

在宝宝面前摆放三块积木，当他拿到第一块后，开始伸手想拿第二块，并注视着第三块

人际交往

当大人给宝宝洗脸时，如果他不愿意，他会将大人的手推开

自我认知能力

- 当两手轮流握物时，能觉察到自己身体的不同部分，并知道自身与外界的不同
- 听到自己的名字会有所反应，会转过头来

宝宝的基本生长发育

	项目	男宝宝	女宝宝
基本生长发育	身高（厘米）	64.0~73.2	62.4~71.6
	体重（千克）	6.6~10.3	6.2~9.5

妈妈育儿指南

1. 可给宝宝添加的辅食有：肉泥、豆腐、动物血、菜泥和水果泥等。
2. 宝宝出牙数在0～2颗，开始给宝宝使用牙胶，以促进其牙齿的生长。
3. 用小匙给宝宝喂食物。
4. 让宝宝保持舒服的睡眠姿势。
5. 多陪宝宝玩。
6. 帮助宝宝坐起来，并帮他翻身打滚，同时教他用双手堆积木。
7. 教宝宝指认物品和身体的五官部位。
8. 培养宝宝的味觉和嗅觉。
9. 扶着宝宝，帮助其多做跳跃运动。
10. 注意宝宝的口腔卫生。
11. 在清洁宝宝的五官时，要细心。
12. 宝宝如夜间啼哭，应及时找出原因。
13. 宝宝如有斜颈，要及早治疗。
14. 注意观察宝宝有无胆道闭锁。
15. 多跟宝宝说话，“交谈”能提高宝宝的发音能力。

读懂5～6个月宝宝，选择合适的玩具与游戏

宝宝个性的形成

现在的宝宝，有了自己独立的意识，开始认识到自己与妈妈是不同的个体，知道自己对周围的人和物会产生影响，甚至知道自己的名字了。于是，随着记忆力和意识的发展，宝宝的个性也在不断地发展。平时爸爸妈妈要对宝宝进行一些必要的训练，让宝宝形成健康的人格与良好的行为习惯。

让宝宝集中注意力

爸爸妈妈要有意识地控制宝宝学习活动的时间，有计划地逐渐延长，切忌学一会儿马上就去玩一会儿，玩一小会儿又学一点，然后再去玩。这样很容易使宝宝分心，不能专注地做好一件事。

培养宝宝的自信心

爸爸妈妈可以在宝宝的周围多放些不同的玩具，让宝宝自己选择。在发现宝宝最喜欢的玩具后，故意将玩具放得离宝宝稍微远一点儿，逗引宝宝自己爬行伸手去抓取，等宝宝独自完成时，要及时给予表扬。时间长了，宝宝的自信心就会慢慢建立起来。

多姿多彩的语言

6 个月大的宝宝会发出“da-da、ma-ma”音节，但这时候还没有所指。宝宝还能无意识地发出“b、p、m”等双唇音，还会模仿咳嗽声、舌头咔嗒声或咂舌声等。爸爸妈妈要利用这个时机，多培养宝宝说话。

多跟宝宝对话

这个月的宝宝常常会主动与他人搭话，这时无论是妈妈还是家里其他亲人，都应当尽量创造条件和宝宝交流或“对话”，为宝宝创造良好的语言发展环境。随着宝宝语言的发展，也会提高他的交往能力。通过这样一种对话，能培养宝宝的语言能力。

积极练习发音

爸爸妈妈可以继续训练宝宝的发音，如叫“爸爸、妈妈、拿、打、娃娃”等，多跟宝宝说话，逗引其发音，也可以引导宝宝做如“再见、欢迎”等动作，这样能促进宝宝语音的发展。

适合 6 个月宝宝的玩具与游戏

宝宝到了 6 个月时，玩具会比原来更丰富一些，除了以前的那些塑料玩具、镜子、拉环、摇铃继续可以给他玩以外，可以买一些拨浪鼓、八音盒、风铃来训练宝宝的握持能力。还可以买一些用来发展宝宝触觉的玩具，比如按摩球。另外还可以添加一些积木块、沙滩块，宝宝会主动伸手去拿。

6 个月的宝宝对很多周围的事情都很感兴趣，尤其一些能够运动的物体对他更有吸引力。因此，除了彩色的球，还可以给他看一些会走会蹦跳的小青蛙或毛毛虫之类的玩具。不倒翁与吸盘玩具也是这个时期的宝宝比较喜欢玩的。

运动能力开发

宝宝长到6个月，试着站立时，腿部已经能支撑住身体的大部分重量。这时，可以让宝宝练习跳跃，以锻炼宝宝下肢的肌肉力量，为以后爬行、站立、行走做准备。从现在开始，对宝宝进行直立跳跃能力的训练吧。

直立跳跃

大动作能力
平衡能力

益智点

让宝宝做直立跳跃，可以训练宝宝腿部力量，为以后的爬行和直立行走奠定基础。

游戏来了

刚开始让宝宝练习直立跳跃时，爸爸或妈妈要呈坐位，并将两手放在宝宝的腋下，让宝宝站直。刚开始，宝宝站立的时间可能不长。这时，爸爸或妈妈可用双手轻轻向上提起宝宝，使宝宝站在自己的腿上。

注意要点

爸爸或妈妈要用亲切、有节奏的语言伴随宝宝做动作，可念儿歌“宝宝宝宝真是乖，快把小腿蹬起来”。这样能激发宝宝蹬腿的兴趣，也可以伴随一些节奏欢快的音乐来做。

飞呀飞

平衡能力
人际交往能力

益智点

锻炼宝宝的平衡能力，增进亲子间的感情。

游戏来了

1. 爸爸可用两手并拢平举，让宝宝俯卧在自己的两只手臂上，让宝宝两手分开做小飞机状。爸爸边唱歌边左右摇晃和走动。

2. 还可以把宝宝抱到爸爸的小腿上，宝宝的头朝向爸爸的头，然后爸爸躺在地板上，抓住宝宝的小手，爸爸上下移动双腿，整个游戏抓牢宝宝，还可原地打转边游戏边唱儿歌。

注意要点

宝宝到了 6 个月，就可以让他体验“高空”的感觉了。这时的宝宝也越来越喜欢和爸爸妈妈在一起了，喜欢被举高高，喜欢被摇来晃去。当爸爸举高高的时候，注意一下宝宝的表情，如果宝宝有恐惧感，就不要举得太高了，上下的速度也不要太快。

蹦蹦跳跳的小青蛙

爬行能力
身体协调能力

益智点

宝宝看到玩具会努力向前爬，去够玩具，有助于宝宝学会爬行。

游戏来了

1. 准备一个会爬行的青蛙玩具。

2. 让宝宝趴在床上，将青蛙放在距离宝宝 1 米远的地方，让青蛙“呱呱”叫着动起来，宝宝会非常高兴地看着玩具，还会努力向前爬行，去够玩具。

3. 再让宝宝坐在床上，如果宝宝坐不稳，可倚靠枕头或其他东西。

4. 将青蛙放在距离宝宝 1 米远的地方，宝宝可能会由坐位向前倾斜变成俯卧位，企图去够玩具，这样能促进宝宝运动能力的提高。

注意要点

给宝宝玩具前，要检查玩具是否有破损，因为掉下的碎片可能会被宝宝误食，也可能划伤宝宝的皮肤。此外，还要检查是否有易脱落的螺丝或其他部件，也要注意玩具的清洁。

语言能力开发

6个月的宝宝正处在语言能力发展的第二个阶段，也是连续发音的阶段，这个时候宝宝的语言特点是重复语句。宝宝已经有记忆力了，爸爸妈妈可以多用短句，说话时要让宝宝看到你的嘴形，以提高宝宝的模仿能力，提高宝宝语音学习的速度。

给宝宝读儿歌

语言记忆能力
理解能力

益智点

妈妈通过给宝宝读儿歌，帮助宝宝感受声音，增强理解能力，提高语言能力。

游戏来了

结合相关动作给宝宝读下面的儿歌：

一张脸（妈妈扶着宝宝的小手抚摸宝宝的小脸蛋）；

两只眼（抚摸宝宝的眼睛）；

一个鼻子（抚摸宝宝的鼻子）；

一张嘴（抚摸宝宝的小嘴）。

注意要点

这时候，宝宝虽然还不能理解爸爸妈妈说的话，但经常这样，也相当于和宝宝说话，能刺激宝宝的语言中枢，让宝宝的语言感觉更发达。所以，爸爸妈妈应坚持给宝宝读儿歌，初步给宝宝建立一个良好的语言环境。

小老鼠上灯台

语言能力
理解能力

益智点

感受儿歌的节奏，增加对语意的理解。

游戏来了

1. 给宝宝看小老鼠的卡片，或者拿小老鼠玩具和宝宝一起玩。并告诉宝宝：“这是小老鼠，小老鼠最喜欢偷油吃了，小老鼠最怕大花猫。”

2. 给宝宝绘声绘色地表演儿歌，念到“叽里咕噜滚下来”时，可以让小老鼠玩具做滚动的动作，帮助宝宝理解语言的意思。

注意要点

3 岁之前的宝宝对韵律节奏有着天然的感悟力，但语言能力相对弱一些。对宝宝来说，儿歌是比较容易接受的语言形式，能锻炼宝宝的语言能力。所以，妈妈要多给宝宝念儿歌。

爸爸妈妈看过来

妈妈还可以一边念儿歌，一边随着儿歌带宝宝做相应动作。

妈妈抱着宝宝，
小兔小兔跳跳，
小鱼小鱼游游，
小鸭小鸭摇摇，
小猫小猫喵喵。

小老鼠，上灯台，
偷油吃，下不来，
喵喵喵，猫来了，
叽里咕噜滚下来。

看图认人

语言能力
听觉能力
视觉能力
模仿能力

益智点

训练发音，模仿语言，为宝宝学习语言做准备。

游戏来了

给宝宝看妈妈的照片，然后发出“ma—ma—”的声音，逗引宝宝看妈妈的口形。逗引宝宝再模仿发出“ba—ba—”的声音。以后每次妈妈抱他，就让他模仿妈妈发音，爸爸抱他，就教他模仿爸爸发音。

注意要点

在教宝宝发音时，每发一个重复音节后应停顿一下，让宝宝有模仿的时间。

爸爸妈妈看过来

6个月的宝宝能含糊地说出连续的元音和辅音，听上去他的说话方式逐渐接近成人，并能模仿发出“爸爸”“妈妈”等双音。此时宝宝只是发音，只有反复沟通建立起条件反射，才便于理解语言。

每次妈妈抱宝宝，就让他模仿妈妈发音。

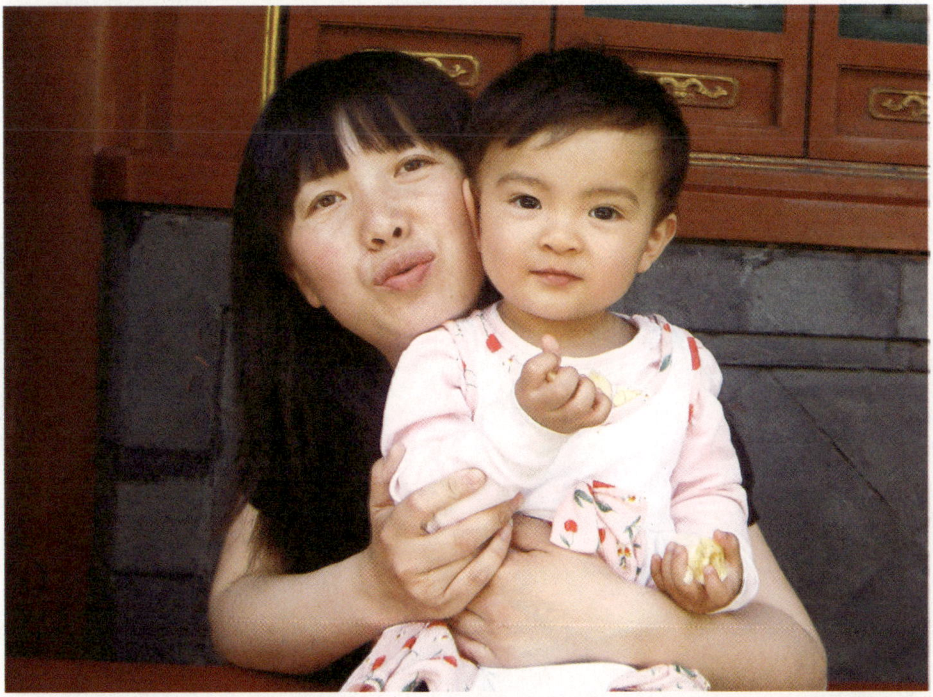

爸爸，妈妈

语言能力
理解能力

益智点

锻炼宝宝对语意的理解能力。

游戏来了

当宝宝玩耍时，听到妈妈说“爸爸回来了”，宝宝会马上转向门的方向，并撑起身体。如果进来的是爸爸，宝宝会微笑；如果进来的不是爸爸，宝宝会回头看着妈妈。

当奶奶抱着宝宝散步时，妈妈来了，奶奶说“妈妈来了”，宝宝会十分急切地伸头张望，看到妈妈后会举起双手扑向妈妈怀中。

注意要点

可以锻炼宝宝分清家人称呼的能力。宝宝学会“爸爸”“妈妈”后可以再教他其他称呼。

宝宝看到妈妈后会举起双手扑向妈妈怀中。

数学逻辑能力开发

宝宝已经初步具备了认识大小的能力，但是他还不能把“大”和“小”的概念与“大”“小”两个汉字具体地对应起来。

小兔子，吃萝卜

数学能力
听觉能力
语言能力

益智点

训练宝宝最初的数学概念。

游戏来了

准备两个不同大小的小兔子玩具，再在纸板上画上两根萝卜，一根大的一根小的。

分别在宝宝面前举起两只小兔子，告诉宝宝：“两只小兔子要来吃萝卜喽。”拿起纸板，给宝宝看萝卜，问宝宝：“宝宝看，哪个萝卜大，哪个萝卜小啊？”为宝宝指出大萝卜和小萝卜，帮助宝宝理解“大”和“小”的含义。

和宝宝一起把大萝卜放在大兔子一边，小萝卜放在小兔子一边。

注意要点

比较聪明的宝宝当看见妈妈把大萝卜放在小兔子旁边时，会回头看妈妈，表示异议。这个游戏可以帮助宝宝发展初步的数学意识。如果父母经常给宝宝示范，宝宝就会一边学说一边学做，促进宝宝语言能力的发展，一举两得。

空间感知能力开发

宝宝到了6个月大时，妈妈放纸飞机时，宝宝会追随飞机飞行的路线。爸爸妈妈要多与宝宝做类似的游戏，强化宝宝这方面的能力。

儿歌操

- 空间感知能力
- 大动作能力

益智点

让宝宝通过儿歌认知长短等数学感知能力；儿歌配合动作，提高宝宝大运动能力、语言理解能力等。

游戏来了

宝宝躺在床上，妈妈面对宝宝拉住宝宝的小手，一边念儿歌一边做动作："谁的尾巴长，谁的尾巴短，谁的尾巴打开像把伞。"拉着小手分别向身体两侧打开，再合拢在宝宝身前，两手相对，从身前经过头顶做环绕后双手分开在身体两侧。妈妈再念儿歌："猴子尾巴长，兔子尾巴短，孔雀尾巴打开像把伞。"重复上面的动作。

注意要点

如果宝宝分不清声音的发出方向，仍然将头转向妈妈，妈妈就指着爸爸，告诉宝宝"鸭子在那儿呢，在宝宝的左边哦"。爸爸也可跟宝宝说："宝宝看左边，鸭子在宝宝的左边。"

人际交往能力开发

宝宝在6个月时，能够区分亲人和陌生人了，看见经常照顾自己的亲人会高兴，从镜子里看见自己会微笑，如果和他玩藏猫猫游戏，宝宝会很感兴趣。宝宝与人的交往有了很大进步。

带宝宝去“做客”

人际交往能力
语言能力
想象力

益智点

激发宝宝的交往热情，锻炼宝宝的交往能力。

游戏来了

1. 准备一个毛绒熊，放在床上。打扮好宝宝，告诉他：“宝宝，咱们去做客了，去看熊宝宝。看宝宝打扮得多漂亮啊，咱们出发吧！”

2. 妈妈抱着宝宝去床边，跟宝宝说：“宝宝，咱们到了，进去跟熊宝宝问好。”走到床边，妈妈将宝宝放在大熊旁边，拉着宝宝的手和大熊的手，教宝宝说：“熊宝宝好，我们来看你了。”

3. 让宝宝跟熊宝宝玩一会儿，跟宝宝说：“宝宝，咱们该回家了，跟熊宝宝说再见！”

注意要点

在做客期间，可以即兴增加一些内容，如扮演大熊跟宝宝对话等，让宝宝充分体会做客的快乐。

自我认知能力开发

宝宝会用不同的方式来表达自己的情绪，如哭和笑分别表示厌烦和喜悦。宝宝的自我认知能力已经有了很大的发展。

认知身体部位

自我认知能力
听觉能力
理解能力

益智点

让宝宝认知自己的身体部位，培养宝宝的自信心。

游戏来了

爸爸妈妈要教宝宝认识身体的各个部位，教宝宝指出身体上的部位，告诉他："这是手，这是耳朵……"这样反复教几次之后再问他："宝宝的小手在哪里？"让宝宝自己指出来。

注意要点

如果宝宝一时指认不出自己的身体部位，爸爸妈妈也不要心急，只要多加练习就可以。

一双眼睛看世界，
一对耳朵听声音，
小鼻子，闻香味，
一张小嘴叫妈妈。

记名字

益智点

让宝宝知道自己的名字，提高自我认知能力。

游戏来了

爸爸妈妈应该告诉宝宝："亮亮（或妞妞、小满等）是你的名字，这是在叫你啊！"然后再叫宝宝的名字，如果他有反应就鼓励他，抱抱他或亲亲他，这样反复几次，宝宝就能听懂他的名字了。

自我认知能力
听觉能力
理解能力

注意要点

6个月的宝宝大都能够知道自己的名字，如果叫他没有反应，就需要多加练习。

爸爸妈妈叫宝宝的名字时，如果宝宝有反应，就抱抱他、亲亲他。

自然认知能力开发

6个月的宝宝变得越来越好动，对这个世界充满了好奇心。对于这个时期的宝宝来说，单纯看已经不是目的了，他要在看的过程中获得认识事物的能力。

带宝宝欣赏大自然

自然认知能力
探索能力

益智点

宝宝身体位移能力的发展，能扩大宝宝的探索范围，提供了认识周围世界的机会，也满足了宝宝的好奇心。

游戏来了

爸爸妈妈要带着宝宝去欣赏青草的芬芳，观看五彩缤纷的花草，倾听知了的鸣叫，让宝宝更好地感知周围的世界。

看，多么可爱的小鸟，头上还戴着红色的小花呢！

宝宝看，这是绿色带刺的仙人掌，可不要随便摸哦！

宝宝，这是向日葵，它会向着太阳转哦！

感觉能力开发

宝宝在 6 个月时，各种感触、智能都得到了全面的开发。这时，在爸爸妈妈的引导下，宝宝能够独立坐着，并能接近、触摸自己感兴趣的东西，甚至能放到嘴里品尝了。

听听是什么声音

听觉能力
自我认知能力

益智点

训练宝宝辨别声音的能力与寻找声源的能力。

游戏来了

爸爸在远处或在另一个房间叫宝宝的声音，或学鸟叫、猫咪叫，或敲响什么东西，让宝宝寻找。

妈妈可以在宝宝身边问宝宝："谁在叫宝宝啊？小鸟在哪儿叫？猫咪在哪儿叫？"看宝宝是否会向声源的地方注视。

注意要点

可以反复练习这个游戏，强化宝宝辨别声音的能力与寻找声源的能力。要尽可能地把声源拉远，方位不断变换，声音强弱也要有所变化，更好地提高宝宝的声音分辨能力。

认玩具

视觉认知能力
抓握能力

益智点

训练宝宝手的抓握能力，强化宝宝的视觉认知能力。

游戏来了

让宝宝坐在床上，妈妈拿出各种玩具，每拿出一种玩具便告诉宝宝这是什么玩具，具有什么特征。比如让宝宝看到玩具小金鱼时，要这样告诉宝宝："宝宝看，这是黄色的小金鱼，它会游泳哦。"宝宝会动手去抓，并显得很高兴。

注意要点

1. 和宝宝说话时，指着对应的物品，宝宝的右脑就会反映出这个物品的形象来。

2. 宝宝在玩这个游戏时，玩具一定要丰富多彩，同时爸爸或妈妈要陪在宝宝身边。

动来动去的玩具

观察能力
注意能力

益智点

训练宝宝的观察能力与注意能力。

游戏来了

给宝宝买一些电动玩具，打开玩具表演给宝宝看。宝宝看到玩具在地上动来动去，会高兴得手舞足蹈。

注意要点

动来动去的玩具能引起宝宝的兴趣，所以爸爸妈妈要让宝宝通过各种游戏多听、多看、多玩，观察更多的事物。

爸爸妈妈看过来

6个月的宝宝，一些会动的、有声光或颜色的东西对他最有吸引力，如电视、灯光、哭笑娃娃、电动玩具等。

模仿创新能力开发

事实上，不管多大的宝宝，都具有一定的模仿与创新能力，爸爸妈妈最好从现在开始就培养宝宝的模仿创新能力。

丢球

模仿创新能力

益智点

在训练中培养宝宝解决问题的能力，并提高宝宝右脑的创新思维能力。

游戏来了

1. 选择宝宝精力比较旺盛的时间，准备两个小皮球。

2. 妈妈和宝宝各拿一个球，妈妈先把球丢出去，一边丢一边说："宝宝看，球球走喽。"

3. 妈妈握着宝宝的手将球丢出去，说："宝宝的球也走喽。"

4. 最后鼓励宝宝自己丢球，看他会不会改变方向。刚开始时宝宝可能不会，妈妈可以示范。多次重复，宝宝慢慢就会了。

注意要点

在训练过程中，注意让宝宝适当休息。

宝宝，快来认识这些不同的小球吧！

宝宝敲响鼓

益智点

通过让宝宝敲击，锻炼宝宝手部的运动能力，培养宝宝手眼协调能力。

游戏来了

让宝宝坐在妈妈身上，在前面放一个小平鼓，给宝宝一根鼓棒，妈妈拿一根鼓棒，和宝宝一起敲击。宝宝不会时，妈妈可先示范，并握住宝宝的手去敲，慢慢地，宝宝就会模仿。

妈妈边敲边要语言跟进，让宝宝理解“敲”的动作。

模仿能力
观察能力
手眼协调能力
语言理解能力

注意要点

1. 也可以让宝宝敲小玩具琴。

2. 5个月的宝宝一开始只会单手敲击。

5～6个月 宝宝智能水平小测试

1 **听到大人说几种物体名时**

A. 能用手指 2 种物体的方向
B. 能用眼看 2 种物体的方向
C. 眼看 1 种
D. 不看

2 **握物体**

A. 两手分别各拿 1 个物体
B. 用拇指与示指、中指、无名指和小指相对握住物体
C. 5 个手指同方向大抓握

3 **传手**

A. 握物时能传手
B. 扔掉手中之物再取一物

4 **仰卧时**

A. 手抓到脚，将脚趾放入口中啃咬
B. 手在体侧抓到脚
C. 手抓不到脚

5 **发双辅音，如“妈妈、爸爸、拿拿、打打”等，能理解其意义，但不会去称呼打人**

A. 3 个　B. 2 个　C. 1 个

6 **大人念儿歌时**

A. 会做一种动作
B. 只笑不动
C. 不笑也不会做动作

7 **照镜子时笑，同自己说话，用手摸，同自己碰头，宝宝会**

A. 4 种　B. 3 种　C. 2 种　D. 1 种

8 **遇到生人**

A. 将身体躲在妈妈怀中
B. 注视
C. 完全不躲生人

9 **吃固体食物**

A. 自己拿着吃，并咀嚼
B. 含着慢慢下咽
C. 不吃硬食物

10 大小便前

A. 出声表示
B. 用动作表示
C. 不表示

11 俯卧托胸

A. 头、躯干、下肢完全持平
B. 下肢、膝盖屈曲
C. 下肢下垂

12 俯卧时上身抬起腹部贴床

A. 在床上打转 30°
B. 打转 180°
C. 打转 90°
D. 完全不转

题号 / 得分	A	B	C	D
1	16	10	5	0
2	10	5	3	
3	10	6		
4	10	8	2	
5	10	7	5	
6	10	5	0	
7	15	12	6	3
8	8	6	4	
9	8	4	0	
10	8	6	2	
11	10	8	2	
12	6	4	2	0

测评结果

所得分数	结果分析
70 分以下	宝宝的智力发展未达到理想的水平，妈妈要多加训练。
70 ~ 110 分	宝宝的智力发展尚可，达到平均水平，若要提升宝宝的智能，妈妈要多加训练。
110 分以上	宝宝的智力发展非常棒，继续努力吧。

备注：本书中的智能测试评分方法仅供参考。测试的结果因人而异，若宝宝达不到平均水平，可重复测试，让宝宝多学习，就一定做得到。

第7章

6～7个月 怕生的全能宝宝

我已经是7个月大的宝宝了，四肢的力量明显增强，运动能力发生了惊人的变化，我能坐起和躺下，如果爸爸妈妈扶着，我还可以站起来。

爸爸妈妈对我表示赞扬还是批评，我都能听懂，并且能用手势表示我的需求；能认识2～3种食物，而且学习认识新事物也逐渐快起来，能跟着爸爸妈妈哼唱的儿歌节奏做动作，有一定的数学概念，能分辨出自己的声音，并能改变声调了。

这个时候，我成了一个怕生的宝宝，一见到陌生人或陌生的食物就会赶紧藏在爸爸妈妈的背后。

——宝宝寄语

6～7个月宝宝的成长树

大动作

- 宝宝会连续翻滚了，坐的时候也坐得比较稳当了，能独坐很久
- 被拉着站起时，腿会保持直挺，能站立片刻

精细动作

- 能将玩具从一只手换入另一只手
- 能自由弯曲手指做出抓的动作，还能用拇指和其他手指一起对捏小物件

语言

- 宝宝能发“爸爸”“妈妈”等复音，但无意识

模仿

- 能模仿爸爸妈妈发出的双音节

人际交往

- 照镜子时，会对镜中的自己微笑、亲吻或拍打等

认知

- 宝宝能听懂自己的名字
- 宝宝拿到东西后，会翻来覆去地看看、摸摸、摇摇，表现出积极的感知倾向
- 懂得了“不许”的含义，还学会了招手表示再见

宝宝的基本生长发育

	项目	男宝宝	女宝宝
基本生长发育	身高（厘米）	65.5~74.7	63.6~73.2
	体重（千克）	6.9~10.7	6.4~10.1

妈妈育儿指南

1. 宝宝的饮食应遵循膳食合理搭配的原则，可以给宝宝添加饼干和肉末等。
2. 在喝奶和饭后，给宝宝喝几口白开水，能保护乳牙的健康发育。
3. 宝宝会发辅音了，如爸爸、妈妈等。
4. 教宝宝学着自己拿勺子、用杯子喝水等。
5. 训练宝宝的手部精细动作和大动作能力。
6. 帮助宝宝学习匍匐爬行，能促进其智能的发展。
7. 培养宝宝养成良好的睡眠习惯。
8. 鼓励宝宝的模仿行为。
9. 教宝宝拍手点头、认物、找物。
10. 每天坚持帮助宝宝做被动体操，还要训练宝宝翻身、坐稳等，帮助宝宝平衡身体。
11. 帮助宝宝学会适应人多的环境。

读懂6～7个月宝宝，选择合适的玩具与游戏

宝宝的视野开阔了

随着宝宝坐、爬动作的发展，也大大开阔了他的视野，宝宝能灵活地转动上半身，上下左右地环视，注视环境中一切感兴趣的事物。

给宝宝读书

宝宝偏爱“读书”活动，生来就有好奇心和探索欲，对外界信息接收很快。在所有外界的信息中，爸爸妈妈的声音对他们来说是最美的声音。宝宝对图形和颜色的认知很早，从小就喜爱看色彩艳丽、图形鲜明、情节生动的图书，更喜欢爸爸妈妈将图书的内容给他边讲边看。

玩书是宝宝爱上读书的开始，对手中的书本，宝宝不是撕扯、摔打就是啃咬。爸爸妈妈不要轻易就放弃让宝宝读书，这会抑制宝宝阅读的愿望，对宝宝的发展不利。

随着宝宝的长大，爸爸妈妈可将一些书放在宝宝的活动范围内，如一个小书柜里，让宝宝自己去拿取、阅读和更换。

宝宝的语言能力特点与训练

这个时期的宝宝，经常会主动与人搭话，爸爸妈妈和亲朋好友要尽量创造条件和宝宝交流对话，为宝宝创造良好的语言发展环境。随着语言能力的发展，宝宝的交往能力也会提高。

爸爸妈妈可以跟宝宝面对面，用愉快的语气和表情发出“啊——啊”“呜——呜”“咯——咯”“妈——妈”“爸——爸”等重复音节，吸引宝宝注意你的口形，每发一次重复音节应停顿一下，给宝宝模仿的机会。这不仅能增强宝宝的初步记忆能力，还能发展宝宝的口语表达能力。

适合6～7个月宝宝的玩具与游戏

7个月的宝宝小手灵活性更强了，这个时候甚至最喜欢干的事情就是用示指去抠小动物的眼。很多7个月的宝宝可以坐得很稳，并且能够把示指逐渐分化出来了，要给宝宝添置一些可以用手指拨弄并且产生声响的玩具。这个时候的宝宝非常喜欢四壁有不同小窟窿的玩具，爸爸妈妈可以用剪刀做一些不同的有小窟窿的玩具。需要注意的是，小窟窿不要小于1厘米，宝宝的手指容易卡在里面；小窟窿的周围要平滑不要带刺。

宝宝拿着玩具电话假装打电话。

运动能力开发

7个月的宝宝能在床上独坐10分钟且无须用手支撑身体。这时宝宝已基本学会爬了，平衡能力越来越强，逐渐还可以从趴着转变成坐姿了。七八个月是宝宝学爬的关键期，会爬的宝宝不但健康而且聪明，因此，爸爸妈妈要帮助宝宝完成爬行动作。

协调四肢

动作协调能力
触觉能力

益智点

帮助宝宝协调四肢，为爬行做准备。

游戏来了

在教宝宝学习爬行时，妈妈可以拉着宝宝的双手，爸爸推起宝宝的双脚，拉左手的时候推右脚，拉右手的时候推左脚，让宝宝的四肢被动地协调起来。

注意要点

对于刚学习爬行的宝宝来说，爬行是一项比较费劲的运动，所以要注意每次训练的时间不要太长，根据宝宝的兴趣，让宝宝每天坚持5～10分钟就行了。这样教一段时间，等宝宝的四肢协调好后，就可以手和膝盖协调爬行了。

爬行大练习

爬行能力
触觉能力

益智点

为宝宝创设各种条件，锻炼宝宝的爬行能力。

游戏来了

在锻炼宝宝学习爬行时，要开辟出一块场地，可以在硬板床上，也可以在地板的地毯上。移去周围可能阻挡的东西，放任宝宝在上面自由地“摸爬滚打”。

在练习爬行的过程中，让宝宝的腹部着地，能训练宝宝的触觉。触觉不好的宝宝容易怕生、黏人。一旦宝宝能让腹部离开床面靠手和膝盖来爬行，就可以在他前方放一只滚动的皮球，让他朝着皮球慢慢地爬去，逐渐地他会爬得很快。

注意要点

有的宝宝爬行起来比较困难，可以让他从学趴开始，在爸爸妈妈的帮助下学习爬行。其实，刚开始学爬的宝宝都有匍匐前进或倒着爬的现象，这是一个学爬的过程，爸爸妈妈要有一定的耐心，多费点工夫来教导。

专家点拨

1. 锻炼爬行的益处。爬行对宝宝来说，是一项非常有益的动作，既能锻炼宝宝全身肌肉的力量和协调能力，又能增强小脑的平衡与反应的联系，这种联系对宝宝日后学习语言和阅读都十分有益。

2. 宝宝学爬行时的三种类型：第一种，学爬时向后倒着；第二种，原地打转，只爬不前进；第三种，在学爬时，匍匐向前，不知道用四肢撑起身体。

捡积木

手眼协调能力
抓握能力
模仿能力

益智点

发展手眼协调能力和动作的灵活性。

游戏来了

妈妈准备一个小篮子和几块颜色鲜艳的积木，晃动手中的篮子对宝宝说："宝宝，我们来玩游戏喽。"

妈妈把篮子里的积木倒在宝宝面前，再一块一块捡到篮子里。把篮子放在宝宝面前，鼓励宝宝把积木从篮子里倒出来，再把积木捡到篮子里。

注意要点

如果发现宝宝抓积木时还是大把大把地抓，就要引导宝宝用"对握法"抓积木。

专家点拨

抓握能力的发展，代表着宝宝的手部能力大幅度提升，手眼协调得越来越好。这时爸爸妈妈更应该对宝宝进行训练，练习他的手的操作技巧以及与全身运动的协调能力。

语言能力开发

宝宝7个月大时，能发出“大大、妈妈”等双唇音，能发出咳嗽声或咂舌声，并且能对熟人以不同的方式发音，对熟人发出声音的力量和兴奋程度与陌生人相比有明显的区别。

小宝宝，坐墙头

表达能力
思维能力

益智点

通过反复演练有助于宝宝体力的发育并增强其语言的记忆力和理解能力。

游戏来了

1. 妈妈坐在地板上，将宝宝放在屈起的膝盖上。

2. 告诉宝宝：“我们开始唱歌啦！小宝宝，坐在墙头，笑呀笑呀笑笑。小宝宝，掉下墙头，哭啊哭啊哭哭哭。”

3. 随着儿歌的节奏抬起脚尖，让宝宝有一种被弹起的感觉，当唱到“小宝宝掉下墙头”时，伸直腿让他也“掉下来”。让宝宝感觉到“掉”的感觉和“掉”这个词的联系，加深其记忆。

注意要点

动作幅度要适当，如踮脚或让宝宝“掉下来”要轻柔缓慢，不要伤着宝宝。

宝宝，不许

语言理解能力
听觉能力
触觉能力

益智点

引导宝宝懂得“不”的概念，提高语言理解能力。

游戏来了

开饭时，妈妈端来一碗热粥。妈妈对着宝宝做动作，在宝宝面前摇手，并说：“粥烫，宝宝不能动。”如果宝宝不懂，还要动，妈妈要拉住宝宝的手，让宝宝的小手轻轻摸一下碗，让宝宝感觉到烫，然后再对宝宝说：“宝宝摸了吧？烫吧？不摸！”几次后，再和宝宝说“烫”时，宝宝就不再伸手了。

专家点拨

宝宝在5个月大时就能看懂父母的表情，知道父母是生气还是高兴。这个月他更进步了，能理解简单词汇而抑制自己的行为，懂得了“不许”的概念。宝宝也能逐渐理解父母的心情，如果做对了会得到妈妈的拥抱、亲吻等，会理解自己所做的符合爸爸妈妈的心愿。

注意要点

热粥要距离宝宝稍微远一点儿，以免烫伤宝宝。

丁零零，电话来了

语言理解能力
听觉能力
触觉能力

益智点

调动宝宝说话的热情。

游戏来了

1. 让宝宝靠坐在床上，妈妈坐在对面。妈妈扮演两个角色，演示妈妈和宝宝的对话。

2. 妈妈拿起玩具电话，对着电话说："喂，宝宝在家吗？"然后帮助宝宝拿起电话，说："丁零零，来电话了，宝宝来接电话了！"

3. 妈妈在"电话"中要尽量强调宝宝对生活常用词的理解和认识，如"饿了""高兴""漂亮"等。

注意要点

妈妈用打电话的形式能调动宝宝对语言的兴趣，帮助宝宝认识一种与人交流的新形式，提升其人际交往的能力。

两个小娃娃呀，
正在打电话呀，
喂、喂、喂，
你在哪里呀？（妈妈问）
哎、哎、哎，
我在幼儿园。（妈妈代宝宝回答）

数学逻辑能力开发

宝宝7个月大时，会辨别新鲜和非新鲜事物，这能使宝宝灵活应用观察力和探索能力。新鲜、好玩的东西容易引起宝宝的注意，但是对一件事物的新鲜度并不持久。当宝宝看腻一样东西时，可观察出宝宝对外界事物有明显的分辨能力，这是培养宝宝数理能力的基础。

认识"1"

语言理解能力
听觉能力
触觉能力

益智点

建立宝宝对数的概念。

游戏来了

1. 准备水果、饼干、糖果若干，字卡"1"。

2. 妈妈拿出1块饼干或糖果，竖起示指告诉宝宝："这是'1'。"

3. 让宝宝模仿这个动作，再把食物给宝宝，并再次竖起示指表示"1"。

4. 同时，出示字卡，让宝宝认识"1"。

注意要点

妈妈应引导和启发宝宝接近数字。有的宝宝对汽车感兴趣，有的对笔感兴趣，妈妈可根据宝宝的喜好引导宝宝反复认识"1"。而且是，要反复、准确地发出数字"1"的读音，将声音和形状相结合，加深宝宝对数字的印象。

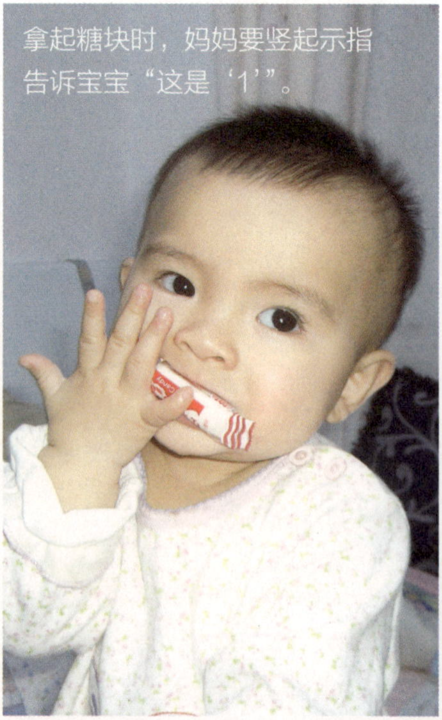
拿起糖块时，妈妈要竖起示指告诉宝宝"这是'1'"。

汽车快，宝宝慢

对比能力
追视能力
理解能力

益智点

培养宝宝的初步对比能力。

游戏来了

妈妈在客厅里发动电动小汽车，让小汽车跑起来，然后引导宝宝追视；妈妈也可以抱着宝宝追小汽车，并对宝宝说：“汽车比宝宝跑得快，宝宝比汽车跑得慢哦。”反复做几次，让宝宝逐渐明白快和慢的概念。

注意要点

妈妈也可以带宝宝上街，当看到汽车从身边开过时，妈妈假装抱着宝宝追两步，然后对宝宝说：“汽车比宝宝跑得快哦，宝宝追不上汽车。”

爸爸妈妈看过来

随着宝宝视力的发育，宝宝已经能逐渐学会追视不同速度的物体，并通过自己的感受来区分物体移动速度的快慢。通过以上类似的游戏，宝宝会逐渐提高对比能力，加强逻辑思维能力。

宝宝找妈妈

分析判断能力
人际交往能力

益智点

培养宝宝的分析判断能力，并让宝宝在游戏中感受到喜悦，同时增进亲子间的关系。

游戏来了

妈妈与宝宝面对面坐着，然后妈妈用双手遮住脸，说“看不见，看不见”，然后放下手露出脸，宝宝会很开心。

注意要点

妈妈还可以在游戏中增加点新鲜感，比如用于遮脸的手打开后可以放在头顶做成兔子耳朵的模样，说：“小兔子来啦。”或伸出示指变成牛角，并触摸宝宝的痒痒处。妈妈还可以用纸板做成面具，画上动物的头像，如小猴子、小松鼠等，然后戴在脸上，让宝宝来找妈妈。

宝宝与妈妈玩捉迷藏游戏。

空间感知能力开发

7个月的宝宝，会有意识地寻找丢失的玩具，对物体恒存概念有了一定的理解。

小车藏起来喽

空间感知能力
理解能力
模仿能力

益智点

训练宝宝的空间感知能力，对物体恒存概念的理解。

游戏来了

妈妈把一大张纸卷成纸筒，在宝宝面前把玩具车由纸筒一端推入，并对宝宝说："小车去哪儿了？小车藏起来喽！"这时宝宝想要找出被藏起来的小车。妈妈再慢慢把纸筒倾斜，让小车滑下来，让宝宝看到。

注意要点

开始可以先由妈妈做示范，等宝宝熟悉游戏以后，可以让宝宝自己操作。

爸爸妈妈看过来

宝宝在游戏中发现自己的玩具不见了，会做出寻找的反应，这表示他对周围的事物有反应。上述游戏能锻炼宝宝的空间感知能力，逐渐提升空间智慧。

人际交往能力开发

7个月大的宝宝在与人交往方面，有明显的“怕生”行为，对一些陌生的人或事物都会表现得很恐惧。实际上，这是宝宝认知能力的一个进步，爸爸妈妈要多训练宝宝的社交能力。

克服“怕生”

人际交往能力
自立能力

益智点

帮助宝宝克服怕生情绪，促进人际交往能力发展。

游戏来了

如果家里来了与宝宝不熟悉的客人，不要将宝宝立刻介绍给客人，也不要让客人马上去抱他，不然会带给宝宝心理上的压力和不安全感，宝宝会因为紧张和惧怕而哭闹。可以把宝宝抱在怀里，大人先交谈，让宝宝有观察和熟悉的时间，慢慢消除恐惧心理。这时，宝宝就会高兴地和客人接近。

注意要点

如果宝宝出现了又哭又闹的行为，就要立即抱他离客人远一点，过一会儿再让宝宝接近客人。

爸爸妈妈看过来

1. 宝宝除了怕生人，还会对新环境感到惧怕。这时，爸爸妈妈要注意，不要让宝宝独自一人处在新环境里，要陪伴他，直到他熟悉以后再离开，让他对新环境有一个适应和习惯的过程。

2. 平时，爸爸妈妈要多带宝宝出去接触外界，多和陌生人交往，经常给宝宝摆弄新奇的玩具，能减轻怕生的程度，也缩短怕生的时间。

做个懂礼貌的乖宝宝

益智点

礼貌是与人交往的基础，让宝宝做一个修养很好的孩子。

沟通能力
理解能力

游戏来了

1. 日常生活中，爸爸妈妈要有意识地教宝宝礼貌用语。

2. 爸爸妈妈出门时向宝宝挥挥手，跟宝宝说："宝宝再见。"

3. 家里有客人离开时，妈妈可拉着宝宝的小手边挥动边说："再见。"

4. 有客人来时，拉着宝宝向客人拍手欢迎，并说："您好。"

5. 妈妈给宝宝喂饭时，教宝宝说"谢谢"等。

注意要点

妈妈从这时就开始让宝宝学习与人交往，让宝宝耳濡目染，这样才能帮助宝宝在未来的人际交往中轻松应对，表现得大方得体。

看，宝宝正在挥手说"再见"呢！

感觉能力开发

此时，宝宝视觉发育的范围会越来越广，听觉也会越来越灵敏，这时爸爸妈妈务必做好视听觉能力的训练。

有趣的小球

数学能力
触觉能力

益智点

训练宝宝触觉感知能力。

游戏来了

妈妈可以准备出乒乓球、小布球、玻璃球、触摸球等不同材质小球，通过宝宝的触摸刺激宝宝的触觉。

妈妈也可以用各种球在宝宝小脚心滚动，同时告诉宝宝各种感受，比如软软的、凉凉的、扎扎的等。

注意要点

如果能给宝宝很好的语言引导，宝宝就会逐渐有语言和感觉的对应的概念，并能通过不同的游戏积累物体不同感知认识。

形状各异的积木

图形识别能力
颜色识别能力
分析判断能力

益智点

训练宝宝的图形与颜色认知能力。

游戏来了

妈妈把形状各异、颜色鲜艳的积木放在宝宝面前。宝宝看到积木后会用手抓握、倒手或对敲。妈妈在旁边指导宝宝，告诉宝宝拿起的积木是什么颜色、什么形状。通过分析手中积木的形状，然后再找积木形状轮上的洞穴的形状，一一对应放进去。

注意要点

用图形代替语言来训练宝宝的形象思维，是非常好的方法。对孩子讲解问题时，要多利用图形来讲述，易于理解。宝宝从4个月起，就逐步有了色彩和立体感，通过上面的游戏，能促进宝宝对各种形状和颜色的认知。

天女散花

颜色识别能力
观察能力
巧手能力

益智点

训练宝宝的颜色识别能力与巧手能力。

游戏来了

把几张彩纸剪碎放到盒子中。让宝宝坐在地板上，把装有“彩色雪花”的盒子放在宝宝面前。妈妈抓起一些“雪花”，手心向下，慢慢松开手掌，让“雪花”飘落下来。鼓励宝宝也抓一把“雪花”，然后松手让“雪花”飘落。反复引导宝宝玩这个游戏。

注意要点

7个月的宝宝可以辨认比以前更多的颜色，包括红、黄、蓝、绿等多种颜色，不过宝宝还是比较喜欢红色。所以，在游戏中会发现，宝宝对红色的“雪花”表现出更多的兴趣。游戏不仅能帮助宝宝学习观察，还能激发好奇心，活动双手。

模仿创新能力开发

为了提高宝宝的观察模仿能力，爸爸妈妈可以在日常生活中多为宝宝创造良好的环境，有意识地培养宝宝这方面的能力。

玩具对敲

模仿能力
理解能力
手眼协调能力

益智点

通过游戏训练宝宝进一步理解敲打的含义，同时提高宝宝手眼协调、配合能力。

游戏来了

1. 递给宝宝两块积木，此时宝宝双手分别拿着一块积木。

2. 妈妈手中拿两块积木对敲，边敲边语言跟进："敲……"

3. 宝宝会很快模仿，进行对敲。

注意要点

妈妈对敲积木时，可以先慢后快，让宝宝看清楚动作，等宝宝开始跟着模仿对敲了，再稍微快点儿敲。

6～7个月 宝宝智能水平小测试

1 拿走正在玩的玩具时

A. 尖叫乱动表示反抗
B. 啼哭反抗
C. 觉察不到

2 听到大人说物体名时，会用手指或用眼看物体的方向

A. 4 种　B. 3 种
C. 2 种　D. 1 种

3 两手各握一物时

A. 对敲　B. 会用两手各握一物
C. 双手抱紧一物，放手后掉下
D. 不握物

4 拨弄小球

A. 一把抓住
B. 用手拨弄
C. 只看不摸

5 听懂大人说“不许”时

A. 停止原来的动作
B. 笑仍继续干
C. 没有反应

6 会用手势表示语言，如“再见”“谢谢”“点头”“摆手”等

A. 3 种
B. 2 种
C. 1 种
D. 不会

7 听懂大人夸奖和责骂是通过

A. 语言
B. 表情
C. 语言加上表情
D. 不懂

8 看见离开 7～10 天的熟人

A. 再见时表示亲热投怀
B. 对人笑
C. 手脚舞动
D. 注视

9 喝水

A. 自己双手捧杯喝水
B. 完全由大人拿杯才能喝水
C. 只会用奶瓶不会用杯子

10 大小便前

A. 有声音表示

B. 能用动作表示

C. 由大人定时把，自己不表示

11 翻滚

A. 连续翻 360° 打几个滚

B. 能翻 360° 1 次

C. 翻身 180°

D. 翻身 90°

12 坐稳

A. 双手自由活动

B. 双手在前面支撑

C. 身体靠前倾斜倒下

D. 靠左

题号 / 得分	A	B	C	D
1	10	8	0	
2	16	12	8	4
3	10	8	6	0
4	12	10	2	
5	10	6	2	
6	15	10	5	0
7	8	6	4	0
8	8	6	4	2
9	6	4	2	
10	10	8	4	
11	10	8	4	0
12	12	10	8	4

测评结果

所得分数	结果分析
70 分以下	宝宝的智力发展未达到理想的水平，妈妈要多加训练。
70 ~ 110 分	宝宝的智力发展尚可，达到平均水平，若要提升宝宝的智能，妈妈要多加训练。
110 分以上	宝宝的智力发展非常棒，继续努力吧。

备注： 本书中的智能测试评分方法仅供参考。测试的结果因人而异，若宝宝达不到平均水平，可重复测试，让宝宝多学习，就一定做得到。

第8章

7~8个月 在爬行中长智慧

8个月大的我，穿衣服时会把手举起来，洗手时把会手伸出来，还会做再见与握手的动作，我开始认识自己的小手了。

这个时期，我最大的运动就是练习爬行。爬行对我的身心健康非常有益，是预防我成长期感觉综合失调的重要方法。感觉综合能力是大脑的高级功能，是思维、语言、推理等发展的基础，也是智慧活动得以充分实现的基础。爬行锻炼也对控制眼、手、脚的协调性有益，能促进我平衡能力和触觉能力的发展。

——宝宝寄语

7～8个月 宝宝的成长树

大动作

- 宝宝开始匍行，有的时候还能扶着物体站起来呢
- 宝宝可以自己坐起来，头还是向前倾，但可以用手臂支撑

精细动作

- 宝宝喜欢用示指抠洞或按遥控器、手机的键盘
- 宝宝能自如地伸手拿玩具，也开始学捡玩具

语言

- 能自然地发出各种声音

人际交往

- 逐渐学会辨识他人的情绪
- 大人手拿着洋娃娃逗引宝宝，宝宝会追逐洋娃娃
- 开始有怯生感，怕和爸爸妈妈分开
- 能听懂、理解大人的话和面部表情

数学逻辑

- 妈妈将玩具用布盖住大半部分，宝宝能找得到

宝宝的基本生长发育

	项目	男宝宝	女宝宝
基本生长发育	身高（厘米）	66.5~76.5	65.4~74.6
	体重（千克）	7.1~11.0	6.7~10.4

妈妈育儿指南

1. 辅食添加要多样化，并逐渐增加饮食，防止宝宝消化不良。
2. 进餐时，让宝宝坐在固定的餐位，并使用固定的餐具。
3. 宝宝发烧时，要多给宝宝喝水，少吃高蛋白食品。
4. 给宝宝添加能用舌头碾碎的食物。
5. 可以给宝宝适当吃点零食。
6. 训练宝宝爬行及站立，但注意不要让宝宝站立太久，以防影响宝宝肢体协调能力的健康发展。
7. 要丰富宝宝的语言能力，通过游戏练习宝宝对语言的理解能力，并且创造一些稍微复杂的游戏，引导宝宝思考。
8. 注意培养宝宝的排便卫生习惯。
9. 晚上宝宝睡觉时，尽量不开灯。
10. 夏季要保持室内空气凉爽、新鲜，预防宝宝中毒。
11. 鼓励宝宝发音，提高其对语言的理解能力。
12. 培养宝宝的阅读能力。
13. 陪着宝宝玩捉迷藏的游戏。

读懂7~8个月宝宝，选择合适的玩具与游戏

“宝宝，拜拜”

此时宝宝的学习能力与模仿能力特别强，比如喂饭时妈妈说：“啊，张嘴。”反复几次，宝宝就会发出“啊”的声音并张开小嘴。妈妈上班时和他说“Bye Bye”，不久他也会发出“拜拜”声和你呼应。在这一阶段，爸爸妈妈要有意识地教宝宝发音，指着爸爸或妈妈教他发出“爸爸、妈妈”的声音。除了发音，宝宝还在学习理解语言的内涵。比如，喂水前可以说：“宝宝渴了，要喝水吗？杯子在哪里？”当引导他找到杯子后，倒上凉白开水，在喂他喝时还要告诉他：“这是凉白开水，宝宝会用杯子喝水，真乖！”

宝宝的动作能力特点

8 个月的宝宝会爬，会坐起、躺下，扶着他的手会站，部分宝宝会自己扶物站起。手的精细动作也灵活了许多，他会撕纸放到嘴里，会用手指捏起大米花放到嘴里，会把玩具在两手之间倒来倒去，东西掉在地上会低头去找。手的灵巧还表现在他会用手持物去敲击其他物体，会用手做出各种肢体语言，比如挠痒痒、虫虫飞之类。

7 ~ 8 个月宝宝的心理特点

1. 记忆力：7~8 个月的宝宝记忆力有明显的进步，能记住父母经常反复说的话或做的动作。

2. 注意力：7~8 个月的宝宝注意力比前几个月能够持续的时间更长了，尤其是对于自己感兴趣的东西，他的注意力会更集中。如果给他一个新鲜的玩具，宝宝会自己拿着这个玩具很专注地玩上一小会儿。

3. 观察能力：7~8 个月的宝宝有了初步的观察力，有时他会观察大人都在干什么；有时他也会对一些细小的东西发生兴趣，如掉在桌上的面包渣、掉在床上的头发丝等，他都会去观察。

4. 思维能力：7~8 个月的宝宝思维能力也有了进一步提高，他会通过一些小的探索和尝试来发现一些问题。例如，给他一个带盖子的小瓶子，爸爸妈妈把盖子取下来，让他尝试着再盖上。一开始，他会把盖子拿反，或是把盖子放到瓶身或瓶底的位置。但是，经过一段时间的尝试，他发现了盖子与瓶子的关系，也就知道该把盖子放在什么位置上了。

适合 7 ~ 8 个月宝宝的玩具与游戏

这个时候需要开始训练宝宝手指的灵活性，可以通过捡不同的豆豆（花生米、绿豆、大豆等）来练习。可以先从捡花生米开始，起初宝宝会先用手指拨弄花生米，经过一段时间的摸索后，逐渐学会用手指捏取。这个时候的宝宝拿起什么东西都会放到嘴里，所以要引起特别注意。可以把面包、香蕉、饼干切成小粒，来代替其他豆豆，既可以吃又可以玩。

此外，这个时期对宝宝注意力与情绪的培养也不容忽视。爸爸妈妈可以给宝宝播放一些儿童乐曲，来提高宝宝对音乐歌曲的理解能力。通过听觉训练，培养宝宝的注意力和愉快情绪。

运动能力开发

8个月的宝宝需要继续学习爬行。此时的宝宝在精细动作方面有了长足的进步。宝宝坐在桌上，妈妈将爆米花等食物放在桌上，宝宝能用拇指和示指或示指以外的其他手指捏起爆米花了。给宝宝一手握一块积木，再递第三块，宝宝有要取第三块的意思但并不一定取得到。爸爸妈妈要接着培养宝宝这方面的能力。

小馒头，爆米花

抓握能力
手眼协调能力

益智点

训练宝宝的拇指、示指对捏能力，开发宝宝的抓握能力。

游戏来了

先让宝宝练习捏取小馒头、爆米花等小的物品。开始训练时，可用拇指、示指扒取，以后慢慢发展到用示指和拇指相对捏起，每日可训练数次。

注意要点

在训练的过程中，爸爸妈妈最好和宝宝在一起，以免宝宝将这些小物品塞入嘴里或鼻腔里而发生危险。

爸爸妈妈看过来

爸爸妈妈也可以找一些毛线，让宝宝对捏、拉扯，宝宝会玩得很开心。注意毛线要细腻柔软，不要有小刺。

宝宝过隧道

爬行能力
运动协调能力
反应能力

益智点

锻炼宝宝的爬行能力。

游戏来了

1. 用枕头、毯子、被子等东西在大床上设计一个有障碍的小通道。在宝宝慢慢爬行时，这些障碍物能帮助宝宝协调平衡能力，锻炼爬行技巧。

2. 爸爸妈妈用玩具或语言逗引宝宝爬过这个通道。这时的宝宝四肢协调性比较好，有的宝宝甚至能四肢立起来手膝爬了，头颈抬起，胸腹部离开床面，可在床上爬来爬去，翻过枕头和被子等障碍物。

注意要点

当宝宝爬过这个通道时，爸爸妈妈要用语言鼓励、指导宝宝，跟宝宝对话，如“宝宝加油，快到小山了，加油爬过去哦”“宝宝小心点，用手抓住被子”等。

爸爸妈妈看过来

1. 爬行能促进宝宝身体的生长发育，能扩大宝宝的认知范围，有利于听觉、视觉、平衡器官和神经系统的发育，同时也为宝宝建立、扩大和深化对外部世界的初步认识创造了条件。

2. 在爬行的过程中，要让宝宝的头颈部抬起来，胸腹部离地，用四肢支撑身体的重量，这样能锻炼宝宝的腹背部和四肢肌肉，促进骨骼生长。

再见，谢谢

动作能力
理解能力

益智点

训练宝宝肢体动作能力，扩大宝宝的交流性肢体语言的范围。

游戏来了

爸爸妈妈可以经常教宝宝将右手举起，并不断挥动，让宝宝学习“再见”的动作。当爸爸上班要离开家时，鼓励宝宝挥手，说“再见”。如此反复练习后，经过一段时间，宝宝见人离开后，便会挥手表示再见。

在宝宝高兴时，还可以帮助他将双手对起握拳，然后前后不断摇动，表示谢谢，而后每次给宝宝玩具或食物时，都会拱手表示感谢。

注意要点

宝宝刚开始时手掌不能完全打开，只会握着小拳头做出“再见”的动作。

盒子里寻宝

精细动作能力
观察能力
视觉记忆能力

益智点

帮助宝宝学习用手指捏盒子、捏玩具、握住玩具等动作。

游戏来了

1. 准备一些小玩具放在一个抽屉样的硬纸盒里。

2. 在宝宝的注视下，妈妈打开盒子拿出一件玩具。

3. 妈妈演示几次后，将盒子给宝宝，让宝宝试着打开盒子找玩具。

4. 妈妈先在旁边指导，训练几次后就让宝宝自己打开盒子找玩具。

5. 宝宝如果一时找不到玩具，妈妈要帮助宝宝完成任务，如走到玩具旁做寻找状。

注意要点

妈妈给宝宝的盒子不要太大，而且要容易打开。当宝宝找到玩具时，应及时鼓掌加以激励。

语言能力开发

8个月的宝宝能听懂妈妈的简单语言，能把语言和物品联系起来。妈妈可以教宝宝认识更多的事物。妈妈想让宝宝认识一样东西，可以先让他摸摸看看，吃的东西可先让宝宝尝尝，先让他理解，然后反复告诉他这件东西的名称。

宝宝学说话

语言能力
人际交往能力

益智点

提高宝宝的语言能力与交往能力。

游戏来了

1. 爸爸妈妈要经常带宝宝外出游玩，如公园和邻居家，要把变化的环境指给宝宝，尽量争取和年龄相近的宝宝交流、做游戏的机会。

2. 爸爸妈妈可以教宝宝模仿大人弄舌和咳嗽的声音，还可以训练宝宝发出“da-da”的音。

注意要点

随着接触范围的扩大，听到和感受到的内容也在不断增多，不但创造了宝宝语言能力发展的条件，也提高了宝宝的交往能力。经过一段时间的练习，宝宝就能明确发出两个或两个以上的辅音，但发音的内容还无所指。

看图说故事

语言能力
视觉能力
认知能力

益智点

用重复的字和鲜艳的图片刺激宝宝的语言理解能力，并培养宝宝对图书的兴趣。

游戏来了

1. 妈妈可选一些构图简单、色彩鲜艳、故事情节单一的图画书，给宝宝念，让他看不同的图画时，妈妈要念出物品、动物的名称，如“这是西瓜”“这是香蕉”等。

2. 如果宝宝偶尔指着书上的某一幅画，一定要告诉他图画上物品的名称。

注意要点

给宝宝看图讲故事，也是训练宝宝开口说话的好时机。不过，现在的图书、图片在宝宝的眼里也仅仅是一种玩具，所以妈妈要和宝宝一起看，让宝宝慢慢亲近图书，培养阅读兴趣，为今后看图说话打下基础。

西瓜 xī guā watermelon

我能帮助宝宝清热解暑

草莓 cǎo méi strawberry

我体内含有较多的维生素 C，能防止宝宝牙龈出血

桃 táo peach

我是能让宝宝开心的软甜水果

香蕉 xiāng jiāo banana

我是能让宝宝开心的软甜水果

抓起放下

语言理解能力
抓握能力
模仿能力

益智点

培养宝宝手的灵活性、拿取物体的准确性，以及语言理解能力。

游戏来了

妈妈递给宝宝一个小手容易抓放的物体。妈妈示范“抓起”“放下”，语言和动作要配合，让宝宝跟着模仿。

注意要点

不要让宝宝把东西放到嘴里，可以吃的东西例外，但要注意安全。

专家点拨

快乐是游戏的第一要务。不要让宝宝为了学习而游戏，更不要强迫他玩不喜欢的游戏。玩耍要自然，只要快乐就好。宝宝成功时要多鼓励，失败时要为他多创造练习的机会，不应操之过急。

爸爸妈妈看过来

宝宝刚开始只是无意识地抓取、放下东西，大人要想让宝宝注意到这两个动作，就要不断地做出惊奇开心的表情，这样宝宝才会探索你为什么会高兴，从而慢慢注意到自己的这两个动作。

数学逻辑能力开发

8个月的宝宝能理解大小的概念，能够在爸爸妈妈引导的情况下处理简单问题。

玩具大搬家

数学能力
抓握能力
理解能力

益智点

让宝宝感受生活中的数字，促进数学能力的发展。

游戏来了

准备两个盒子和几件小玩具。妈妈在宝宝面前把玩具依次放到其中一个盒子里，然后再把盒子里的玩具一个个取出，再放到第二个盒子里。引导宝宝用相同的方法把盒子中的玩具一个个取出，放入第一个盒子中。宝宝每拿起一件玩具，妈妈都要数数，让宝宝感受到动作与数字之间的关系。

注意要点

1. 这个时期的宝宝手指的灵活性非常高。这个游戏不仅能继续锻炼宝宝的抓握能力，促进宝宝的身体能力发展，更重要的是能帮助宝宝了解每次拿玩具的动作与数量之间的关系，初步感受生活中的数字，提高数学能力。

2. 这个时期的宝宝可能会出现只关注某一个或某几个玩具的现象，这时妈妈不要强迫宝宝去拿别的玩具，可以反复强调某几个数字，加深宝宝的印象。

拉拉手帕

推理能力
手眼协调能力

益智点

促进宝宝推理能力的发展，同时训练手眼协调能力。

游戏来了

准备一个空面巾盒、几块手帕、小铃铛和小玩具2~3个。把手帕连接起来，扎上小铃铛和小玩具，放入面巾盒中，盒口留出一截手帕。

把面巾盒放在宝宝面前，妈妈慢慢拉出手帕，问宝宝："一个一个跑出来，这都是什么？"

让宝宝也来拉一拉，妈妈要用夸张的表情和语言表示开心，鼓励宝宝。

注意要点

这些看起来简单的拉扯动作，其实可以刺激和培养宝宝的理解、判断和预测能力等，并训练宝宝集中注意力，锻炼记忆力，对提升宝宝的逻辑思维能力非常有帮助。

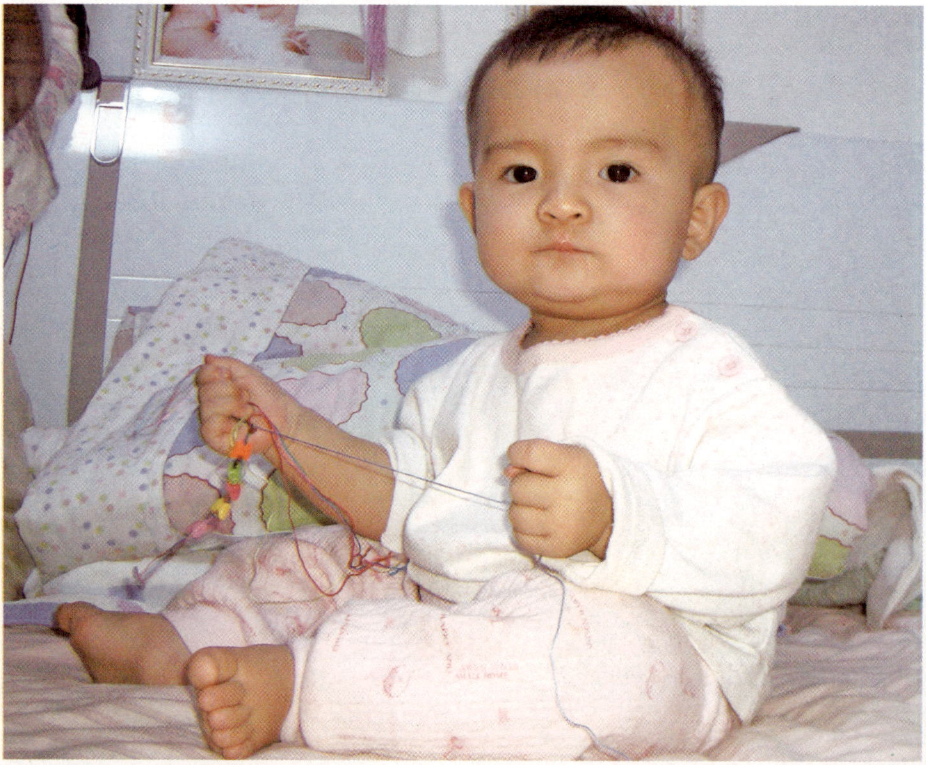

取纸包里的玩具

分析推理能力
巧手能力

益智点

训练宝宝的分析推理能力，提高逻辑思维。

游戏来了

在宝宝面前把一个玩具用纸包起来，再把纸包放到宝宝手中。开始时，宝宝会把纸包撕破，拿出玩具。

爸爸妈妈再用另一张纸把玩具包起来，并当着宝宝的面把纸包打开，取出玩具。反复包好打开几次后，让宝宝知道不用撕纸，只要把纸包打开就能拿到玩具。

注意要点

当宝宝学会打开纸包并拿出玩具时，爸爸妈妈应该及时表扬宝宝。

专家点拨

这个游戏是让宝宝边动手边思考，最后把纸包打开取出玩具，不仅锻炼了宝宝手部灵活性，更重要的是锻炼了宝宝对问题的思考推理能力。

空间感知能力开发

8个月的宝宝喜欢上下、左右等不同方位的身体变换游戏。

宝宝探险

空间感知能力
听觉能力
语言理解能力

益智点

解决了宝宝讨厌换尿布的问题，让宝宝对空间有更好的了解，有利于宝宝的空间知觉能力的发育。

游戏来了

1. 准备一个坐垫，每次给宝宝换尿布时，都尝试换一个地方，找一个新奇有趣的地方。

2. 妈妈可以先问宝宝，“宝宝今天想去哪儿换尿布呢”，再抱着宝宝和干尿布在房间里或阳台上走走转转，找一个还没有用过的地方，最好是能让宝宝看到新鲜事物的地方，这样才能分散宝宝的注意力。

3. 妈妈可以去阳台，跟宝宝说：“哦，我们去阳台吧，那里有阳光，也能听到小鸟的叫声呢！”妈妈可以一边给宝宝换尿布一边介绍新环境周围都有哪些东西。

注意要点

在给宝宝换尿布时，要注意周围的温度条件，不要让宝宝冻着了。

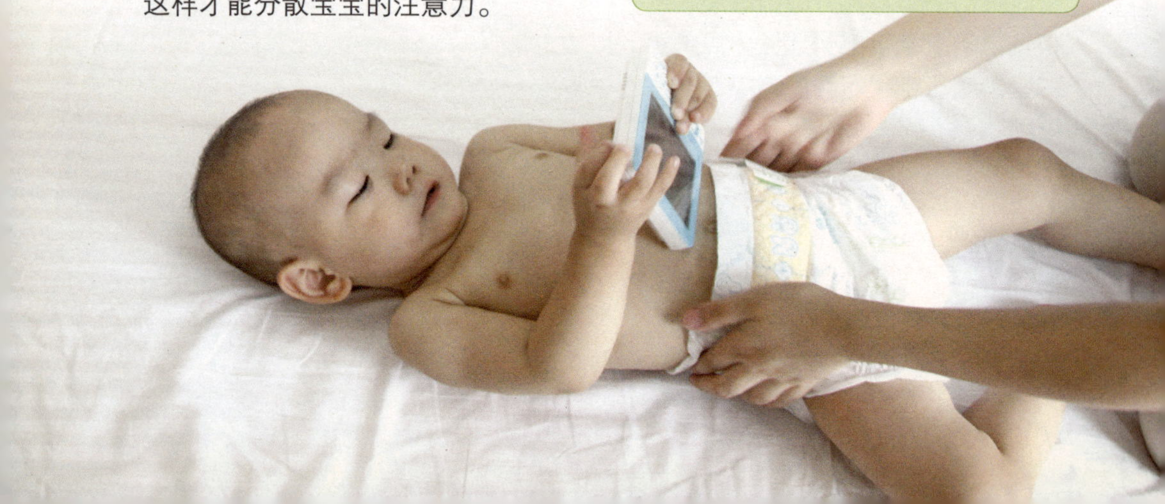

人际交往能力开发

8个月的宝宝对陌生的成人普遍有怯生的现象，但他们比较容易接受同龄的陌生小伙伴。因此，爸爸妈妈应有意识地让宝宝与同龄的孩子多接触，训练宝宝与同伴的相处能力，积累交往经验。

宝宝交朋友喽

人际交往能力
自立能力

益智点

培养宝宝的社会交往能力，减轻怯生程度。

游戏来了

和小伙伴刚见面时，爸爸妈妈要鼓励宝宝与小伙伴互相握手，熟悉一下。让宝宝对小伙伴点点头或拍拍手表示欢迎。引导宝宝和小伙伴交换玩具，并让他们点头表示谢意。让宝宝与小伙伴在地毯上互相嬉戏，一起游戏。小伙伴要走了，让宝宝挥手表示再见。

注意要点

如果宝宝与小伙伴玩耍时遇到了困难，妈妈不要马上出手相助，应当鼓励宝宝自己克服困难，渐渐养成宝宝自己解决问题的好习惯。

自然认知能力开发

8个月的宝宝对周围的一切充满好奇，所以爸爸妈妈要尽量多创造条件，满足宝宝的好奇心。

认识小金鱼

自然感知能力
触觉能力
理解能力

益智点

帮助宝宝感受生命，提高自然感知能力。

游戏来了

把宝宝抱到鱼缸前，告诉宝宝，这是鱼缸。指着里面正在游动的金鱼告诉宝宝，鱼缸里面有金鱼在游泳。拿起宝宝的小手，让宝宝触摸鱼缸，并转到金鱼停留的位置，让宝宝轻拍鱼缸，然后告诉宝宝："宝宝看，金鱼被宝宝吓跑了。"

注意要点

鱼缸是帮助宝宝认识自然的好材料。通过游戏，宝宝可以感受到动物与植物之间的区别，从而感知有生命的物体与无生命的物体之间的区别。

感觉能力开发

8个月的宝宝除了睡觉外，最常出现的行为就是一会儿注视这个物体，一会儿又注视那个物体。宝宝对单词和短语非常感兴趣，日渐变得通达人情。慢慢地，你叫他的名字他就会反应过来。此时的宝宝会遵照你的要求和吩咐去办一些事情了。

风铃轻轻响

听觉能力
视觉能力

益智点

帮助宝宝辨别不同的声音。

游戏来了

在宝宝的房间里挂一个风铃。在风吹动风铃时，或者妈妈拨弄时，风铃就会发出好听的声音。这时宝宝就会专注地寻找目标，妈妈也要帮助宝宝找到发声的风铃。慢慢地，宝宝一听到风铃声就会主动寻找风铃。

注意要点

1. 宝宝会被风铃的声音吸引，学会去寻找发声的物体，并会记住一些不同的物件可以发出不同的声音。

2. 这个游戏还可以扩展，比如带着宝宝去公园听听鸟叫声或去街上听听汽车的喇叭声等，但注意不要让宝宝听分贝太高的声音，以免伤害宝宝的听觉。

拔萝卜

语言能力
模仿能力
观察能力
手眼协调能力
视觉追踪能力

益智点

拔拉能力的训练，提升宝宝的手眼协调能力和语言理解力。

游戏来了

1. 用盘形衣服架夹住不同物品（以宝宝拔拉方便为准）。

2. 妈妈示范，边做边说。

3. 宝宝进行模仿，同时妈妈一定语言跟进、并进行表扬鼓励。

爸爸妈妈看过来

可以加大难度，宝宝拔拉时，动动衣架位置，让宝宝自己调整方向。

认识父母和宝宝

听觉能力
辨认能力

益智点

发展宝宝的观察能力。

游戏来了

爸爸打上领带或领结，妈妈穿上长裙或改变发型，还可以夸张地化妆，让宝宝辨认。还可以在宝宝面前戴上口罩和眼镜，或穿上别人的衣服，让宝宝辨认。也可以让宝宝戴上帽子和眼镜，或穿上妈妈的衣服，在镜子前看看自己的模样，重新认识自己。

注意要点

1. 8 个月的宝宝，已经能分辨人物细微差别，视觉能力强的宝宝，即使爸爸妈妈变了装扮，仍然可以认出。爸爸妈妈可以经常和宝宝玩类似的游戏，促进宝宝视觉观察能力的发展。

2. 如果宝宝在几次练习后都不能认出，爸爸妈妈可以给宝宝灌输一个固定的动作或声音，让宝宝记住。然后再去换装，在宝宝面前做出固定的动作或者发出固定的声音，多练习几次宝宝就能辨认出了。

让宝宝戴上帽子和眼镜，在镜子前看看自己的模样，重新认识自己。

模仿创新能力开发

8个月的宝宝能够专注于自己喜欢的游戏或者玩具，会简单模仿。

宝宝攻城

听觉能力
辨认能力

益智点

培养宝宝解决问题的能力，并提高运动能力。

游戏来了

在宝宝面前挡上几块硬纸板，爸爸或妈妈在纸板的另一面叫宝宝的名字，引导宝宝推开纸板爬过来。宝宝爬过来后，爸爸妈妈要对宝宝的行为表示鼓励，抱抱宝宝，亲亲宝宝。

注意要点

1. 要让硬纸板很容易被推倒。

2. 挡在宝宝面前的硬纸板可能会让宝宝感到某种恐惧，爸爸妈妈要用亲切的语言安慰他，引导他推开纸板。

爸爸妈妈看过来

成长环境决定一个人的情感承受能力，让宝宝能面对压力，使其大脑产生控制恐惧感的情绪，来提升解决问题的能力。如果爸爸妈妈长期不在家，或者宝宝是由奶奶或姥姥照顾的，由父母引导做这个游戏可能不会达到预期的效果。所以，爸爸妈妈平时就需要与宝宝建立信任和亲密的关系。研究证明，越早得到父母的亲情和照顾的孩子，心理承受能力越强。

宝宝自己玩耍

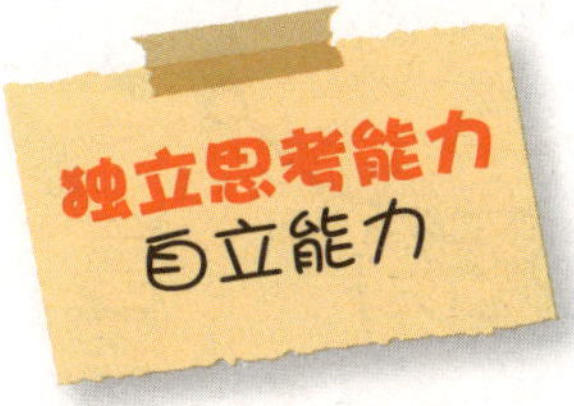

益智点

培养宝宝独立思考的能力，享受独自玩耍的乐趣。

游戏来了

为宝宝准备一些小玩具、小物品，如小碗、木槌、塑料杯子、汤匙等，让他摸摸、敲敲，甚至放在嘴里尝尝。

也可以拿些干净而柔软的纸让宝宝撕着玩，宝宝只要拿到纸就会撕得粉碎，玩得十分开心。

注意要点

给宝宝的东西要避免安全隐患，不要伤到宝宝。

专家点拨

专心都是需要从小培养的，爸爸妈妈要尽可能为宝宝创设环境让他自己玩耍，而且不要打断游戏中的宝宝，让他长时间独自专注于一种游戏或一个玩具中，时间越久越好，这样可以培养宝宝的专注力与思考能力。宝宝也会从游戏中慢慢创造出一些有趣的东西来。

7～8个月 宝宝智能水平小测试

1 学认第一个身体部位，如手、耳、鼻或其他部位。在听到如手等的部位时，

A. 听声会伸手去摸

B. 听声有动作表示，如挤眼、纵鼻、噘嘴等

C. 眼看

D. 不动

2 寻找藏起来的玩具

A. 能找到盖住大半露出一点的玩具

B. 能找到露出一半的玩具

C. 能找到露出大半的玩具

D. 能找到眼看但手不去拿

3 按吩咐把玩具给爸爸、妈妈和奶奶

A. 3人　B. 2人

C. 1人　D. 不会

4 用示指抠洞、转盘、按键、探入瓶中取物

A. 4种　B. 3种

C. 2种　D. 1种

5 弄响玩具的方式

A. 捏响　B. 摇响

C. 踢响　D. 不响

6 做动作表示语言“再见”“谢谢”“您好”等

A. 3种　B. 2种

C. 1种　D. 不会

7 明白大人的表情

A. 高兴、悲伤、发怒3种

B. 高兴、悲伤2种

C. 不会

8 看到亲人

A. 展开双手要人抱

B. 大声呼叫

C. 手脚乱动着急

D. 无表示

9 大小便前

A. 出声表示

B. 动作表示

C. 不表示

10 站起

A. 自己扶物站起
B. 叫唤让人帮助站起
C. 不站起

11 手腹匍行

A. 用手巾吊起腹部可用手膝爬行
B. 手腹向后匍行
C. 打转不匍行

12 俯卧时

A. 自己坐起来
B. 扶物翻至仰卧再扶物坐起
C. 要大人扶着坐起来

题号 / 得分	A	B	C	D
1	12	10	6	0
2	8	6	4	2
3	15	10	5	0
4	12	10	8	4
5	8	5	3	0
6	10	7	5	0
7	10	8	2	
8	5	4	3	0
9	10	8	0	
10	10	8	0	
11	12	10	4	
12	10	8	6	

测评结果

所得分数	结果分析
70 分以下	宝宝的智力发展未达到理想的水平，妈妈要多加训练。
70 ~ 110 分	宝宝的智力发展尚可，达到平均水平，若要提升宝宝的智能，妈妈要多加训练。
110 分以上	宝宝的智力发展非常棒，继续努力吧。

备注：本书中的智能测试评分方法仅供参考。测试的结果因人而异，若宝宝达不到平均水平，可重复测试，让宝宝多学习，就一定做得到。

第9章

8~9个月

宝宝第一次喊妈妈

9个月的我生活已经很规律了，每天会定时大小便。我能把感知的物体和动作、语言联系起来，比如妈妈指着我的鼻子说：“你的鼻子呢？”我就会摸摸自己的小鼻子。

我拿东西的方式也有所改变了，主要用拇指、示指和中指把东西拿稳，我拿到什么都喜欢放在嘴里咬，我想知道这东西能不能吃。

总之，9个月的我不但动作能力发展得很好，而且认知能力发展得更快，好像对身边的事物都了解一些了。

——宝宝寄语

8～9个月宝宝的成长树

大动作

- 宝宝开始用膝盖爬行，动作比较流畅
- 宝宝能扶着物体站起来，站起来还会自己蹲下，少数宝宝会扶着家具或侧墙走动

语言

- 9个月的宝宝知道自己的名字，叫他名字时他会答应，能懂“平台”等复杂语句

精细动作

- 宝宝能拿着奶瓶喝奶，奶瓶掉了也会自己捡起来

人际交往

- 当大人玩捉迷藏游戏时，宝宝会主动参与

自我认知

- 宝宝会指身体各个部位了
- 给宝宝不喜欢的东西，他会摇摇头，玩得高兴时，他会咯咯地笑，表现得非常欢快活泼

宝宝的基本生长发育

	项目	男宝宝	女宝宝
基本生长发育	身高（厘米）	67.9~77.5	66.5~76.1
	体重（千克）	7.3~11.4	6.8~10.7

妈妈育儿指南

1. 多给宝宝吃富含铁的食物，避免宝宝患缺铁性贫血。
2. 给宝宝穿方便活动的衣服。
3. 利用一切合适的机会发展宝宝听懂语言的能力，如可以让宝宝看电视，也可通过儿歌来让宝宝边听边模仿，促进宝宝语言、逻辑思维以及听力等多方面的发育。
4. 多带宝宝进行户外活动，培养宝宝欣赏大自然的兴趣。
5. 让宝宝充分爬行，促进感觉综合能力协调发展。
6. 对宝宝的语言、动作发展予以表扬。
7. 训练宝宝的生活自理能力。
8. 训练宝宝拇指与示指对捏的动作。
9. 训练宝宝用杯子喝水。
10. 训练宝宝爬行和站立，如扶栏站立、扶走，促进感觉统一协调发展。
11. 多定期检查宝宝的童车等用品的安全，注意宝宝的安全和卫生。

读懂8～9个月宝宝，选择合适的玩具与游戏

8~9个月宝宝的心理特点及训练方法

8~9个月的宝宝知道自己的名字，叫他名字时他会答应，如果他想要拿某种东西，家长严厉地说："不能动！"他会立即缩回手来，停止行动。这表明，宝宝已经开始懂得简单的语意了。这时大人和他说再见，他也会向你摆摆手；给他不喜欢的东西，他会摇摇头；玩得高兴时，他会咯咯地笑，并且手舞足蹈，表现得非常欢快活泼。

此时的宝宝能够感觉得到妈妈的情绪。随着运动能力的增长，宝宝的活动范围也大了，带着强烈的好奇心到处活动，但对妈妈有强烈的依赖心理，发生任何使他害怕和不安的事，只要回到妈妈身边就能让他安心。妈妈对寻求慰藉的宝宝置之不理，或不耐烦"不要一点小事就哭"而把他推开，这样反而会使宝宝因为缺乏安全感而紧紧缠住妈妈不放。相反，宝宝充满好奇和自信地四处探索，妈妈却左一句"危险"，右一句"不可以"，过度的保护，会使宝宝失去探索的欲望。

宝宝的动作能力特点及训练

此时的宝宝不仅会独坐，而且能从坐位躺下，能扶着床栏杆站立，并能由立位坐下，俯卧时用手和膝趴着挺起身来；会拍手，会用手挑选自己喜欢的玩具玩，但常咬玩具；会独自吃饼干。妈妈可以有意识地继续强化宝宝的动作能力。

训练对敲、摇动能力

妈妈可相继给宝宝两块积木或两种性质的小型玩具，鼓励宝宝两手对敲玩具，也可用一只手中的玩具去击打另一只手中的玩具，或者给宝宝拨浪鼓或铃鼓，鼓励宝宝主动摇摆，聆听悦耳的声音。

训练手眼协调能力

妈妈可在宝宝面前放一个盛满棒棒糖的玻璃罐子（其他玩具也可）。妈妈来做示范，先将棒棒糖放进去，再鼓励宝宝将棒棒糖从罐子中取出来。反复练习几次，宝宝就可以熟练地拿出来了。

扶站训练

在宝宝坐稳、会爬后，就开始向直立方向发展。通过扶站训练能锻炼宝宝腿部和腰部肌肉的力量，为以后独站、行走打下基础。

这时，爸爸妈妈可以扶着宝宝的腋下让他练习站立，或让他扶着小车栏杆、沙发及床栏等站立，同时可用玩具或小食品吸引宝宝的注意力，延长宝宝站立的时间，并慢慢让其不扶物独站片刻。

此外，也可在宝宝坐的地方放一张椅子，上面放上玩具，妈妈逗引宝宝去拿玩具，鼓励宝宝先爬到椅子旁边，再扶着椅子站起来。爸爸妈妈是宝宝学站的最好的“拐棍”，必要时可站在宝宝旁边，让宝宝抓着你的手站起来。

初次迈步练习

在宝宝初步学习迈步时，可让他先学推车。开始宝宝可能会边后蹲边后退，这时爸爸妈妈可以帮助扶车，向前推移，使宝宝的双脚向前移动前进。也可以将宝宝放在活动栏内，爸爸妈妈沿着活动栏，手持鲜艳带响铃的玩具逗引宝宝，让宝宝移动几步。

适合 8~9 个月宝宝的玩具与游戏

如果这个时候的宝宝还没有积木，就要给宝宝买形状不同颜色各异的小积木块，直径 3 厘米左右，锻炼宝宝摆弄积木的能力。

爸爸妈妈要多带宝宝做户外活动，多到亲戚朋友家去串串门，参加亲子班的活动等。爸爸妈妈要多和宝宝做游戏，躺在床上或地上让宝宝在你身上爬来爬去；和宝宝一起藏猫猫等。这些都有助于缓解宝宝怕生的现象。

需要注意的是，随着宝宝动作能力的加强，危险也增加了。爸爸妈妈一定要注意宝宝的安全，稍不留意就可能出意外。

运动能力开发

9个月的宝宝不仅会独坐，还能从坐姿过渡到躺下了。能扶着床栏杆站立，并能由立位坐下。俯卧时，能用手和膝趴着并挺起身来。宝宝爬起后，会用手挑选自己喜欢的玩具，常常会咬玩具，会独自吃饼干了。

扶着桌子找妈妈

大动作能力
反应能力

益智点

让宝宝学会控制自己的身体，为独自站立和走路打好基础。

游戏来了

1. 让宝宝扶着桌子站稳，妈妈站在桌子的对面或侧面，告诉宝宝："看，妈妈在这里。"

2. 当宝宝注意到妈妈时，妈妈躲到桌子底下，然后再喊道："宝宝，妈妈在哪里？"并诱导宝宝蹲下，然后在桌子下面对视。

3. "妈妈在这里。"妈妈从桌子下出来，站起来，"宝宝，妈妈在哪里？"逗引宝宝也跟着出来。

注意要点

这个游戏适合已经学会扶站的宝宝，除了站立和下蹲，还可以引导宝宝扶桌子做弯腰、伸腿等动作，让宝宝学习控制自己的身体。

抓飞碟

手眼协调能力
抓握能力
语言能力
反应能力

益智点

培养宝宝手眼协调能力和捏取东西的能力。

游戏来了

1. 准备一些扔向空中能缓缓落下的东西，如丝巾、小手绢、气球等。

2. 妈妈和宝宝坐在地板上，将丝巾等东西扔到空中，并开心地喊“飞碟飞起来了”。

3. 当丝巾落下时，举起胳膊去抓它，然后再扔出去，鼓励宝宝去抓握：“飞碟降落喽，宝宝快来抓住啊！”

注意要点

妈妈可故意将丝巾往宝宝的头顶扔，让丝巾正好落到宝宝胸前，也可教宝宝张开双臂，让丝巾落到他的怀中，激发宝宝的兴趣。等宝宝玩熟练了，不妨拿个东西让宝宝来扔，妈妈宝宝一起来抓取。

爸爸妈妈看过来

宝宝到9个月时，精细动作已经做得比较灵巧了，能用示指、拇指夹起小球或线头，能主动地放下或扔掉手中的物体，而不是被动地松手了。宝宝的手眼协调性也有了很大变化，能联合行动了，不论看到什么都喜欢伸手去拿，能将小物体放在大盒子中，再倒出来了。

宝宝学穿衣

身体协调能力
自理能力

益智点

训练宝宝学会按次序做相应的动作，来配合爸爸妈妈穿衣服，为以后自己穿衣服做准备。

游戏来了

妈妈在给宝宝穿衣服时，可以对宝宝说："宝宝伸手。妈妈要给宝宝穿袖子了。"在给宝宝穿裤子时，也对宝宝说："宝宝伸伸腿，穿小裤子了。"当宝宝做得很好时，妈妈要及时鼓励宝宝："宝宝真聪明，一下就穿上了。"在宝宝穿衣服时经常这样对宝宝说，宝宝会逐渐记住这些程序，以后不用告诉就能自己伸手伸腿穿衣服了。

注意要点

宝宝已经能听懂并理解爸爸妈妈说的一些话，并愿意配合完成动作，这对宝宝来说是很大的进步。这个游戏不仅可以锻炼宝宝的身体协调能力，对以后的自理能力也有帮助。

拍倒转环

手眼协调能力
语言能力
反应能力

益智点

培养宝宝的手眼协调能力。

游戏来了

1. 用拇指和示指固定圆环的两侧，快速顺时针方向转动。

2. 圆环转起来，宝宝会目不转睛地盯着看。

3. 爸爸妈妈用手掌一拍，使圆环停止转动。

4. 再次转动圆环时，鼓励宝宝动手去拍，把环拍倒。

注意要点

这时候，宝宝对任何事物都充满了强烈的好奇心，对爸爸妈妈做的事情总是跃跃欲试想模仿。所以，爸爸妈妈要利用一切合适的机会给宝宝演示动作，让宝宝试着模仿。

语言能力开发

宝宝到9个月时，语言能力有所发展，能听懂大人的话，如问他："妈妈在哪里？"宝宝会用眼睛看着妈妈或用手指妈妈，有时还会发出"爸爸、妈妈、大大"等简单音节。当宝宝听到熟悉的音乐时，还会跟着哼唱。

学叫爸爸妈妈

语言能力
听觉能力
观察能力
模仿能力

益智点

通过叫"爸爸""妈妈"，训练宝宝学会发双音节词。

游戏来了

爸爸妈妈与宝宝面对面，用夸张的口形说"爸——爸"或"妈——妈"。这时宝宝会注意学着说"爸爸""妈妈"这样简单的词。在爸爸要抱宝宝的时候，可引导宝宝叫"爸爸"，如果宝宝做到了，爸爸要做出夸张的表情称赞宝宝，并把宝宝高高地举起，宝宝会非常兴奋。

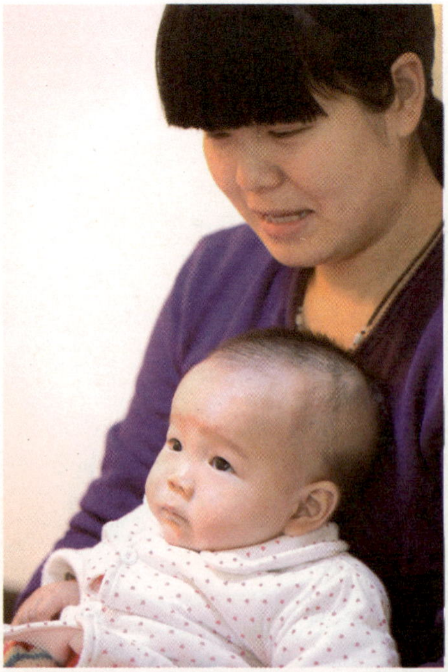

注意要点

爸爸妈妈用夸张的口形教宝宝非常重要，宝宝喜欢模仿，通过长时间练习，咽喉肌肉逐渐发达，有助于发更多的音节。这个练习需要时间和耐心，爸爸妈妈不要急于求成，多练习几次，宝宝自然就学会了。

图片上的故事

语言能力
阅读能力

益智点

通过看图讲故事，可以用重复的字和鲜艳的图片给宝宝语言刺激，还能培养宝宝的阅读兴趣。

游戏来了

妈妈选择一些构图简单、色彩鲜艳、故事情节单一、内容有趣的图书，给宝宝讲里面发生的故事，让宝宝看不同的图画时，妈妈要念出物品、动物的名称，如这是森林，这是小河等。

注意要点

在给宝宝讲故事时，要选择宝宝感兴趣的，每天睡觉前讲10～20分钟，不要太长；要轻声细语，语调要清晰缓慢。

妈妈给宝宝讲《天鹅湖》的故事。

唱儿歌

语言能力
音乐能力

益智点

培养宝宝的听力和乐感，刺激宝宝多说话。

游戏来了

爸爸妈妈要抽空给宝宝放一些儿歌，或者自己唱歌给宝宝听。在唱儿歌时，要伴随着丰富的表情和动作，这样更能吸引宝宝。

注意要点

培养宝宝的语言能力时，爸爸妈妈也应注意培养宝宝的乐感。爸爸妈妈多给宝宝听优美的音乐和儿童歌曲，让他感受音乐艺术语言，感受音乐的美，用音乐来启发宝宝的智力。

小鼓响

我的小鼓响咚咚，我说话儿它都懂。
我说小鼓响三响，我的小鼓咚咚咚，
哎哟，这不行，宝宝睡在小床中。
我说小鼓别响了，小鼓说声懂懂懂。

两只羊

东边一只羊，西边一只羊，
一起来到小桥上，
你也不肯让，我也不肯让，
“扑通”掉进河中央。

数学逻辑能力开发

9个月的宝宝有简单的数量概念，能区分物体的大小和数量的多少。

比多少

数学能力
模仿能力
抓握能力

益智点

训练宝宝感知“多少”的笼统概念。

游戏来了

在宝宝伸手就能够得着的地方放两堆形状不同、数量不同的糖块。妈妈引导宝宝认识多和少，指着少的说：“这堆少，宝宝快来捡。”帮宝宝把少的糖块捡到小碗里。妈妈再指着多的说：“这堆多，宝宝再来捡捡。”帮宝宝把多的糖块捡到另一个同样大小的小碗里。把两个小碗放在宝宝面前，比较碗里糖的多少。

注意要点

做这个游戏时，妈妈要注意不要让宝宝把糖放在嘴里误吞。

爸爸妈妈看过来

这时的宝宝多以无意注意为主，往往以学习模仿为主。随着宝宝的生理、心理发展，对事物的多少也会逐渐有所察觉。

空间感知能力开发

9个月的宝宝对里外、上下、左右的空间方位有一定的知觉。

找豆豆

空间感知能力
观察能力
理解能力

益智点

空间感知能力、观察能力、逻辑思维能力训练。

游戏来了

1. 找一个带塞子的瓶子（塞子方便旋转拔拉），在里面装上彩色小豆或纸条。

2. 妈妈示范把塞子拔出，将里面物品倒出。

3. 让宝宝进行模仿。

注意要点

与宝宝玩找豆豆游戏，能逐步培养宝宝的空间方位感，让宝宝感知“里”与“外”的空间概念。

人际交往能力开发

9个月的宝宝喜欢和同龄的小朋友做游戏。

过家家

人际交往能力
模仿能力

益智点

让宝宝学会关怀、同情、照顾他人，提高人际交往能力。

游戏来了

给宝宝一条可以当布娃娃被子的手帕或毛巾，引导宝宝和布娃娃过家家，让宝宝去哄、抱娃娃，或帮布娃娃盖被子等，模仿妈妈照顾、关怀宝宝的模样。

注意要点

学会关怀娃娃就会关怀其他人，善待娃娃也是宝宝学习人际关系的重要课题。

如果爸爸妈妈发现宝宝有摔、扔、砸娃娃的举动，一定要及时制止，并用表情、声音或动作告诉宝宝这样做是不对的，并给宝宝示范正确的照顾方式。

推球

人际交往能力
大动作能力

益智点

帮助宝宝训练上肢肌肉力量以及反应能力。

游戏来了

1. 妈妈准备一个皮球，和宝宝面对面分腿坐好，将球推给宝宝，同时语言跟进：“推——”

2. 球滚到宝宝腿间，妈妈提醒宝宝“推”，如宝宝不能完成，另一个家长可以在后面扶小手推球。

3. 几次后宝宝就可以独立完成推的动作。

注意要点

不要对宝宝要求太高，只要宝宝伸手参与，与妈妈形成良好的互动，就要鼓励宝宝，增强宝宝对游戏的兴趣。

自我认知能力开发

9个月的宝宝认知能力已经很强，开始有物体永存的概念。宝宝开始认识自己的身体部位，能非常清晰地记住自己的五官，并且懂得害羞了。这说明宝宝的认知能力已经攀上了新台阶，要注意多培养。

摸摸自己的小鼻子

益智点

教宝宝认识鼻子，帮助宝宝认识五官，感受到五官的存在，促进自我认知能力发展，增进宝宝和家人的亲密感。

游戏来了

1. 妈妈抱着宝宝或让宝宝仰卧在床上，与宝宝的视线相对，问："宝宝的鼻子呢？"用手指轻轻点宝宝的小鼻子，说："哦，宝宝的小鼻子在这儿呢！"

2. 再次与宝宝视线相对，问："鼻子呢？妈妈的鼻子呢？"拿起宝宝的小手，让宝宝触摸妈妈的鼻子，告诉宝宝："妈妈的鼻子在这儿呢，这是妈妈的鼻子！"

3. 靠近宝宝，轻轻地和宝宝碰鼻子。

自我认知能力
触觉能力
空间认知能力
人际交往能力

注意要点

妈妈要多跟宝宝玩这样的游戏，通过这种方法还可以认识耳朵、眼睛、嘴巴、小手和小脚。

拆装套塔

独立能力
解决问题能力

益智点

培养宝宝的独立性。

游戏来了

给宝宝拿来一套套塔，妈妈坐在宝宝能看到的地方，注视着宝宝，让宝宝独自拆装套塔。

注意要点

9个月的宝宝已经能自己反复操作，通过操作可以总结一些经验技能，也能学会克服一些困难了。爸爸妈妈这时要适当放手让宝宝处理一些力所能及的小困难，千万不要看到宝宝遇到一点点困难就出手相助，更不要因宝宝的哭闹就放弃，一定要让宝宝养成克服困难的习惯。

这个游戏能培养宝宝独立的性格，使宝宝从仅仅依恋妈妈转变为对外界事物也感兴趣，为日后独立生活打下基础。虽然不建议爸爸妈妈帮忙，但是在宝宝玩耍过程中一定要始终在他看得见的地方，给宝宝安全感。

拆可以独立完成，装需要家长辅助，宝宝完成一次家长需表扬鼓励。

自然认知能力开发

9个月的宝宝，能够认识图片上的物品，可以从一大堆图片中找出他熟悉的几张；对气味有一定的感知，当闻到自己喜欢的气味时会表现得很兴奋。

贴画画

自然认知能力
视觉记忆能力
听觉能力

益智点

让宝宝认识各种图片，并记住名字，提高宝宝的自然认知能力。

游戏来了

在墙壁上贴上各种图片，妈妈指着其中的一幅画告诉宝宝这是什么，如“这是小猫，喵喵叫”。当宝宝认识之后，再问宝宝：“小猫在哪里？”看宝宝是否会回头寻找。

注意要点

经过练习，宝宝会记住这些图片的名称，还能记下排列顺序，学会利用事物之间的关系去认识事物。

父母还可以把动物的叫声录下来，在给宝宝看图时把声音播出，训练宝宝的视觉、听觉和逻辑思维能力。

感觉能力开发

9个月的宝宝能够准确找出声源，会认真观察爸爸妈妈的动作，并会模仿爸爸妈妈的动作去做。

宝宝玩涂鸦

形象思维能力
模仿能力
手指灵活能力

益智点

通过让宝宝自由涂鸦，提高宝宝的形象思维能力，并且锻炼宝宝的手指灵活能力。

游戏来了

妈妈准备一张白纸和几支彩色笔，和宝宝一起涂鸦。画好后，妈妈还可以编个关于画的故事讲给宝宝听。

注意要点

9个月的宝宝开始喜欢涂鸦，虽然宝宝画得很凌乱，但是宝宝已经有了自己的形象思维。爸爸妈妈要多为宝宝创造机会，让他自己涂画各种线条，但不要把自己的思维强加给宝宝，应帮助他提升对图形的认知能力和理解能力。

知道我是谁

听觉能力
自我认知能力

益智点

帮助宝宝提高听力，并逐渐对自己产生认知。

游戏来了

继续练习让宝宝认识自己的镜前游戏。妈妈抱着宝宝站在镜子前，轻轻地叫宝宝的名字，并指着镜子里的宝宝。然后再喊宝宝的名字，让宝宝指镜子里的自己。逐渐地，当妈妈叫宝宝时，让宝宝指自己并看镜子里的自己。

爸爸妈妈看过来

根据别人的指令去辨认事物，这是宝宝靠听觉记忆来确认事物的表现。这一阶段的宝宝，听觉发育开始突飞猛进，爸爸妈妈要多创造机会锻炼宝宝的听觉，并通过听觉来帮助宝宝认识和记忆一些事物。

注意要点

一般来说，爸爸妈妈总是喜欢放一些音乐或广播给宝宝听，而不愿自己哼唱。其实在锻炼宝宝听力时，妈妈的声音最能引起宝宝注意，也最能达到效果。

模仿创新能力开发

9个月的宝宝会模仿爸爸妈妈的动作去做，可以做拔、拉、捏、抠的动作。

大力士找饼干

探索能力
观察能力
手指灵活能力

益智点

训练宝宝的观察能力，手指灵活能力，同时让宝宝体会努力之后获得食物的快乐。

游戏来了

1. 准备好小饼干，如磨牙小饼干（宝宝吃过的牌子）。

2. 大人先张开手掌，让宝宝看到手心里有一块小饼干。当着宝宝的面把手轻轻握起来，手心向上伸到宝宝面前，让宝宝用小手来拿。

3. 协助宝宝去抠和掰动大人的手指，找出饼干。表扬宝宝是大力士，用饼干奖励宝宝。

注意要点

如果宝宝对小饼干不感兴趣，就要换成宝宝喜欢的其他东西。宝宝掰手时，不要让他太容易掰开，否则会让宝宝没有成就感。

爸爸妈妈看过来

有时宝宝的反应比较慢，大人可以把握饼干的速度放慢，或者多做几次。宝宝明白后就会自动掰开大人的手。刚开始不要让宝宝得逞，要让宝宝多做几次努力，然后再把饼干给他。宝宝拿到饼干后会很高兴，大人要及时鼓励。大人的鼓励是宝宝最好的动力，宝宝吃完后会满怀期望地看着你。这个时候再换另一只手做同样的游戏，也可以用一些小玩具，让宝宝掰开获得。

眨一眨，摇一摇

模仿能力
记忆能力
专注能力

益智点

训练宝宝的模仿能力、记忆能力与注意力。

游戏来了

妈妈与宝宝面对面坐着，对宝宝说："小眼睛眨一眨。"同时妈妈要做出眨眼睛的动作，并要求宝宝跟着做。

宝宝做完这个动作后，妈妈再对宝宝说："小手摇一摇。"同时自己做，也让宝宝模仿。接着妈妈再说："小脑袋摇一摇。"同时鼓励宝宝也跟着妈妈一起摇摇头，并适当给予夸奖。

注意要点

可以分几次教会宝宝做这些动作，当宝宝学会后，可以把儿歌连起来，一边念一边和宝宝一起做动作。

爸爸妈妈看过来

随着宝宝完成坐、爬动作越来越熟练，视野大大开阔，能灵活地转动上半身上下左右环视，注视他感兴趣的事物。爸爸妈妈应该多与宝宝做游戏，鼓励宝宝模仿，也可以带宝宝出去看蓝天白云、鲜花绿草、来往人群、汽车等，促进他视听能力发展，同时培养其观察能力。

8～9个月宝宝智能水平小测试

1 按照大人吩咐拿玩具

A. 5种　B. 4种
C. 3种　D. 2种

2 认识身体部位

A. 3处　B. 2处
C. 1处　D. 不会

3 揭盖取倒玩具

A. 揭开再盖上玩具
B. 揭盖取倒玩具
C. 找不着

4 用示指按电视、录音机、电灯、收音机等的开关

A. 5种　B. 4种
C. 3种　D. 2种
E. 1种

5 称呼

A. 见爸爸叫爸爸，见妈妈叫妈妈
B. 叫爸爸妈妈中的一人
C. 无人时乱叫

6 用姿势表示再见、谢谢、鼓掌、亲亲、虫虫飞、蝶蝶飞及其他

A. 5种　B. 4种
C. 3种　D. 2种
E. 1种

7 会给娃娃服务

A. 盖被子
B. 拍它睡觉
C. 抱娃娃哄它不哭
D. 不喜欢它，扔掉或摔它

8 懂得害羞

A. 当别人谈到自己时藏到妈妈身后
B. 躲到妈妈怀中
C. 不理会别人的谈话

9 拿勺子时

A. 凹面向上盛到食物
B. 凸面向上盛不到食物
C. 拿勺子乱搅不盛食物

10 大人帮助穿衣服时

A. 会伸手和头配合

B. 会伸手

C. 不配合

11 学爬

A. 手膝爬

B. 手腹匍行

C. 俯卧打转

D. 俯卧不动

12 扶物站立

A. 横行跨步

B. 扶站不稳

C. 不能从爬行扶起站立

题号 / 得分	A	B	C	D	E
1	15	12	9	6	
2	12	8	4	0	
3	7	5	0		
4	14	12	10	8	4
5	15	10	5		
6	15	12	6	6	3
7	5	3	2	1	
8	8	5	0		
9	10	5	2		
10	10	5	0		
11	10	5	3	0	
12	10	5	2		

测评结果

所得分数	结果分析
70 分以下	宝宝的智力发展未达到理想的水平，妈妈要多加训练。
70 ~ 110 分	宝宝的智力发展尚可，达到平均水平，若要提升宝宝的智能，妈妈要多加训练。
110 分以上	宝宝的智力发展非常棒，继续努力吧。

备注： 本书中的智能测试评分方法仅供参考。测试的结果因人而异，若宝宝达不到平均水平，可重复测试，让宝宝多学习，就一定做得到。

第10章

9～10个月 宝宝学会站立

现在我可以扶着栏杆站起来了，而且如果松开手，我还可以站立2秒钟甚至更长的时间，我是不是很厉害啊！我喜欢自己坐在沙发上捏小哥哥的爆米花，一下一下很好玩儿，我现在还能够模仿爸爸妈妈发出1~2个字音，尽管我现在说不出完整的句子，但是爸爸妈妈已经开始明白我简单的发音中所要表达的意思了。今天隔壁的阿姨问我几岁了，我伸出了自己的示指，尽管我还说不出来，但是妈妈教过我，我1岁啦！看到我的表现，阿姨和妈妈都一直夸我是一个聪明的宝宝呢。

——宝宝寄语

9～10个月宝宝的成长树

大动作

- 如果发现有趣的玩具，能扶着东西蹲下去捡，能从站位到坐位，身体下肢的灵活性不断增加
- 宝宝会自己捧着杯子喝水了，也会手脚并用地爬行了
- 牵着宝宝的双手宝宝能够走几步了

精细动作

- 宝宝能很顺利地用示指和拇指捏球放入瓶中
- 手指头更加灵活，能较长时间独自一个人玩套圈等玩具了

语言

- 与宝宝说话，宝宝会用细小的喉音回应

人际交往

- 宝宝会做模仿游戏了，如拍手欢迎、挥手再见、拍洋娃娃睡觉等
- 对其他的宝宝比较敏感，如果看到父母抱其他宝宝就会哭

感觉

- 现在的宝宝已经知道了若干物品的名称，接下来就可以认识物品的颜色了，宝宝认识的第一种颜色是红色
- 用声音在宝宝头部周围逗引，宝宝会转头寻找声源
- 听到不同的声音会有不同的反应

宝宝的基本生长发育

	项目	男宝宝	女宝宝
基本生长发育	身高（厘米）	67~77.6	65~75.9
	体重（千克）	7.2~11.3	6.6~10.5

妈妈育儿指南

1. 让宝宝养成良好的饮食习惯，适当控制肥胖宝宝的饮食。
2. 给宝宝多吃富含多种维生素的食物，促进宝宝的视力发育。
3. 帮助宝宝多练习拇指与示指的捏取能力，学习更为精细的动作。
4. 帮助宝宝锻炼腿部肌肉的力量，为下一步学习走路做准备。
5. 创造机会帮助宝宝认图识字，多给宝宝讲小故事，让宝宝听懂每句话，促进语言等多方面的智能发育。
6. 经常帮宝宝揉揉手指，促进血液循环。
7. 为宝宝选择一双合适的鞋子，并帮助宝宝学会站立，训练宝宝学习迈步。
8. 鼓励宝宝在玩水、玩沙、玩泥、玩玩具中练习手和四肢的协调性。
9. 注意宝宝活动范围的安全，防止小绒毛落入宝宝的眼睛中。
10. 训练宝宝有意识地叫“爸爸”“妈妈”。
11. 鼓励宝宝多说话，响应其简单的要求，以锻炼其语言能力。
12. 教宝宝看图、认人、认物等，在潜移默化中认字。

读懂9~10个月宝宝，选择合适的玩具与游戏

宝宝想要站起来

10个月的宝宝，可以自己拉着栏杆立起来，扶着宝宝站立后然后松开手，宝宝能够独立站立2秒以上，让宝宝扶着椅子、床边或者小推车，鼓励宝宝迈步，宝宝能够迈3步以上。在一些精细动作上，宝宝可以将自己手中的玩具放进一个较大的容器里，可以熟练地用拇指示指捏起一块糖或者一个小球，动作也比较协调。

站立不仅仅是运动功能的发育，同时也能够促进宝宝的智力发展，当宝宝学会站立之后，视野会更加开阔，新奇的探索会使宝宝增加更多的尝试，帮助宝宝智力发展，也有利于宝宝健康成长。

当宝宝可以很自如地坐着玩儿的时候，就会开始不满足于坐着了，体会自己主动学着站起来，那么，宝宝学站的时机已经成熟了。爸爸妈妈应该抓住这一时机，帮助和训练宝宝站立。

精细动作能力特点及训练

这个月的宝宝在精细动作方面有了一定程度的发展，宝宝的五指可以分工、配合，而且可以根据物体的外形特征比较灵活地运用自己的双手了。宝宝可以将一块放在桌子上的糖块拿起来，或者是一片薯片之类比较薄的东西，宝宝也可以在几次尝试之后拿起来。

手部动作能力的发展是智力发展的外部标志，所以爸爸妈妈对于宝宝手部动作的训练一定要重视。

在平时，妈妈可以让宝宝联系捏取细小物品的游戏，比如小药片、小绿豆、小纽扣，培养宝宝捏取的速度，扩大捏取物品的范围。

拇指和示指对捏动作标志着大脑的

发展水平，要尽量做到精确完美，通过和宝宝做游戏，让宝宝反复练习，可以促进拇指示指的灵活性和精确性。

语言能力特点及训练

现在宝宝可以将不同的音节组合起来发音了，可以模仿发出一两个字音，比如“爸爸”“妈妈”“走”，宝宝还可能说一些难懂的话，当说“欢迎”“再见”的时候，宝宝还会做出相应的动作。

这个时期宝宝的语言能力模仿比较强，爸爸妈妈要根据宝宝的语言发育特点，给宝宝放一些儿童乐曲、念一些儿歌、激发宝宝的语言学习兴趣和理解能力。

日常生活中，爸爸妈妈可以通过训练宝宝懂得“给我”“打开”“放下”的含义，还可以将一些实物放到宝宝面前，教宝宝认识，比如“帽子”“苹果”“杯子”“饼干”，让宝宝将实物、动作和语言能够结合起来。

适合 9~10 个月宝宝的玩具与游戏

这个月的宝宝可以多做一些精细动作训练，妈妈可以给宝宝玩一些带盖子的瓶子、堆叠在一起的纸杯，还可以用一些细小的物品让宝宝去捏取。

妈妈可以通过这个游戏来锻炼宝宝的手部动作。准备一个带盖子的塑料瓶放在宝宝的面前，妈妈先要示范打开瓶盖，然后合上盖子，让宝宝仔细观察，引导宝宝自己用拇指和示指将瓶盖打开，然后再合上。让宝宝反复多练习几次，如果宝宝做对了应该及时鼓励宝宝。

这个月的宝宝适合玩一些小的精细的玩具，锻炼宝宝手部的精细动作能力。可以给宝宝准备一些珠子、玻璃球、塑料瓶盖、小积木块，让宝宝练习拿捏这些东西，在敲、捡、扔、丢的过程中，训练手部的动作。

运动能力开发

10个月的宝宝能扶着栏杆自己站起来，让宝宝扶着小推车能迈3步以上。这时，爸爸妈妈要加强宝宝动作能力的训练，特别是站立训练，为以后的迈步和走路做好准备。

牵双手迈步

大动作能力
协调能力

益智点

让宝宝练习向前方迈步，为独立行走做准备。

游戏来了

1. 妈妈双手牵着宝宝，两人都面向前方。

2. 妈妈向前迈左脚，并引导宝宝也跟着迈左脚；妈妈向前迈右脚，同时引导宝宝也向前迈右脚。妈妈可以一边迈步一边数数。

注意要点

妈妈的动作不要太快，要有耐心。

爸爸妈妈看过来

10个月的宝宝能扶着栏杆自己站起来，扶着宝宝站立后再松开手，宝宝能独自站立2秒以上。让宝宝扶着椅子、床沿或小推车，鼓励其迈步，宝宝能迈3步以上。这时，爸爸妈妈要加强宝宝动作能力的训练，特别是站立训练，为以后的迈步和走路做好准备。

蹲下捡东西

大动作能力
身体协调能力

益智点

通过捡东西，帮助宝宝学会平衡身体，促进身体各个部位的协调能力。

游戏来了

当宝宝已经可以单手扶东西走路时，妈妈可将玩具放在宝宝脚的旁边，引导宝宝蹲下去捡玩具。宝宝会一只手扶着东西蹲下来，一只手去捡玩具，然后再站起来。

注意要点

有的时候宝宝可能会因为着急捡玩具而摔倒，妈妈要在一旁仔细看护保护宝宝的安全。

爸爸妈妈看过来

宝宝到了第 10 个月的时候，学会用双手扶着东西站立，慢慢学会单手扶向前移动，这时候可以教宝宝练习蹲下捡东西的动作。蹲下捡东西是需要上下肢协调和手、眼配合完成的，每一个宝宝的成长发育状况不同，学会的时间也不同，妈妈要有耐心，相信宝宝很快就会学会的。

钻洞洞

益智点

锻炼宝宝的手眼协调能力和思维能力。

游戏来了

爸爸膝盖着地，手撑地，搭成一个“山洞”。在爸爸身体的一侧放一个宝宝喜欢的玩具，鼓励宝宝钻过“山洞”，向前爬，拿回玩具。宝宝拿到玩具后鼓励宝宝“往回爬”交给妈妈。宝宝钻过“山洞”时，爸爸妈妈为宝宝欢呼。

大动作能力
手眼协调能力
思维能力

注意要点

如果地板太凉，可以铺上一条毛毯，免得宝宝觉得不适。

语言能力开发

10个月的宝宝，在语言上能模仿爸爸妈妈发出1~2个字音，如“爸爸、妈妈、拿、走”等。宝宝能有意识并正确地发出相应的字音，来表示一个动作。此外，还开始说一些由2~3个字组成的难懂的话，但说得含糊不清。

练习说“拜拜”

语言能力
听觉能力
社交能力

益智点

通过和宝宝学习“拜拜”等礼貌用语，锻炼宝宝的听觉能力和语言能力。

游戏来了

爸爸妈妈可将宝宝抱在自己的膝盖上，和另一个人说一会儿话后，爸爸妈妈一边往外面走，一边说：“拜拜。”这时，要走的人不但要让宝宝摆手和自己说“拜拜”，而且自己也要说“拜拜”。还有如“谢谢”“欢迎”等礼貌用语。

注意要点

跟宝宝游戏的时候，要多说几次，帮助宝宝加深记忆。

爸爸妈妈看过来

10个月的宝宝，在语言上能模仿爸爸妈妈发出1~2个字音，如“爸爸、妈妈、拿、走”等。宝宝能有意识并正确地发出相应的字音。此外，宝宝还开始说一些由2~3个字组成的难懂的话，但说得含糊不清。

跟布娃娃说话

语言能力
沟通能力
听觉能力

益智点

经常给宝宝提供练习的机会，让宝宝在快乐的氛围中学习语言，能促进宝宝语言能力的发展。

游戏来了

1. 爸爸妈妈将纱巾挂在床中间做“帷帐”，搭成个小戏台。

2. 爸爸和宝宝在前面看，妈妈手拿着布娃娃从帷帐后面出来，说“我是小小布娃娃，我快1岁了”等，并摇着布娃娃跳来跳去。

3. 爸爸指导宝宝与布娃娃对话，如“我是天天，我10个月大了，布娃娃你叫什么名字呀”等。

4. 爸爸妈妈要及时鼓励宝宝，让他随意和布娃娃对话，并根据宝宝的反应灵活变换游戏内容，让宝宝在游戏中体会到语言的乐趣。

注意要点

在玩“跟布娃娃说话”的游戏时，宝宝可能只是咿咿呀呀地答应，妈妈一定要应和宝宝，不能急于求成。妈妈说台词时，一定要慢，这样有助于和宝宝互动。

小鸟飞

语言能力
理解能力
模仿能力

益智点

锻炼宝宝的听说能力和运动能力。

游戏来了

与宝宝坐在一起，将他的胳膊展开，让他的手臂上下扇动学小鸟飞翔，并学小鸟“啾啾啾”地叫。还可以学飞机的“隆隆”声，让宝宝像飞机一样飞。带宝宝到户外玩耍时，也可以借机让宝宝观察小鸟和飞机，并反复学它们的声音。

注意要点

除了学小鸟飞和飞机飞，还可以和宝宝一起模仿其他动物的动作和声音。

数学逻辑能力开发

10个月的宝宝对于轻重、大小都有了比较清楚的感觉，而且对于数字1、2也比较敏感，宝宝现在会简单地分类找东西。

捡豆豆

数学能力
手眼协调能力

益智点

通过游戏教宝宝认识数字1、2，强化数字概念。

游戏来了

在床上铺上纸张，将蚕豆或者其他的豆子放在纸上，妈妈和宝宝一起将豆子放到瓶子里。当宝宝将豆子逐粒放到瓶子里的时候，妈妈要同时说1、2这两个数。

注意要点

豆子对于宝宝来说不容易消化，所以建议在游戏的过程中不要让宝宝吃，游戏结束之后及时收走。

空间感知能力开发

这个月的宝宝在空间感知上有了新的发展，能够从不同的方位在方形的箱子里取物，并且可以在空间里找到所要找到的目标。

爬着找图

空间感知能力
记忆能力

益智点

提高宝宝的位置判断能力。

游戏来了

找一个大一些的包装盒，在盒子的六面分别贴上动物图，比如小狗、小马、小熊等，引导宝宝看盒子上的图，跟宝宝说："宝宝来找找狗狗在哪里啊？"宝宝会爬到盒子那里去找小狗。宝宝找到后，要及时鼓励宝宝。然后引导宝宝找其他动物的图案。

注意要点

游戏的过程中妈妈要有耐心，开始的时候可能会有些慢，等宝宝慢慢熟悉，就会很快找到图了。

爸爸妈妈看过来

通过这个游戏，不仅仅能够学习新事物，记住每一个图的名称，还可以帮助宝宝辨别方位，拓展宝宝的空间感知能力。

前面和后面

空间感知能力
理解能力

益智点

培养宝宝的立体空间感，让宝宝认识前后。

游戏来了

妈妈在宝宝的前后放上不同的玩具，然后告诉宝宝："宝宝的前面是小熊，宝宝的后面是小鸭子。"

注意要点

在游戏的过程中，也可以在左右放上玩具，让宝宝对空间有更多的认知。

人际交往能力开发

宝宝在 10 个月时，在情绪社交上已经能意识到搂抱在感情交流上的重要性，为了得到爸爸妈妈或其他大人的拥抱，宝宝甚至会主动抱人，这时的宝宝不再是一个被动的感情接受者了。见到生人，也不会惶恐不安了，有时还会主动与人逗笑。

请奶奶吃水果

社交能力
理解能力

益智点

培养宝宝与人进行情感交流，增强社交能力。

游戏来了

1. 用叉子叉了水果后，拿给宝宝，并且跟宝宝说："给奶奶，拿给奶奶吃。"

2. 宝宝第一次不太熟悉，会不知道怎么做，所以请妈妈抓着宝宝的手，将水果递给奶奶吃。

3. 妈妈可称赞说："宝宝好乖，长大了！"宝宝也会因为受到称赞而满心欢喜。

注意要点

生活中，家长有机会就应该注意培养宝宝，让他拿东西给爸爸、妈妈以外的长辈吃，教导宝宝分享自己的东西。

玩过家家

社交能力
观察能力

益智点

用趣味性、形象性等吸引宝宝，延长宝宝的注意时间。培养兴趣和对事物的观察能力，还能发展动手能力，提高手指的灵活性。

游戏来了

1. 准备一套餐具、一个玩具娃娃及其配套的鞋子、袜子等。

2. 爸爸妈妈一边说话一边玩过家家的游戏，让宝宝在旁边看着。如给娃娃穿衣服、系扣子、穿鞋子、扎头发等，也可喂饭。

3. 喂好饭，妈妈对宝宝说："宝宝，爸爸妈妈给娃娃喂好饭了，现在娃娃要出去玩，该给娃娃换衣服了，换好后我们带娃娃出去玩。"妈妈给娃娃换好衣服后再给宝宝换衣服。

注意要点

过家家的游戏有很多不同的内容和动作，每次最好做一部分，具体内容的多少根据宝宝的接受情况来定。

自我认知能力开发

宝宝自己身体的协调能力逐渐增强，可以在大人的帮助下蹲下取物，也可以比较自由地支配自己的手和脚。

可爱的小脸蛋

益智点

帮助宝宝认识自己身体的部位，增强宝宝的自我感知能力。

游戏来了

妈妈抱着宝宝到镜子前，让宝宝可以看到镜子中的自己，一边说“宝宝的小脸蛋”，一边同时摸宝宝的脸蛋，说到“宝宝的小鼻子”同时摸宝宝的鼻子，说到“宝宝的小脚丫”同时摸宝宝的脚。

注意要点

游戏的过程中，一定要一边说一边同时摸宝宝对应的部位，让宝宝有更真实的感知。

爸爸妈妈看过来

宝宝对于外界的认识越来越多，对自己身体的认知也开始多起来。通过游戏不断刺激宝宝的视觉能力，扩大宝宝的视野，增强宝宝的感知能力和观察能力。

感知能力
视觉能力

认手指

自我认知能力
记忆能力
听觉能力

益智点

通过游戏，帮助宝宝认识自己的手指。

游戏来了

妈妈一边给宝宝唱儿歌，一边抚摸宝宝相应手指，“大拇哥，二拇哥，中指，太阳，小妮妮”。

注意要点

宝宝开始时不知道伸出那个手指的时候，妈妈要及时在旁边指导，然后再问一遍。

感觉能力开发

10个月大的宝宝手眼协调发育进步很大，懂得常见人和物的名称，还会注视所说的人或物。此时的宝宝能熟练地用拇指和示指的指端捏住类似小碗等小物品了，这种高难度的动作标志着宝宝大脑发育已经达到较高水平。

温度感知

触觉能力
反应能力

益智点

加强宝宝对温度的认知，促进触觉的发展，提高各种器官的配合和应对能力。

游戏来了

1. 用小塑料瓶装上冰水、温水和开水。

2. 扶宝宝小手分别拿取。

3. 告诉宝宝拿到的感觉，“凉”“温”“热”。

注意要点

碗的温度不要太高，宝宝的肌肤比较娇嫩，对温度更加敏感，以避免宝宝烫伤。

追小狗

分辨声源能力
脖颈运动能力

益智点

训练宝宝脖颈运动能力与分辨声音来源的能力。

游戏来了

1. 宝宝、爸爸、妈妈一起趴在床上，妈妈在后，爸爸在前，宝宝在中间。

2. 妈妈喊着“追小狗了！”“追小狗了！”并快速向前爬去。

3. 当妈妈追到宝宝时，爸爸在前面拿着一个玩具向前爬，并说：“小狗来追爸爸。”

4. 妈妈也向宝宝说：“小狗快去追。”宝宝被玩具吸引，便会急速追去。

专家点拨

对宝宝来说，声音不仅刺激听觉，对学习语言、发展情绪也很重要。适度而丰富的听觉刺激，能使听神经的构造趋于完整，吸引宝宝去学习他所听到的声音、记忆声音，并配合自身的生理发展，进而尝试发声、累积词汇。

注意要点

应在宝宝吃饱后、精神状态良好、没有疾病的情况下进行此游戏。爬行的场地应该宽敞，最好在地上。如果在床上爬，父母一定要注意宝宝的安全，防治宝宝掉到地上。爬行的场地上不要放硬玩具，以防宝宝受伤。

爸爸妈妈看过来

把宝宝叫成小狗，宝宝会把自己当成真的小狗，从而体会到扮演角色的快乐。这时大人用玩具逗引或去追宝宝，宝宝会非常开心。大人最好保持一个在宝宝面前，一个在宝宝后面。当宝宝把注意力转移到后面时，前面的大人可以学狗叫引起宝宝兴趣。宝宝前后来回看从而锻炼了脖颈转动能力。

钢琴演奏

听觉能力
手部协调能力

益智点

通过敲击钢琴或电子琴让宝宝感受不同的声音，刺激宝宝的听觉和音乐美感。

游戏来了

1. 妈妈为宝宝准备一架玩具小钢琴或电子琴。

2. 将钢琴放在桌子上，妈妈握住宝宝的手，在琴键上随意敲打或拍打。

3. 妈妈也可以握住宝宝的手，用宝宝的示指敲击琴键，弹出一定的旋律。

注意要点

妈妈要放手让宝宝敲敲打打。

爸爸妈妈看过来

敲打是宝宝的天性，这个时期的宝宝对自己弄出来的声音非常感兴趣，并且对不同的声音有了一定的敏感性。妈妈要放手让宝宝敲敲打打。

哪个是洞洞

益智点

锻炼宝宝的视觉观察能力和判断能力。

视觉能力
手眼协调能力
判断能力

游戏来了

准备一个30厘米长的纸盒子，在盒子的外面画上很多圆圈，在圆圈中再夹杂一些大小不一的小圆洞。

妈妈和宝宝一起找哪个圆圈是可以戳进去的，并且对宝宝说："宝宝来找找，哪个是洞洞？"

注意要点

当宝宝手指戳进小洞的时候，妈妈可以握握宝宝的手指，然后说："二拇哥你好啊。"

模仿创新能力开发

宝宝可以模仿大人的动作做游戏，可以配合妈妈穿衣服，还会通过摇盒子的方法取到里面的东西。

玩沙子

创造能力
精细动作能力

益智点

通过沙子的可塑性，锻炼宝宝的模仿创新能力。

游戏来了

给宝宝准备一个小桶、一把小铲子、一桶潮湿的沙子。将桶中的沙子倒出来，教宝宝用沙子堆成一个“小山”。也可以鼓励宝宝自由发挥，进行创造。

爸爸妈妈看过来

10 个月的宝宝，手部的动作能力越来越强，也越来越精确，他们现在可以利用一些工具来做一些自己想做的事情了。爸爸妈妈要多带宝宝到户外去接触一些新鲜的事物，给宝宝自由发展的空间，让宝宝一边玩儿一边提高创造能力。

注意要点

游戏过程中让宝宝自己来创造，妈妈不用过多地干涉。

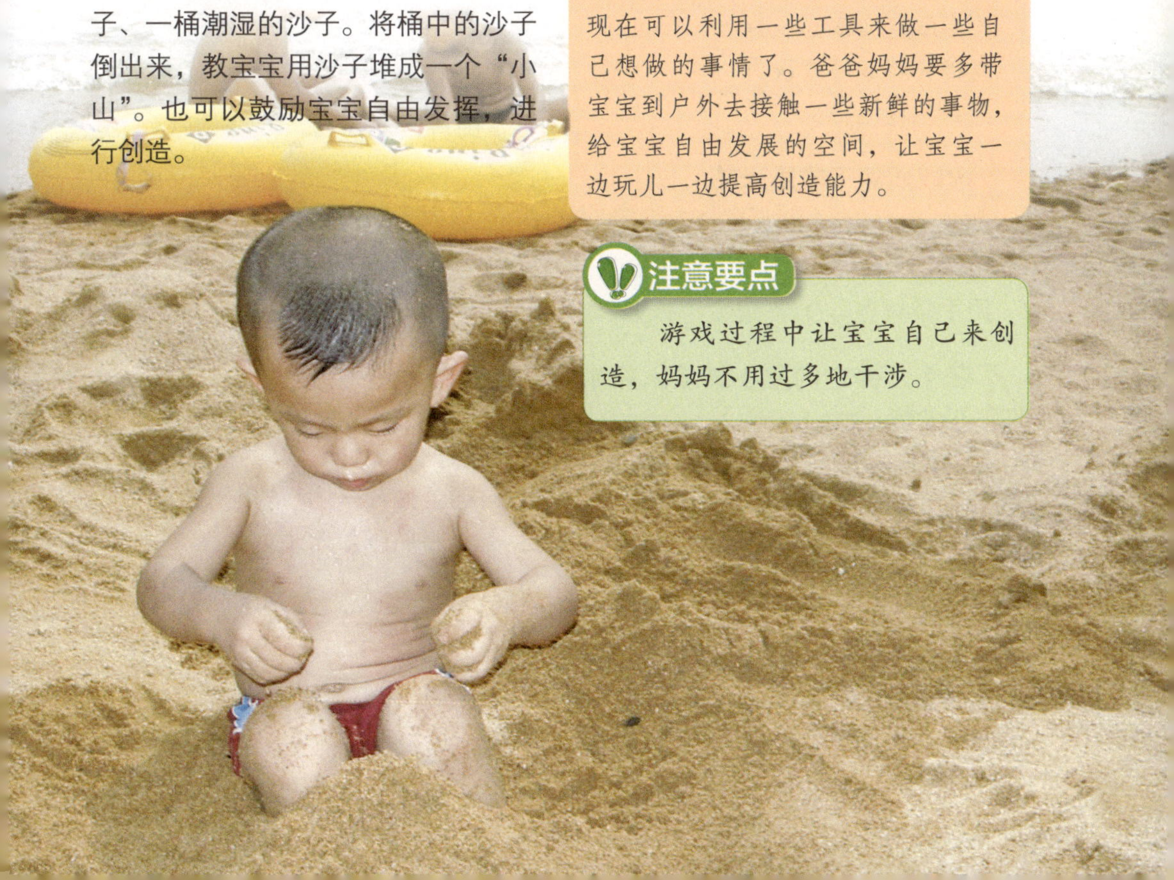

9~10个月 宝宝智能水平小测试

1 认识新的身体部位

A. 认识大拇指或 2 处新部位

B. 认识 1 个手指如示指，或另一个新的身体部位

C. 不认识新部位

2 拉绳取物

A. 拉绳取环或取到玩具

B. 直接去够取环或玩具

C. 无目的地乱抓

3 捏取葡萄干或爆米花

A. 用示指、拇指捏取　B. 大把抓

C. 用手掌拨弄　D. 不理会不抓取

4 在 1 分钟之内把小球放入瓶中的个数

A. 4 个　B. 3 个

C. 2 个　D. 1 个

5 有意识地称呼亲人

A. 爸爸和妈妈

B. 爸爸妈妈中的任何一个

C. 无人时乱叫

6 用身体语言表示如再见、谢谢、您好、握手、故障、碰头、亲亲、虫虫飞、鸟飞、挤眼睛、噘嘴等

A. 7 种　B. 5 种

C. 3 种　D. 2 种

7 喜欢小朋友，同人打招呼时能招手、点头 、笑、摇身体、跺脚、尖叫等

A. 3 种　B. 2 种

C. 1 种　D. 不理

8 捧杯喝水

A. 不用大人扶持略有洒湿

B. 要大人扶持

C. 不会用杯子

9 穿衣

A. 自己把胳膊伸入双侧袖内

B. 自己会伸入一侧

C. 大人将胳膊放入袖内

10 爬行

A. 手脚快爬　B. 手膝慢爬

C. 腹部靠床匍行　D. 俯卧打转

11 扶站下蹲捡物

A. 能蹲下捡物

B. 蹲下但捡不着

C. 不敢蹲下

12 学走

A. 一手牵着走　B. 双手牵着走

C. 学步车内走　D. 扶物走

题号 / 得分	A	B	C	D
1	10	5	0	
2	10	5	2	
3	10	5	3	0
4	12	9	6	3
5	10	5	2	
6	15	12	9	6
7	9	6	3	0
8	9	5	0	
9	6	4	2	
10	10	8	6	3
11	10	8	3	
12	12	10	8	6

测评结果

所得分数	结果分析
70 分以下	宝宝的智力发展未达到理想的水平，妈妈要多加训练。
70 ~ 110 分	宝宝的智力发展尚可，达到平均水平，若要提升宝宝的智能，妈妈要多加训练。
110 分以上	宝宝的智力发展非常棒，继续努力吧。

备注：本书中的智能测试评分方法仅供参考。测试的结果因人而异，若宝宝达不到平均水平，可重复测试，让宝宝多学习，就一定做得到。

第11章

10~11个月 宝宝迈出人生的第一步

在爸爸妈妈的帮助下，我可以迈着不太美观的八字步在客厅中转来转去，这是我很喜欢的运动，我现在正在经历着我人生的一个很重要的阶段，相信不久之后我就可以走路了。现在我可以稳稳地站在原地了，这就意味着我离走路的日子已经不远了。我现在每天在加紧练习，我好期待那天的到来啊！我的语言能力也在逐渐发展中，如果现在有人问我："妈妈在哪里？"我会把头转向妈妈的方向，尽管现在我说的话还不多，但是我理解的句子已经很多了，很多的话我都明白是什么意思哦！

——宝宝寄语

10～11个月 宝宝的成长树

大动作

- 宝宝能单手扶物
- 能够蹲下捡起玩具并且再站起来

精细动作

- 宝宝居然将杯盖准确地放在杯子上了

语言

- 宝宝能理解大人的话了，可用姿势来回答
- 宝宝模仿学狗叫

感觉

- 宝宝看了画着苹果的卡片后，再给宝宝吃苹果时他就会比较激动

人际交往

- 宝宝喜欢模仿大人的动作及其他宝宝的动作与游戏，如拍娃娃睡觉等。

宝宝的基本生长发育

	项目	男宝宝	女宝宝
基本生长发育	身高（厘米）	68.3~78.9	66.2~77.3
	体重（千克）	7.6~11.7	6.9~10.9

妈妈育儿指南

1. 合理安排宝宝的辅食，鼓励宝宝自己吃饭。
2. 注意应对一直依恋母乳的宝宝。
3. 创造机会帮助宝宝认图识字，多给宝宝讲小故事，让宝宝听懂每句话，促进宝宝语言等多方面的智能发育。
4. 多创造条件进行一些探索类游戏，从而提高宝宝创造性思维的发展。
5. 帮助并鼓励宝宝独自站立，并逐渐迈步。
6. 多让宝宝与外界交流，加强人际交往的能力。
7. 训练宝宝手脚爬行。
8. 教宝宝学翻书、找图画。
9. 教宝宝绘声绘色地念儿歌、通话、读诗歌、听音乐等。
10. 让宝宝跟着音乐来扭动身体。
11. 用具体的物品来教宝宝“数”的概念，如苹果等。
12. 锻炼宝宝爬行、独站、行走的能力。
13. 宝宝眼中如有异物，请谨慎处理。

读懂10~11个月宝宝，选择合适的玩具与游戏

勇敢迈出第一步

宝宝开始蹒跚学步了，这是让爸爸妈妈很高兴的一件事情，这个时候不要害怕宝宝摔倒，要放开手鼓励宝宝大胆地迈出第一步。

行走是需要两条腿交替向前迈步的，每一步需要交换重心才能够步伐稳健。宝宝在开始学习走路的时候，就是先要摸索怎样掌握重心协调行走的步伐。在宝宝10个月的时候就可以扶着栏杆横着走路，到了这个月，就可以熟练掌握扶站了，现在就可以进行更进一步的练习了。宝宝在练习走路的时候，爸爸妈妈要放开来，不要太担心宝宝摔倒，只要保护得当，一些轻微的摔倒是不会伤到宝宝的。

开始学站立的时候，宝宝可能不会放开妈妈的手或者哭着寻找大人的帮忙，自己不敢做下去，妈妈也不要赶紧去抱他或者去扶他，应该告诉他怎样弯曲膝盖，这是为以后学习走路打下基础。

宝宝的视觉能力特点

在宝宝所有的感官当中，眼睛是一个最活跃、最重要的感觉器官，宝宝接收的大部分信息是通过眼睛向大脑传递的。这个时期是宝宝视觉的色彩期。这个时候宝宝的视觉器官运动不够协调，绝大多数宝宝的视力呈远视型。有的时候，宝宝如果注意观察某一事物的时候，会出现一只眼偏左、一只眼偏右或者两眼对在一起的情况。

不要认为宝宝能够看见物体就是正常了，要注意，很多的“对眼”“斜眼”等视觉障碍都是因为爸爸妈妈在后天的时候不注意对宝宝视觉培养造成的。所以，为了丰富宝宝的视觉感受，避免“对眼”“斜眼”的发生，就要将悬挂在宝宝床前的玩具经常变化位置。

宝宝的认知能力特点

现在宝宝已经懂得选择自己喜欢的玩具，逐步建立了时间、空间、因果关系，宝宝还能根据名称指出物品或者是图片，将玩具放在宝宝看到却够不到的地方，再在旁边放一根棍子，宝宝知道用棍子够玩具，不过可能不能够

成功。宝宝这个时候喜欢模仿大人的面部表情和说话声。

宝宝开始懂得将事物的特征和事物本身联系起来，对于书画的兴趣也日渐浓厚起来。宝宝还会意识到自己的行为会让爸爸妈妈高兴或者不安。

适合 10~11 个月宝宝的玩具与游戏

陪宝宝一起看书，试着让宝宝自己翻书。可以给宝宝看简单的认物图片，反复给宝宝指认图片上事物的名称。

给宝宝选一些会发声的玩具，适宜的玩具有利于开发宝宝的智力。

鼓励宝宝多说话，只要宝宝的声音有音调、强度和性质改变，他就在为说话做准备。在他说话时，你反应越强烈，就越能刺激宝宝进行语言交流。

可以通过看图画书锻炼宝宝的视觉能力和认知能力，可以给宝宝一本动物图画书，让宝宝观察每种动物的特点，学习一段时间之后，可以问宝宝动物的特点“谁的鼻子长”“狗狗的眼睛在哪里”，让宝宝自己来一一指出答案。还可以让宝宝看一些有五官图案的图画书，上面写有五官的名称，妈妈先指着自己眼睛和书上的“眼睛”，再指向书上面的字，让宝宝学习。

运动能力开发

宝宝从床上运动发展到地面运动，这是宝宝生长发育过程中的一次飞跃。学会行走意味着宝宝的活动范围、接触范围以及视力范围较以前广泛多了，增加了对脑细胞的刺激，对宝宝智力发育有很好的促进作用。所以，当宝宝到了该学走路的时候，爸爸妈妈应开始大胆地锻炼宝宝独立行走的能力。

学涂涂点点

精细动作能力
创新能力
手眼协调能力

益智点

彩色蜡笔是一种锻炼手的灵活性的好工具，用笔需要拇指、示指和其他手指的配合。

游戏来了

准备彩色蜡笔。让宝宝用蜡笔在纸上任意涂涂点点，虽然这时候还看不出来画的是什么东西，但对他感知色彩是很有帮助的。

注意要点

妈妈给宝宝选择的蜡笔，一定要有一支暖色调的，如大红、玫瑰红或黄色，因为这些颜色能让宝宝感觉到热烈、阳光。

牵棍走路

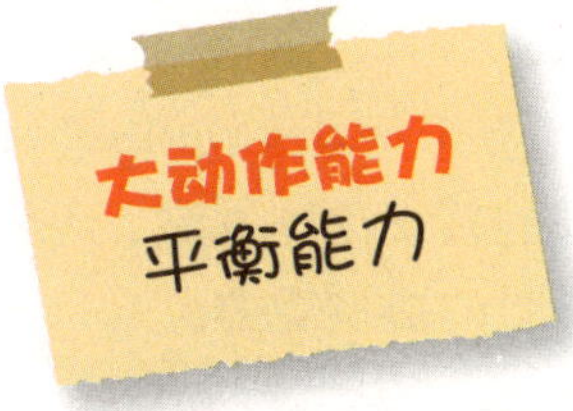

益智点

通过游戏，帮助宝宝学会走路，锻炼宝宝的身体平衡能力。

游戏来了

妈妈双手分别握住木棍的两端，将木棍竖直放置，让宝宝抓住棍子中间的位置。妈妈一步步向后退，让宝宝练习迈步向前走，在宝宝走的同时，妈妈要用语言鼓励宝宝：“宝宝真棒，宝宝走得真好。”

注意要点

跟宝宝进行游戏的时候，应该在平坦的地面上进行。

向瓶中投物

精细动作能力
协调能力

益智点

锻炼宝宝手指的灵巧性，促进宝宝手部的精细动作发展，还可以提高宝宝手眼的协调能力。

游戏来了

爸爸妈妈可以让宝宝模仿大人用拇指和示指捏细小的糖丸投入广口瓶中。在刚开始学时，爸爸妈妈要教宝宝将小糖丸捏稳再对准瓶口放入瓶中。

注意要点

宝宝开始在放的时候往往会掉到外面，经过多次练习，才能正确放入。所以妈妈要耐心帮助宝宝练习。

爸爸妈妈看过来

在加强对宝宝手部能力训练的同时，要注意宝宝的安全，不要把危险物品放在宝宝能够够到的地方，如药丸、电源插座、一些开关按钮等，以防出现不测。

语言能力开发

11个月的宝宝的语言能力可能会有突飞猛进的发展，能有意识地发出单字的音，可以含含糊糊地讲话了，听上去像在交谈似的，并能有意识地表示一个特定的意思或动作，如“要”表示要什么东西。

教读字词

语言能力
理解能力
模仿能力

益智点

对宝宝进行语言启蒙教育，从而提高宝宝的语言能力。

游戏来了

1. 周一，指着自己说：“妈妈——。”再让宝宝说一遍。

2. 周二，指着爸爸说：“爸爸——。”再让宝宝说一遍。

3. 周三，指着脸说：“脸——。”再让宝宝说一遍。

4. 周四，指着眼睛说：“眼睛——。”再让宝宝说一遍。

5. 周五，指着鼻子说：“鼻子——。”再让宝宝说一遍。

6. 周六，指着嘴巴说：“嘴巴——。”再让宝宝说一遍。

7. 周日，指着手说：“手——。”再让宝宝说一遍。

注意要点

现在，只需要每天教宝宝读，让宝宝熟悉这些字词，不要强求。

看看找找

语言能力
理解能力

益智点

训练宝宝对语言的理解领悟能力，为宝宝以后的发音打下良好的基础。

游戏来了

1. 准备一本新生儿画册，上面有新生儿画像、水果、动物等。

2. 让宝宝坐在自己的小床或小椅子上，妈妈帮助宝宝翻画册“欣赏”，当翻到水果的时候，妈妈说出一个宝宝熟悉的水果名称，让宝宝从画册中找出来。

3. 如“哪个是苹果”，等宝宝指出来后，向宝宝描述苹果的形状、颜色，如“对呀，这就是苹果，红红的、圆圆的、又香又甜”。

注意要点

除了这种实物，还可以买带有亲戚关系的挂图，指着爸爸、妈妈、爷爷、奶奶教宝宝跟着念，当爸爸过来时，指着爸爸说：“这是爸爸。”

爸爸妈妈看过来

在加强对宝宝手部能力训练的同时，要注意宝宝的安全，不要把危险物品放在宝宝能够够到的地方，如药丸、电源插座、一些开关按钮等，以防出现不测。

打电话找奶奶

语言能力
听觉能力
手指协调能力

益智点

锻炼宝宝的手指协调能力、听觉能力和语言能力，并帮助宝宝将家人和称呼联系在一起。

游戏来了

1. 准备一个玩具电话，或直接用家里的电话机、手机。

2. 妈妈拿着电话在宝宝面前演示：“喂，奶奶，您好，宝宝想你了。”然后将电话放在宝宝的耳朵边，教宝宝跟奶奶说话，妈妈说一句，让宝宝模仿一句。

注意要点

妈妈应尽可能用简单的语句，还可以在爷爷奶奶等人打来电话时，让宝宝尝试交流，并教宝宝“问候”爷爷奶奶等亲人。

数学逻辑能力开发

这时候的宝宝，虽然还不会说，头脑中已经有1和2这样的意识了。

数小牛

数学学习能力
语言能力

益智点

锻炼宝宝的数学认知能力和语言能力。

游戏来了

1. 妈妈和宝宝面对面坐着，妈妈伸出两只手做出小牛角的样子，并发出“哞哞”的叫声，让宝宝也学着发出“哞哞”的声音。

2. 妈妈伸出双手，用一只手的示指数另外一只手的手指，从拇指开始数，并教宝宝说：“一头小牛，两头小牛，三头小牛……”然后让宝宝也学着从拇指开始，用自己的小手数数。

注意要点

妈妈在数数字的时候，加带上手势，多重复几次，可以提升宝宝认识数字的能力。

两只鸭子

益智点

让宝宝了解数字的排序，对排序的标准和物体的大小概念有一个模糊的认识，有利于宝宝数学能力的发展。

游戏来了

1. 准备大小差异明显的 2 个玩具鸭子，最好是同一系列的，颜色和形状都类似。

2. 让宝宝扶着茶几，将鸭子们摆在茶几上，让宝宝伸手能拿到，告诉宝宝："这是大鸭子，这是小鸭子。"

3. 将鸭子顺序打乱，跟宝宝说："宝宝给鸭子排队好吗？"宝宝可能只是乱挪动，此时妈妈可指导宝宝，如当宝宝把小鸭子排在鸭妈妈后面时，妈妈可告诉宝宝"哥哥比小鸭子大，要排在这里"，并帮助宝宝纠正。

注意要点

每次做游戏时，最好让宝宝统一按照一个标准顺序，如从大到小，等学会了后，再教他从小到大的顺序。

小小搬运工

数学学习能力
手眼协调能力

益智点

通过游戏，让宝宝感受生活中的数字，促进宝宝数学智能的发展。

游戏来了

准备两个盒子和几件小玩具，妈妈将玩具一个个放进一个盒子当中，然后再一个个取出放到另一个盒子当中。指导宝宝用相同的方法将玩具从一个盒子放进另一个盒子。宝宝每拿一件玩具，妈妈就在旁边数数，让宝宝可以感受到动作和数字之间的关系。

注意要点

宝宝可能会只关注某一个或某几个玩具，妈妈不要强迫宝宝去取别的玩具，可以反复强调某几个数字，加深宝宝的印象。

人际交往能力开发

这个月，宝宝会有目的地扔玩具，大人在桌子上摆好玩具，宝宝在玩玩具时，往往会故意把玩具扔在地上，希望大人帮他捡起，然后他还会将玩具扔在地上，在这个过程中来体会自己的行为与表现，并从中得到快乐。

小伙伴们一起玩

社交能力
视觉能力

益智点

宝宝在相互交换和分享玩具的游戏中，能感受到有伙伴的快乐，能够学着如何与伙伴交往，从而锻炼宝宝的社交能力。

游戏来了

1. 天气好的时候，带着宝宝和玩具到户外的草坪上，和其他的宝宝一起玩，告诉宝宝“我们去和哥哥姐姐们一起玩了”。

2. 在玩耍中，父母要让宝宝拿着玩具和大家一起玩：“宝宝，让哥哥姐姐帮你开小车，宝宝的小鸭子给姐姐玩一会儿，好吗？”宝宝和伙伴们都会互相看各自不同的玩具，有时还会动手抢玩具，由此会有动作、表情以及表示意思的声音呼应。

注意要点

宝宝们在一起，难免有争执，父母不要过分阻止宝宝们，要先让他们用自己的方法解决“争端”。如果不能改善，再从中调解。

照顾娃娃

社交能力
模仿能力

益智点

通过游戏，培养宝宝的爱心，提高宝宝模仿的能力。

游戏来了

给宝宝准备一个玩具娃娃，让宝宝将娃娃放到沙发上或者床上，用毛巾盖上，拍它睡觉。

过一会儿，妈妈对宝宝说："娃娃饿了，要吃奶了。"给宝宝一个小瓶子代替奶瓶，教宝宝将娃娃抱起来喂奶。如果有小勺和小碗，可以让宝宝喂娃娃吃饭。

注意要点

如果宝宝生气虐待娃娃，把它扔到地上或者打它，妈妈要严肃地说："娃娃摔倒了，赶紧看看娃娃摔疼了没。不能够打娃娃。"让宝宝学会如何照顾娃娃。

谢谢宝宝

人际交往能力
理解能力

益智点

通过游戏培养宝宝与人交往的能力和对语言的理解能力。

游戏来了

妈妈将一个玩具交给宝宝，然后让宝宝把玩具送给爸爸。爸爸接到玩具之后，对宝宝说："谢谢宝宝！"并亲吻宝宝。

爸爸再把玩具还给宝宝，并让宝宝把玩具交给妈妈，妈妈接到玩具之后，也要对宝宝说："谢谢宝宝，宝宝真乖！"

注意要点

爸爸妈妈在拿到玩具之后要笑着感谢宝宝，让宝宝知道别人接到他的东西会很高兴。

音乐能力开发

宝宝对于声音的高和低比较敏感，能够有意识地敲打物品使其发出声音。

小小指挥家

音乐感知能力
听觉能力

益智点

通过游戏锻炼宝宝的听觉能力和对音乐节奏的感知能力。

游戏来了

给宝宝放一些舒缓、优美的高雅音乐，每天2~3次，每次5~10分钟，在宝宝听音乐的时候，妈妈在背后抓着宝宝的手臂，跟着音乐的节奏拍手，并根据旋律的变化改变手臂的动作幅度。

注意要点

在选择音乐的时候要避免有超重低音效果的或者是起伏过大的音乐，避免宝宝受到惊吓。

自我认知能力开发

对于自己身体的部位有了认识。

儿歌摇

认知能力
分析判断能力

益智点

训练宝宝空间方位认知、双手配合能力。

游戏来了

1. 宝宝背靠妈妈胸坐，妈妈说儿歌，双手扶宝宝小手配合儿歌做动作。

2. 小手小手拍拍，我的小手向上拍；小手小手拍拍，我的小手向下拍；小手小手拍拍，我的小手藏起来。

注意要点

在和宝宝做游戏时，动作要缓慢一点儿，以适合宝宝的接受能力为宜。

自然认知能力开发

宝宝现在可以区分早上和晚上的时间概念，也可以区分妈妈手里哪块是糖，哪块是饼干

听雨声

自然认知能力
听觉能力

益智点

通过游戏培养宝宝认识自然界事物的能力。

游戏来了

在下雨天的时候，和宝宝一起坐在窗前听外面的雨声，边听边给宝宝唱儿歌："小雨小雨哗哗下，宝宝宝宝快长大。"雨声可以让宝宝感觉到自然的新的刺激。

注意要点

妈妈和宝宝说话的时候尽量用普通话，不可以用过大音量的语音刺激宝宝。

爸爸妈妈看过来

在照顾宝宝的时候，要帮助宝宝熟悉生活中的各种声音，让宝宝多接触大自然中的各种事物发出的声音，比如风声、雨声、动物的叫声，不仅可以丰富宝宝的听力，也可以提升宝宝对自然的认知能力。

感觉能力开发

这时，宝宝能把放在他手中的东西一次又一次地扔到地上，并从中得到很大的满足感和快感。同时，也将这种扔东西的行为当作一项“科学实验”，看看东西被自己扔出去后会有什么反应。宝宝也会敲打东西，这是宝宝在发育过程中的探索行为。

时钟嘀嗒嘀

听觉能力
记忆能力

益智点

听自然而有节奏的响声，能让宝宝的听觉更灵敏，感受韵律的要求更强烈，也会让他发现更多生活中的声音，有助于提高宝宝的听觉记忆能力。

游戏来了

1. 给宝宝准备一个可爱的、在正点会发出美妙声音的闹钟。让宝宝靠坐在沙发上，把闹钟放在宝宝的手中，妈妈给宝宝说儿歌：“小闹钟，真能干，嘀嗒爱唱歌。”

2. 当闹钟快走到整点时，妈妈要提醒聚精会神玩闹钟的宝宝：“闹钟还会唱歌，告诉宝宝几点了。”当闹钟在整点响起时，宝宝会觉得相当有趣。

注意要点

闹钟的声音要调得稍微小一点，以免吓到宝宝。

学认图片

益智点

培养宝宝的视觉记忆能力和认知能力。

视觉能力
认知能力

游戏来了

1. 经常给宝宝看一些他认识的实物（如电视机、灯、鞋子、球、娃娃等）的图片，看宝宝是否能将实物和图像联系起来。

2. 让宝宝识物，可以用两种方法：一是根据大人的指令指物，如“小汽车在哪儿”；二是让他在两张图片中选择一张图片，如“把小鸭子给妈妈”。

注意要点

一般每天教1~2次，每次时间不宜太长，反复练习，逐渐积累。

拔河

空间感觉能力
平衡能力

益智点

通过游戏，锻炼宝宝的空间能力。

游戏来了

准备一只弹力袜，宝宝坐在床上，妈妈坐在宝宝的背后保护宝宝。爸爸准备一只弹力较强的袜子，抓住袜子的一端，宝宝抓住袜子的另一端。爸爸轻轻向后拽袜子，妈妈鼓励宝宝也向后拽袜子；爸爸突然松开手，让宝宝自然后仰进妈妈的怀抱。可以反复多次做这个游戏。

注意要点

如果宝宝开始时不会往后拉，妈妈可以在后面辅助宝宝，但要注意安全。

10~11 个月宝宝智能水平小测试

1 按照要求拣出图片、书页或字卡

A. 4 张　B. 3 张　C. 2 张　D. 1 张

2 放上杯盖

A. 放正　B. 放歪　C. 乱放

3 用手解开纸包取食物

A. 用手打开　B. 用手撕开

C. 要大人帮忙打开

4 在大瓶中取糖果

A. 示指抠出　B. 倒出

C. 打翻瓶子取出　D. 让大人拿取

5 从形板中抠出形块

A. 抠出 3 个形块　B. 抠出 2 个形块

C. 抠出 1 个形块

6 依恋大人

A. 妈妈抱别的宝宝时拉扯着要求抱自己

B. 靠在妈妈或照料人身边不离开

C. 靠到爸爸或其他亲人身旁

D. 妈妈离开时不在乎

7 回答“你几岁啦？”

A. 竖起示指表示“我 1 岁”

B. 乱竖示指表示　C. 不表示

8 称呼大人

A. 4 人　B. 3 人　C. 2 人　D. 1 人

9 穿裤子

A. 自己伸腿入裤管内

B. 大人握腿放入裤管中

C. 不肯穿裤子

10 穿鞋袜

A. 自己用脚蹬去鞋袜　B. 蹬去鞋子

C. 让大人帮助脱掉

11 学走

A. 在大人放手之后走 1~2 步
B. 自己扶着家具来回走
C. 大人一手牵着走
D. 在学步车内走

12 爬高

A. 自己手脚并用爬上被垛或台阶
B. 大人牵着上一级台阶
C. 不敢上高

题号 / 得分	A	B	C	D
1	12	10	7	4
2	5	3	0	
3	10	2	0	
4	10	8	7	0
5	9	6	3	
6	12	10	8	4
7	10	8	0	
8	18	15	10	5
9	9	3	0	
10	10	5	0	
11	15	10	8	2
12	5	3	0	

测评结果

所得分数	结果分析
70 分以下	宝宝的智力发展未达到理想的水平，妈妈要多加训练。
70 ~ 110 分	宝宝的智力发展尚可，达到平均水平，若要提升宝宝的智能，妈妈要多加训练。
110 分以上	宝宝的智力发展非常棒，继续努力吧。

备注： 本书中的智能测试评分方法仅供参考。测试的结果因人而异，若宝宝达不到平均水平，可重复测试，让宝宝多学习，就一定做得到。

第12章

11～12个月

拿着蜡笔到处乱画的聪明宝宝

这个月过后我就满一岁了，经过了一年的成长，我现在的能力越来越强了，我不仅仅在走路方面有了长足的进步，而且我的手也越来越灵活了。我可以拿着妈妈给我的水彩笔在白纸上画出道道来，还可以把小珠子放在塑料瓶里。我现在能够清楚地喊出“爸爸”“妈妈”，也能够发出一些其他的音节，还可以根据大人的指示做出一些动作。我现在喜欢一些小物体、小玩具，还能够区分出圆形、三角形和正方形，在听觉上，我还可以准确判断出声源的方向，用转头望向声源的方向。

——宝宝寄语

11～12个月
宝宝的成长树

大动作

- 宝宝自己能独立站稳了，并能独自走上 2~3 步

语言

- 能够用一个单词表达自己的意思

精细动作

- 宝宝喜欢拿着蜡笔乱涂了
- 宝宝会自己用勺盛饭入口了

人际交往

- 宝宝知道具体的事物是什么，在哪里。如当妈妈问他“洋娃娃在哪里”时，他会用眼睛或用手指，来表明他认识这个事物

感觉

- 能够找出发声源，能听懂几个字的句子

宝宝的基本生长发育

	项目	男宝宝	女宝宝
基本生长发育	身高（厘米）	69.6~80.2	67.5~78.7
	体重（千克）	7.9~12	7.2~11.3

妈妈育儿指南

1. 断奶后要合理膳食，科学喂养，多摄取富含B族维生素的食物，以免宝宝厌食。
2. 适当给宝宝吃点较硬的食物，如馒头片、饼干等。
3. 多与宝宝玩一些图形、数字游戏，提高宝宝的思维能力。
4. 让宝宝多接触外界，提升宝宝的交际能力。
5. 让宝宝学习配合穿脱衣服，并配合洗浴。
6. 教宝宝搭积木、玩套版，促进手的动作能力的发展。
7. 教宝宝认识颜色、形状、图片，学涂鸦，辨大小。
8. 教宝宝涂涂抹抹、认颜色；教宝宝竖起示指表示“1”；训练宝宝听到2～3种事物名称就能指认的能力。
9. 教宝宝用点头或摇头表示意见。
10. 教宝宝学走路，并注意避免受伤，学步时要避免发生脱臼、避免造成O型腿或扁平足等。
11. 在家中的危险处安装防护栏，给可能伤害宝宝的物品或抽屉加装措施。

读懂11～12个月宝宝，选择合适的玩具与游戏

开始学习走路

宝宝能熟练地爬行，平稳地坐下来，而且能够抓住身边的东西站起来。有些宝宝还能摇摇晃晃地走几步。不同的宝宝会有很明显的差异，有些宝宝出生后10个月就能走路，而有些宝宝出生后16个月才学会走路。但是，学会走路与整体发育的快慢没有直接联系，因此即使宝宝走路较晚，也不用过于担心。对于想走路的宝宝，妈妈应该给予帮助和鼓励。

宝宝现在可以不用依靠任何外界事物自己站立起来，而且可以独自站立一会儿不会摔倒，现在妈妈拉着宝宝的一只手，宝宝可以协调地移动双腿向前走，宝宝变换重心的能力已经具备了。有的宝宝比较“懒”，尽管已经具备了走路的能力，但是就是不肯自己走，只要一有机会还是会让大人抱，这个时候妈妈就要狠狠心，督促宝宝自己走过来。

如果宝宝是因为害怕不愿意自己向前走，爸爸妈妈不能够一味地迁就，要鼓励宝宝勇敢走路。可以让宝宝靠墙站好，爸爸或者宝宝退后两步，伸开双手鼓励宝宝走过来，对宝宝说：“宝宝好勇敢，快到爸爸这里来。”当宝宝迈步的时候，要向前应一下，避免宝宝第一次尝试的时候摔倒，经过一段时间的练习，很快宝宝就可以自己走路了。

能认识家里人

宝宝不仅能够认出爸爸妈妈，还能认出爷爷奶奶等经常见到的人。这是因为宝宝的记忆能力有了相当大的发展。有的宝宝还能认出两三天以前见过的人。

宝宝阅读能力特点及训练

教育专家和心理学家普遍认为，婴幼儿凭借色彩、图像、语言和文字来理解以图画为主的婴幼儿读物的所有活动，都可以称为阅读活动。换句话说，对于宝宝来说，和阅读活动有关的任何行为，都可以称作阅读。

所以，对于几个月的宝宝抓着书咿咿呀呀地玩，甚至是撕书，这也是阅读；有的宝宝学着大人的模样自己拿着书煞有介事地看，也是在阅读，有的

宝宝翻开一本书，指着上面的图案自言自语也是在阅读。

宝宝进行早期阅读从 9~12 个月的时候开始最合适。对于宝宝阅读的引导，要根据婴幼儿的身心发展规律来进行。通常这段时期的宝宝把书当成的是玩具，喜欢撕书、扔书，这个时候爸爸妈妈不用太着急，也不用过多地干涉，这是宝宝阅读和语言的萌芽期，爸爸妈妈的任务就是让宝宝对书感兴趣，喜欢书。不管宝宝怎么翻、怎么看，都要随宝宝的意愿。

宝宝的语言能力特点和训练

宝宝已经要满一周岁了，现在宝宝已经能够模仿和说出一些词语，有些特定的“音”有具体的意义，宝宝会用一个单词来表达自己的意思，爸爸妈妈同宝宝的交流会影响到宝宝语言能力的发展。那些经常听到爸爸妈妈对他说话的宝宝比不经常听到爸爸妈妈说话的宝宝懂得的词语要多很多。所以在宝宝的成长中，爸爸妈妈要经常热情地和宝宝进行交谈，在宝宝学说话的过程中有很重要的作用。

在宝宝还没有学会说话以前，宝宝的表达方式就是“咿咿呀呀”或者是身体姿势和表情，这时候爸爸妈妈要学会“察言观色”，和宝宝进行互动，抓住宝宝的注意力，帮助宝宝学习语言。

让宝宝学习说话，爸爸妈妈要重复或者大声强调想要宝宝学习的词语。比如说：“这是苹果，苹果。”“这是手机，手机。”一个词重复很多遍，宝宝才可以理解并且记忆，然后说出这个词。

适合 11~12 个月宝宝的玩具与游戏

这个月适合给宝宝看一些图画书、简单的实物或图片，锻炼宝宝的阅读能力和刺激宝宝的视觉。因为这个时期宝宝的听觉也有了很大的进步，爸爸妈妈可以多让宝宝听一些儿歌、歌曲。现在宝宝很喜欢能够移动且能够发出声响的玩具，爸爸妈妈可以根据这些特点给宝宝准备一些会动的音乐玩具。

运动能力开发

宝宝到了11个月，手部动作已经发展到拇指和示指的指端了，能用拇指和示指捏取小物体，具备了这个功能的时候，宝宝的手就变得更加灵巧自如了。这时，宝宝往往会捏取一些小物品，还会用手去抠小物体、拿起杯子、打开抽屉、搭积木、翻书等。手部的灵巧活动对智力发展很有好处。

抓面团

精细动作能力
五指分化能力
想象力

益智点

通过游戏，锻炼宝宝的手的精细动作能力和手眼协调能力。

游戏来了

1. 妈妈在做面食时，可以拿一小块给宝宝。

2. 宝宝可用力抓、拉、抠、捏等。

注意要点

妈妈可以根据宝宝做出的面团造型引导宝宝想象，如面条、苹果……

宝宝讲故事

精细动作能力
语言能力

益智点

游戏中让宝宝认识人的不同情感和情绪，培养宝宝的社交能力。

游戏来了

宝宝坐在妈妈的膝盖上，拿出宝宝喜欢的图画书。

给宝宝看书，并告诉宝宝书的名字，一页一页地翻开，指着上面的图画给宝宝讲故事。妈妈将书捧在手上，让宝宝用手翻书，自己来“讲故事”。妈妈同时和宝宝一起讲。

注意要点

书的厚度不要太厚，最好只有几页即可，书的棱角最好是处理过的圆角，避免伤害到宝宝，并且要选择不反光的书。

宝宝认知比较突出的一个特点就是反复性，所以，要准备出一本书反复讲。

爸爸妈妈看过来

宝宝翻书还可以锻炼手的精细动作，通过讲故事，可以提高宝宝的言语听觉和语言符号的识别能力，在讲故事的时候，妈妈语速声调的变化和自然表情的流露，对于宝宝的情绪发展和社交活动都有很好的促进作用。

妈妈在哪里

大动作能力
身体协调能力

益智点

通过游戏，锻炼宝宝的行走能力。

游戏来了

将宝宝抱到沙发旁边的地板上，旁边放一些宝宝喜欢的玩具，让宝宝自己玩。妈妈悄悄躲到沙发后面，轻声地叫宝宝的名字，逗引宝宝寻找妈妈。妈妈不断变换位置，引导宝宝站起来扶着沙发走。

注意要点

妈妈不要一直让宝宝寻找，要适时让宝宝发现自己，并且不要走得太远。

箱子探险

大动作能力
空间感知能力

益智点

锻炼宝宝运动能力和空间感。

游戏来了

准备一个结实的大号纸箱，将玩具放到纸箱里，然后问宝宝，“你看，箱子里有什么啊？”并且鼓励宝宝自己爬到箱子里面玩。妈妈还可以给宝宝一支笔，让宝宝在箱子里随便乱画。

注意要点

妈妈要一直陪在宝宝身边，不能因为宝宝在箱子里就掉以轻心。

语言能力开发

这个月的宝宝喜欢嘟嘟囔囔地说话，听上去像是在交谈，喜欢模仿动物的声音，并能把语言和表情结合起来。这时的宝宝视觉发育已经相当准确了，开始对一些细小的物体产生兴趣，还能区分简单的几何图形。宝宝能较准确地判断声源的方向，并能用两眼看声源，开始学发音，能听懂几个字了。

妈妈捡玩具

语言能力
理解能力

益智点

锻炼宝宝的语言能力，帮助宝宝说完整的句子。

游戏来了

当宝宝想让妈妈帮他捡玩具的时候，会对妈妈发出一些不成句子的话。妈妈明白宝宝的意思之后，要将宝宝的话补充完整。“宝宝，是让妈妈捡玩具吗？宝宝说‘妈妈捡玩具’。”等听到宝宝的回应之后，妈妈再给宝宝玩具。

注意要点

妈妈要等到宝宝有所回应后再给玩具，这样可以帮助宝宝更快地说出完整的话。

小瓶儿体操

益智点

训练宝宝的节奏感和记忆力，训练听觉能力、语言能力和动作的协调能力。

语言能力
动作协调能力
听觉能力

游戏来了

1. 让宝宝双手各拿一个小矿泉水空瓶，最好拿在瓶口处，盖好瓶盖。和宝宝一起有节奏地敲打瓶子，一边敲打一边配合简单的动作。

2. 唱儿歌：

我的小瓶敲一敲，我的小瓶举起来（向上伸直）；

我的小瓶敲一敲，我的小瓶张开来（伸一字形）；

我的小瓶敲一敲，我的小瓶放下来（蹲下敲敲地上）；

我的小瓶敲一敲，我的小瓶藏起来（放在背后）；

我的小瓶敲一敲，我的小瓶转起来（让宝宝举着瓶子转一圈）。

注意要点

注意宝宝的安全，并且关注宝宝的情绪。如果宝宝的兴趣不高，可以把儿歌声音放大，这样容易吸引宝宝的注意力，形成良好互动。

爸爸妈妈看过来

随着小瓶操的上上下下，宝宝会逐渐理解儿歌的意思，因为他正随着这些语言做动作。妈妈念完一遍后夸奖宝宝做得很棒，然后问宝宝："还做不做？"宝宝一般都会选择再次做这个游戏，因为他已处于兴奋状态。

专家点拨

手不仅是动作器官，而且是智慧的来源。多动手大脑才聪明。切不可因为怕宝宝抓脸便给他戴上手套，或束缚宝宝手的行动。应当创造条件，在不同生长发育阶段，让宝宝充分地去抓、握、拍、打、敲、击打、捏、抠、挖、画……使宝宝心灵手巧。

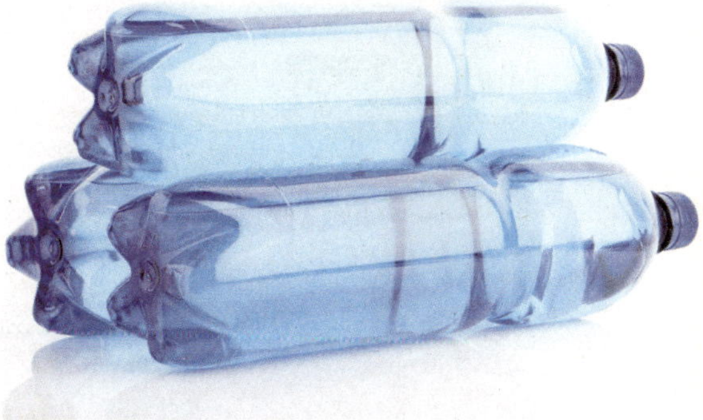

数学逻辑能力开发

1岁的宝宝虽然不能分辨数量，但对数字已经有了一定的认识，注意力是观察力、想象力、记忆力、思维能力和其他智力因素的必要条件和先导。妈妈要多创造吸引宝宝注意的环境，通过游戏的方式培养宝宝的逻辑思维能力。

快乐数数

数学能力
逻辑能力

益智点

教宝宝认识数量的不同，强化宝宝对数字的概念。

游戏来了

1. 准备玩具若干，玩具筐一个。把玩具筐放在沙发上，将各种玩具放在地上。

2. 妈妈让宝宝将玩具捡起来，一个一个地放入玩具筐里。

3. 宝宝每次搬运一个玩具放到玩具筐中，妈妈就数一次玩具筐中的玩具，并把这个数字告诉宝宝。

4. 当宝宝全部搬运完毕后，妈妈要给予鼓励，并和宝宝一起将玩具筐中的玩具数一遍。

注意要点

妈妈在生活中要有意识地培养宝宝收拾物品的习惯，有效增加其自我服务的意识和能力，塑造宝宝对自己行为负责任的良好品格。

原来这是1啊

数学能力
模仿能力
语言能力

益智点

训练宝宝的说话能力，开启宝宝的智力，发展宝宝的数学逻辑能力。

游戏来了

1. 当别人问宝宝“你几岁了”时，妈妈教他竖起示指表示自己1岁。经过几次，宝宝会竖起示指表示“1”。

2. 妈妈过一段时间考考宝宝，故意问：“你要几块饼干？”他会竖起示指，表示要一块。妈妈每次只给宝宝一块饼干，让他巩固对“1”的认识。

注意要点

妈妈平时要多创造吸引宝宝注意的环境，通过游戏培养宝宝的逻辑思维能力。

爸爸妈妈看过来

当妈妈向宝宝伸出一根手指，问宝宝“这是几啊”，宝宝也许还不会说，但这对促进宝宝开口很有帮助。宝宝在反复的游戏中也会明白，“1”代表的是少的意思。

专家点拨

除了叫“爸爸”“妈妈”这些简单的称谓外，数字也是开启宝宝语言能力的一扇大门。所以妈妈要用各种方法突破数字发音，这就要从“1”开始。

空间能力开发

这个月的宝宝对于空间的认识更进一步，能够感受到空间的存在，可以变换不同的方向去抓取物品。

小小建筑师

空间思维能力
手眼协调能力

益智点

通过游戏，培养宝宝的空间思维能力。

游戏来了

将一些积木放在宝宝的身边，妈妈拿起积木搭建一座金字塔。当搭建金字塔的顶部时，留下一块塔尖，将积木递给宝宝，让宝宝将积木放上去。让宝宝将积木推倒，妈妈和宝宝一起重复上面的游戏。

注意要点

游戏过程中想要宝宝演示搭建积木的方法，可以帮助宝宝感受基本的积木建筑结构关系。

人际交往能力开发

宝宝现在可以和小伙伴一起玩儿，会自己戴帽子等一些简单的自理活动。

切面包

模仿能力
手眼协调能力

益智点

锻炼宝宝模仿能力和手眼的协调能力。

游戏来了

准备一套木质刀具和一些松软易碎的面包，妈妈先给宝宝演示怎么用刀切东西，切完之后将东西摆好，让宝宝模仿。

注意要点

妈妈在切好面包之后要摆好，培养宝宝的秩序感。

爸爸妈妈看过来

这个时期的宝宝喜欢模仿爸爸妈妈的动作，可以让宝宝多学着做一些事情，锻炼宝宝的模仿能力和小手的精细动作能力。

自我认知能力开发

1岁宝宝的身体协调能力更强了，宝宝现在手眼能够协调地做一些精细的动作。

虫虫飞

五指分化能力
模仿能力

益智点

训练宝宝的五指分化能力与手眼协调能力，增强模仿能力。

游戏来了

1. 妈妈示范两拇指相对，点点点，然后分开，“虫虫虫虫，飞一”。
2. 扶宝宝小手，帮助分化，做同样动作。
3. 让宝宝独立完成。

注意要点

妈妈反复给宝宝做示范，帮助宝宝逐渐学会。

自然认知能力开发

1 岁的宝宝对于自然界的认识已经很清楚了，可以分辨出两三种自然现象的声音。

认识动物

自然认知能力
记忆能力

益智点

通过看图片，叫宝宝认识不同动物的特点。

游戏来了

找几张宝宝认识的动物的图片，指出这些动物的特点，比如“兔子的耳朵长”“大象的鼻子长”，等宝宝看完之后问宝宝：“兔子什么长？”宝宝会摸耳朵。“大象什么长？”宝宝会摸鼻子。

注意要点

妈妈在指出动物的特点的时候，要多说几次，加深宝宝的印象。

爸爸妈妈看过来

宝宝以前认这些动物的时候，只是在头脑中形成了一个大概的印象，通过游戏，加深宝宝对动物的了解。宝宝学会以认识特点来认识事物，增强宝宝的自然记忆能力。

感觉能力开发

此时宝宝的听觉分辨能力和发音器官的调节能力都较弱，发音器官发育尚不够完善，还不能完全正确掌握某些音节的发音方法，会有一些可爱的发音。

认识大自然

视觉能力
观察能力

益智点

丰富宝宝的触觉信息，提高宝宝的观察能力，促进宝宝的视知觉发育。

游戏来了

1. 带着宝宝外出赏花。

2. 走到大树下指树告诉宝宝，这是大树，扶宝宝小手摸一下树干，让宝宝感知树干的纹理。

3. 走到松树下可以拾几根松针，告诉宝宝，这是松树的叶子，用松针触碰宝宝小手，让他感知疼痛。

注意要点

让宝宝摸树时要注意不要扎上刺。

听妈妈的话

听觉能力
语言理解能力

益智点

锻炼宝宝的听觉能力，游戏过程中也能增强宝宝的语言理解能力。

游戏来了

妈妈和宝宝坐好，妈妈开始发指令，让宝宝按照指令做动作。妈妈可以说“拍拍手”“摸摸头”“摸摸鼻子”“摸摸耳朵”等，说完之后让宝宝按照指令做动作。

注意要点

如果宝宝开始做不到，妈妈可以先手把手地教宝宝，给宝宝做示范，然后再跟宝宝说指令。

模仿创新能力开发

宝宝现在可以模仿大人的动作，利用其他物品或者是工具帮助自己达到所想的目的。

食物也可以这样玩

创新能力
精细动作能力

益智点

通过游戏，训练宝宝多方面的感觉刺激，让宝宝更加富有创造力。

游戏来了

1. 妈妈在一个托盘中放入水彩。

2. 再找几种蔬菜，切出横切面，蔬菜粗细以宝宝方便拿为准，比如白菜心、黄瓜等。

3. 妈妈扶宝宝小手用蔬菜横切面蘸颜料后在白纸上按下。

4. 让宝宝自己独立完成。

注意要点

妈妈要赞扬宝宝画出的图案，并告诉宝宝自己的相关联想，让宝宝有成就感。

感觉能力开发

此时的宝宝听觉分辨能力和发音器官的调节能力都较弱，发音器官发育尚不够完善，还不能完全正确掌握某些音节的发音方法，会有一些可爱的发音。

调味的味道

味觉能力
嗅觉能力

益智点

训练宝宝味觉的辨别能力，通过尝试不同的味道，刺激宝宝舌头上的味蕾，开发嗅觉、味觉与动作的联系。

游戏来了

1. 准备好一些果汁、蔬菜汁、醋、炒苦瓜、辣酱。

2. 先让宝宝尝一尝水果汁、蔬菜汁，告诉宝宝："这是甜的。"通常宝宝都喜欢吃甜的东西，然后妈妈总结告诉宝宝："宝宝喜欢吃甜的。"

3. 用小勺舀一点醋，先放在宝宝的鼻子前让宝宝闻一闻，然后让宝宝尝一尝。宝宝通常会转过头去，妈妈这时告诉宝宝："这是醋，是酸的，宝宝不喜欢酸的。"

4. 用小勺喂宝宝一点炒熟的苦瓜丁，宝宝会做出不喜欢的反应，妈妈告诉宝宝："这是苦的，宝宝不喜欢苦的。"

注意要点

在做游戏的时候，妈妈不要用酱油和盐来让宝宝尝，因为宝宝现在排盐的功能还不强，摄入盐会加重肾脏的负担。

11～12个月 宝宝智能水平小测试

1 **能够自由地注意观察感兴趣的实物，比如小金鱼在水里游、小狗摇尾巴、小猫抓脸等**

A. 是　B. 不是　C. 没试过

2 **喜欢到户外玩，经常会拉着妈妈的手往户外走，对大自然的魅力景物表现出兴趣**

A. 是　B. 偶尔会关注　C. 从不关注

3 **用蜡笔画画**

A. 在纸上乱涂乱画

B. 在纸上扎点

C. 在空中乱画

4 **拿着细线，另一头绑着物体摇晃**

A. 摇成圆圈　B. 前后晃荡　C. 不会摇

5 **穿裤子**

A. 自己能伸腿入裤管内

B. 大人握腿放入裤管内

C. 不配合穿裤子

6 **认识身体部位**

A. 6处　B. 5处　C. 4处　D. 3处

7 **戴帽子**

A. 放在头顶上拉正　B. 放稳

C. 放不稳会掉下　D. 不会

8 **面对活动的物体**

A. 能引起宝宝的注意，眼睛会追随

B. 能引起宝宝的注意，眼睛没反应

C. 没反应

9 **配大小瓶盖**

A. 正确配上大小瓶盖两个以上

B. 正确配上一个

C. 不会配

10 **模仿动物如猫、狗、羊、鸭、鸡、牛、虎叫**

A. 6个以上　B. 5个　C. 4个　D. 3个

11 **1分钟内能将小丸投入瓶中**

A. 6个　B. 5个　C. 4个　D. 3个

12 **学站**

A. 不扶物站稳3秒

B. 扶物站稳　C. 牵着站

13 会走

A. 自己走 10 步　B. 自己走 5 步

C. 不会走

14 听儿歌时

A. 能模仿儿歌音调“唱歌”，歌声连贯

B. 会咿咿呀呀地唱歌　C. 不会唱歌

15 对自己喜欢的乐曲

A. 表现出异常兴奋

B. 一般没有喜欢与不喜欢之分

C. 没反应

题号 / 得分	A	B	C	D
1	10	5	0	
2	10	5	0	
3	10	5	3	
4	10	8	0	
5	10	5	0	
6	12	10	8	6
7	10	8	5	0
8	10	5	2	
9	10	8	0	
10	10	8	5	2
11	10	8	5	2
12	10	8	5	
13	10	5	0	
14	10	8	2	
15	10	5	0	

测评结果

所得分数	结果分析
70 分以下	宝宝的智力发展未达到理想的水平，妈妈要多加训练。
70 ~ 110 分	宝宝的智力发展尚可，达到平均水平，若要提升宝宝的智能，妈妈要多加训练。
110 分以上	宝宝的智力发展非常棒，继续努力吧。

备注：本书中的智能测试评分方法仅供参考。测试的结果因人而异，若宝宝达不到平均水平，可重复测试，让宝宝多学习，就一定做得到。

下篇

1~3岁宝宝

分阶段益智游戏

第1章

1~1.5岁 爱模仿的小大人

我喜欢黏在妈妈的怀抱里听妈妈给我讲故事，不管这本故事书妈妈给我读了多少遍，我都很喜欢听。我会指着故事书中自己喜欢的图案跟妈妈说，也许妈妈听不明白，但是妈妈还是会很认真地听我"说"。妈妈叫我随着音乐跳舞，我听着熟悉的音乐，自己也快乐地动起来，高兴的时候还会从嘴里哼出一些小调儿。我现在认识的人可多了，我喜欢和妈妈一起翻开家里的相册，妈妈教我认出里面有爸爸、妈妈、爷爷、奶奶、姑姑和邻居的小哥哥。

——宝宝寄语

1 ~ 1.5 岁
宝宝的成长树

大动作

- 宝宝会爬到沙发或椅子上，然后转过身来，自己坐好

精细动作

- 宝宝能一次性地将书翻 2~3 页，而且还会把瓶盖打开又盖上

语言

- 宝宝会背简单的数字了，如 1、2、3 等，还会背简单的儿歌

人际交往

- 宝宝开始主动喜欢到户外玩耍、做游戏了，喜欢到小朋友多的地方玩，但一般还是各自玩耍，互不交往

感觉

- 宝宝会说自己的小名了，也会从街口走到自己的家了

宝宝的基本生长发育

	项目	男宝宝	女宝宝
基本生长发育	74.6~86.3	72.9~84.2	46.4 ~ 52.8
	8.8~13.5	8.2~12.6	2.4 ~ 3.8

妈妈育儿指南

1. 合理营养，均衡膳食；少吃过油、过甜、油炸、黏腻、刺激性的食物，以避免宝宝出现消化不良。
2. 多创造一些刺激宝宝说话的环境，以锻炼宝宝学会更多的称呼。
3. 训练宝宝大小便自理能力，丰富智能发展。
4. 鼓励宝宝多走路，并多锻炼宝宝的动手动脑、观察能力等，刺激宝宝的脑部发育。
5. 让宝宝养成良好的睡眠和饮食习惯，理解宝宝的语言和动作，满足宝宝的正常要求。
6. 鼓励宝宝做动手游戏，如搭积木、玩套版等。
7. 鼓励宝宝玩角色游戏，如扮演售货员或顾客等。
8. 多给宝宝讲故事，唱儿歌，鼓励宝宝说出自己的名字、年龄和常见食物的名称等。
9. 启发宝宝用语言来表达自己的要求，并教宝宝认识动物，学动物叫等。
10. 提供宝宝与同伴交往的机会，促进语言和社交能力的发展。
11. 在合适的时机用语调、动作和表情表示对宝宝行为的称赞和批评。

读懂 1~1.5 岁宝宝，选择合适的玩具与游戏

模仿能力很强

宝宝现在模仿能力很强，对于别人的一举一动，可以原样效仿，而且还会随着电视当中的歌舞节目舞动起来。现在宝宝大多数已经会走路了，这段时期也是语言发展的重要阶段，爸爸妈妈要有意识地训练宝宝的发音。

宝宝的数学思维能力特点及训练

婴儿期是人类数学能力开始发展的重要时期。其中 1 岁半是宝宝掌握初级数概念的关键期，2 岁半左右是宝宝计数能力发展的关键期，5 岁左右是掌握数学概念、进行抽象运算以及综合数学能力开始形成的关键期。爸爸妈妈要抓住这段时期，更好地发展宝宝的智力，有利于以后的学习和生活。

教宝宝开始学习数学的时候，可以让宝宝学习用手指表示“2”，竖起示指和中指，表示要 2 块糖，摆出两块积木表示“2”。爸爸妈妈应该引导宝宝接近数学、喜欢数学，可以通过一些游戏帮助宝宝理解数字。妈妈可以准备几个苹果，问宝宝这是什么，宝宝回答对之后，对宝宝说：“宝宝来分苹果，每人分一个。”在宝宝分的时候，妈妈要说：“爸爸 1 个，妈妈 1 个，宝宝 1 个。”分对了，要对宝宝说谢谢。

宝宝的精细动作能力特点及训练

1~3 岁是宝宝训练手和手指的重要时期，早期发展手指动作是开发智力的重要措施。在生活中，宝宝通过模仿大人的动作，逐渐可以用茶杯喝水、用勺子吃东西、自己穿衣服、戴帽子、洗手等。

爸爸妈妈在生活中可以通过游戏或者是平时的活动，训练宝宝的精细动作能力，比如让宝宝搭积木、穿珠子、拼图、捏泥塑等。这段时期的宝宝喜欢画画，爸爸妈妈要注意训练宝宝拿笔的方法，要尽早训练宝宝左右手握、捏等精细动作。

适合 1~1.5 岁宝宝的玩具与游戏

这段时期的宝宝需要多进行手部动作的训练，所以可以多给宝宝准备一些小珠子、橡皮泥、拼版等需要动手能力比较强的玩具，为了提高宝宝的阅

读能力，还可以给宝宝准备一些色彩鲜艳的图画书。

宝宝现在大多喜欢活动，不过手脚和躯干动作的协调还需要训练，爸爸妈妈可以带着宝宝到户外玩儿，除了让他自由活动之外，还可以和宝宝做一些游戏，帮助宝宝训练动作的协调性。

1. 妈妈和宝宝一起站立，妈妈说："我们是大公鸡，金鸡独立。"然后和宝宝左右脚轮流站立。在玩儿的时候要注意不要太勉强，玩儿的时间也不要太长，场地也要选择比较平坦的地面。

2. 准备一些漂亮的珠子，如果宝宝可以自己动手穿珠子了，妈妈可以和宝宝进行比赛，看看谁穿得快。

3. 在桌子上或者地上搭几块积木，妈妈先示范给宝宝，然后鼓励宝宝自己搭。这个游戏可以训练宝宝手的灵活性和手、眼、脑协调能力。

运动能力开发

1岁的宝宝已能独立开步走，15个月时多数宝宝已走得较稳，18个月时宝宝已经可以走得很稳，会起步、停步、转弯、蹲下、站起来、向前走甚至向后退。宝宝虽然还不能很好地穿衣服、拉拉链，但已经学会自己脱衣服了。而且，宝宝开始学着用工具去够取够不到的东西了。

宝宝接球

大动作能力
协调能力

益智点

提高宝宝的行走能力和速度。

游戏来了

1. 准备一个软皮、弹力适中、个头比足球小点的皮球，表面有“刺”突出的更好。

2. 在宽敞的房间或室外空地上，爸爸妈妈将球往地上投掷，待球弹起来时让宝宝用双手去接。也可由宝宝自己把球投掷下去，爸爸妈妈来接。

3. 过一段时间，可根据宝宝的熟练程度加大距离，还可有意识地将球扔向距宝宝有一定距离的左方或右方，让他转动身体去接球。

注意要点

爸爸妈妈第一次扔球时，最好扔在宝宝的肩膀和膝盖之间，过高或过低会增加接球的难度。球的充气量要适中，发球的速度不要太快，以免打疼宝宝。

模仿小动物

协调能力
模仿能力

益智点

训练宝宝肢体动作的协调性。

游戏来了

1. 妈妈做示范动作，让宝宝学小兔子跳：两手放在头两侧，模仿兔子耳朵，双脚合并向前跳。

2. 也可以学大象走：身体向前倾，两臂下垂，两手五指相扣，两手左右摇摆模仿大象的鼻子，向前行进。

3. 学小鸟飞：双臂侧平举，上下摆动，原地小步跑。

注意要点

这样的游戏能让宝宝的身体运动技能得到充分的锻炼，还能让宝宝更快乐，所以要多鼓励宝宝做。

两只小象河边走，
扬起鼻子勾一勾，
好像两个好朋友，
见面都要握握手。

排队滑滑梯

身体平衡能力
协调能力

益智点

滑滑梯的过程可以锻炼宝宝的身体平衡能力，为将来稳稳地走路做准备。

游戏来了

妈妈带着宝宝到专用的滑梯前，扶住宝宝爬上滑梯，扶宝宝坐稳后慢慢滑下。下滑的时候让宝宝在妈妈的协助下自己控制身体的平衡。

注意要点

如果是集体活动，要让宝宝排队，一个一个上去滑，告诉宝宝要遵守游戏规则。

滑滑梯、滑滑梯，
你先我后别着急，
上来好像爬高山，
爬了一级又一级，
下来好像开飞机，
忽忽悠悠滑下去。

语言能力开发

宝宝 1 岁后，是正式开始学语言的阶段，这时爸爸妈妈要根据宝宝的语言发育特点，结合具体事物和情景、动作，反复训练，并要有意识地训练宝宝说完整的话。

小鸭子这样叫

语言能力
理解能力

益智点

通过游戏让宝宝学会根据语言提示指出相应的事物，同时帮助宝宝练习发音。

游戏来了

1. 准备一本小动物图画书和小鸭子的玩具。

2. 妈妈和宝宝一起看小动物的图画书，让宝宝指出什么动物在哪里，并教宝宝学小动物怎么叫。

3. 妈妈拿着小鸭子的玩具放在背后，对宝宝说：“看看这是谁？”然后拿出来给宝宝看，问宝宝这个动物怎么叫。妈妈可以模仿鸭子的叫声，让宝宝模仿。

注意要点

宝宝如果看到鸭子很高兴地接过来，妈妈要及时引导宝宝学习鸭子叫。

读古诗

语言能力
理解能力

益智点

让宝宝通过古诗那优美的韵律感和语言，练习发音，并扩大宝宝的学习范围。

游戏来了

1. 准备几首押韵、读来朗朗上口的古诗。

2. 每天读一首给宝宝听，并让宝宝模仿其中的押韵字。

注意要点

古诗的选择最好是五言诗，这样宝宝理解起来容易一些。

咏鹅

鹅鹅鹅，曲项向天歌。
白毛浮绿水，红掌拨清波。

悯农

锄禾日当午，汗滴禾下土。
谁知盘中餐，粒粒皆辛苦。

江南

江南可采莲，莲叶何田田。
鱼戏莲叶东，鱼戏莲叶西，
鱼戏莲叶南，鱼戏莲叶北。

数学逻辑能力开发

宝宝的记忆能力有了很大的发展，记忆的内容也能保存很长时间。宝宝能根据物品的用途来配对了，如水杯和水杯盖等。爸爸妈妈要根据宝宝认知能力的发展，进行合理的培养训练。

数字歌

数字认知能力
语言能力

益智点

在朗读儿歌时，加强宝宝对数字的认知和对图形的把握，提高宝宝的语言能力。

游戏来了

1. 在宝宝安静的时候，给他朗读《数字歌》。

2. 可以带着宝宝伸手指，如说到“1 像铅笔会写字”的时候，可以伸 1 个手指。

数字歌

1 像铅笔会写字
2 像小鸭水中游
3 像耳朵听声音
4 像小旗迎风飘
5 像秤钩来买菜
6 像哨子吹比赛
7 像镰刀来割草
8 像麻花拧一拧
9 像蝌蚪尾巴摇
10 像铅笔加鸡蛋

1 2 3
4 5 6
7 8 9
10

注意要点

不要一次性灌输太多内容，也不要过于急功近利，否则会适得其反，降低宝宝学习的兴趣。

找“家门”

数学学习能力
逻辑思维能力

益智点

通过游戏，让宝宝体验大、小的概念，还能增强宝宝的逻辑思维能力。

游戏来了

找三个大小不一的球和三个空纸盒子，在三个纸盒的底部分别剪出一个洞，洞的大小分别对应三个球的直径大小。

妈妈让宝宝将三个球放进相应的圆洞里，如果宝宝将小球放进了大洞里，妈妈要告诉宝宝这个洞不是这个球的“家门”，如果宝宝选对了，就要及时对宝宝进行鼓励。

注意要点

这个游戏宝宝玩过一遍之后，可以改成在盒子的底部剪出三个不同形状的洞，然后让宝宝根据指令，将球放进不同形状的洞里。

空间能力开发

现在宝宝会自己搭积木，用棍子或者是其他的东西够比较远的物品，会自己用手翻书页。

转圆圈

空间知觉能力
平衡能力

益智点

通过游戏锻炼宝宝的空间感知能力和身体的平衡能力。

游戏来了

在空间比较大的地方，妈妈抱着宝宝。妈妈开始念儿歌，并做出相应的动作："妈妈笑一笑，宝宝笑一笑。妈妈摇一摇，宝宝摇一摇。妈妈转一圈，宝宝转一圈。"最后一句的时候妈妈抱着宝宝在原地旋转一周。

注意要点

妈妈做动作的时候要先慢后快，反复进行几次，直到宝宝熟悉为止。

宝宝找玩具

空间感知能力
记忆能力

益智点

通过游戏训练宝宝对前后左右方位的认识，提升宝宝的空间感知能力。

游戏来了

妈妈拿几个宝宝喜欢的玩具，在宝宝高兴的时候和他游戏。妈妈先在宝宝面前将玩具放在自己身后，鼓励宝宝去拿。“玩具在妈妈的身后，宝宝过来拿。”然后再将玩具放到宝宝身后，同样用语言告诉宝宝去拿。

注意要点

宝宝如果不能够及时做出相应的动作，妈妈要加以引导。

人际交往能力开发

现在宝宝能够听从父母的命令做动作，可以将物品放回原处，也能同别人配合玩滚球的游戏。

叩叩叩，是谁呀

社交能力
语言能力

益智点

通过游戏教会宝宝养成好习惯，培养宝宝的社交能力。

游戏来了

1. 宝宝在房间里，妈妈在外面“叩叩叩”地敲门。

2. 妈妈说：“叩叩叩，我是妈妈，可以进去吗？”

3. 宝宝回答：“好，请进！”

4. 接着角色互换，由宝宝来敲妈妈的房门试试看。

注意要点

此外，爸爸妈妈要教宝宝有礼貌地和别人打招呼、表达自己希望沟通的意愿、鼓励宝宝多与同龄的小朋友一起玩。

做个小主人

社交能力
合作能力

益智点

通过和爸爸妈妈的互动，锻炼宝宝与他人的合作能力和社交能力。

游戏来了

准备一个小围裙和几个茶杯，茶杯盛有少量的水，妈妈给宝宝系上围裙，激发宝宝给大家送水的兴趣。让宝宝双手端着杯子，逐一送到每个人手中，并让宝宝说："请爸爸喝水。""请妈妈喝水。"

注意要点

爸爸妈妈接到水之后，要及时回应："谢谢宝宝。"

音乐能力开发

宝宝 1 岁后，开始学习说话、走路，参与音乐活动的机会也更多了。在听到一些节奏鲜明、短小活泼的歌曲或乐曲时，宝宝会随着音乐合拍地做拍手、招手、摆手、点头等动作，然后逐步增加踏脚、走步等动作。

宝宝的音乐会

音乐能力
手部协调能力

益智点

通过游戏，开发宝宝的音乐智能，培养宝宝对音乐的兴趣，也可以训练宝宝手指手腕的动作能力。

游戏来了

妈妈准备好拨浪鼓、小锣、小鼓、摇铃、小铃铛和一些能捏响的塑料玩具，让宝宝手中拿着玩具，妈妈拿着摇铃，一边摇铃一边唱歌，在歌声带动下，宝宝随着节奏敲打。

注意要点

音乐选择上要有节奏，让宝宝能够随着节奏敲打声音。

自我认知能力开发

这时候的宝宝能分辨出什么能吃，什么不能吃。能够分辨出物体的形状，所以宝宝可以把不同形状的积木插到不同的插孔中。

小手和小脚丫

自我认知能力
想象能力

益智点

宝宝从中可以感受到不同的形状和一一对应的关系，从而展开对自己小手和小脚的想象。

游戏来了

1. 将彩色纸铺在地上，让宝宝把两只小手或小脚放在彩纸上，用彩笔勾出轮廓。

2. 将彩纸按照这些轮廓剪下来。

3. 教宝宝用自己的小手和小脚去触碰剪下来的小手和小脚图案，看看哪个能对上。

注意要点

妈妈也可以把自己的手的轮廓剪下来，让宝宝观察大小。

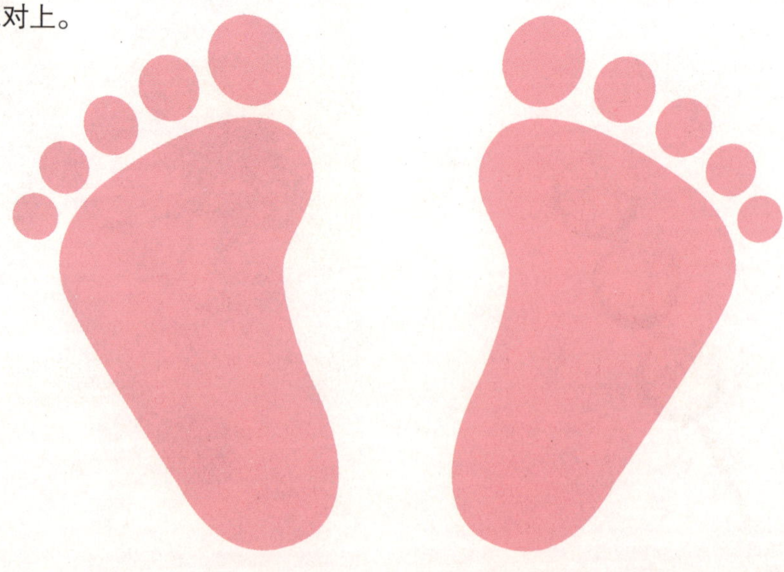

自然认知能力开发

宝宝 1 岁后，认知能力的发展有了很大的飞跃。到了 1 岁半，能分辨狗和猫、卡车和公共汽车的差异。

学吃饭

自然感知能力
生活自理能力

益智点

培养宝宝正确使用餐具的能力和生活自理能力，锻炼宝宝的手部动作。

游戏来了

宝宝吃饭的时候，妈妈鼓励宝宝自己吃饭。可以在宝宝的碗中盛上小半碗饭菜，让宝宝自己吃，吃完可以再添一些。

注意要点

鼓励宝宝自己吃饱并且不剩饭，对于宝宝的进步要及时地表扬。

踩影子

自然感知能力
视觉能力

益智点

让宝宝认识影子，提高宝宝对于自然的认知能力。

游戏来了

在阳光明媚的日子里，带着宝宝到室外去活动，引导宝宝看自己或者是别人的影子。抱着宝宝做踩影子的动作，并给宝宝唱儿歌："我在哪儿，你在哪儿，你是一个小尾巴。"

注意要点

在宝宝刚刚学习走路的时候做这个游戏，可以提高宝宝走路的兴趣。

感觉能力开发

1岁多的宝宝对于看到的东西大多数可以有所记忆，眼睛的视线能够跟着物体的运动而改变。

传声筒

听觉能力
语言能力

益智点

促进宝宝听知觉能力发育。

游戏来了

1. 准备一个传声筒，声筒的线不要太长。

2. 宝宝和妈妈各拿传声筒的一端，站在房间的两端。

3. 妈妈先做示范，将声筒靠近嘴边说话，宝宝就会模仿妈妈的动作。

4. 妈妈可以跟宝宝说：“宝宝，听到妈妈说话了吗？宝宝和妈妈说话呀。”如果宝宝听到声筒里妈妈的声音，他会很兴奋地对声筒叫喊。妈妈可附和着跟宝宝说话。

注意要点

妈妈也可以躲到宝宝看不到的地方，如沙发后面，通过声筒和宝宝说话，这样更能激发宝宝对声筒的兴趣。

连连串

视觉能力
记忆能力
形象思维能力

益智点

双手配合、手眼协调能力训练，对颜色、形状的认知。

游戏来了

1. 妈妈准备串珠（最开始串大的，熟练后换小的）。

2. 先按照颜色对串珠进行分类。

3. 再按形状对串珠进行分类。

注意要点

尽量让爸爸也多陪宝宝进行这项训练。研究表明，多和爸爸玩游戏的宝贝，左右脑的发展比较均衡，头脑也比较发达。

坐山轿

控制能力
平衡能力
身体协调能力

益智点

通过游戏锻炼宝宝的平衡能力、协调能力和对身体的控制能力。

游戏来了

爸爸妈妈面对面，分别用左手握住自己的右手腕，然后右手抓住对方的左手腕，让宝宝骑在上面。刚开始的时候扶一下宝宝，等宝宝熟悉以后，慢慢松开手，让宝宝自己控制坐在上面。

注意要点

要始终保持和宝宝进行语言沟通，游戏的时间不要太长。

模仿创新能力开发

宝宝会学妈妈的咳嗽声，如宝宝曾看过妈妈某种特殊的动作，如看见妈妈捂着疼痛的胃部，宝宝也会学着妈妈的样子，同时还能模仿妈妈说话的内容、声音和妈妈的表情。

水中乐园

创新思维能力
想象能力

益智点

提高宝宝的创造力和思考力。

游戏来了

1. 在家中准备好盆和浴缸等，还要准备一些漂浮玩具，如小鸭、小船等，还有装水的容器，如小碗、小漏斗等。

2. 和宝宝一起玩游戏，引导宝宝认识各种玩具的名称和特性。如小碗可以舀水，小漏斗可以漏水，并且可以用小碗向小漏斗中灌水，下面再用一个小容器接水。

3. 将小船和小鸭子都放在水里漂浮，还可以把小船或小鸭子用绳子拉住，让宝宝在水里拉着小船、小鸭子行走。

注意要点

妈妈不要过多地干预，让宝宝发挥自己的想象力去玩水。

学涂鸦

想象能力
精细动作能力

益智点

培养宝宝涂鸦的兴趣，激发宝宝的想象力。

游戏来了

1. 在桌子上放上一些纸和笔，让宝宝用笔在纸上自由地涂鸦。

2. 开始的时候纸张可以大些，以后可以逐渐变小。

3. 也可以为宝宝准备一个画架，告诉宝宝想画画的时候就去画架上画。

4. 宝宝画好后可以问宝宝画的是什么，激发宝宝的想象力。

注意要点

为了防止宝宝将家里的任何地方都当成画板，妈妈要为宝宝涂鸦做好充分的准备，除了画板，可准备一面专门用来让宝宝涂鸦的墙壁，以满足宝宝涂鸦的需要。

1～1.5岁 宝宝智能水平小测试

1 比较铅笔、瓶子、盒子的高矮

A. 会比 3 种　B. 会比 2 种
C. 会比 1 种　D. 不会比较

2 踢球

A. 2 米　B. 1.5 米　C. 1 米　D. 0.5 米

3 从口袋中按命令摸出物品，宝宝能摸出

A. 5 种　B. 4 种　C. 3 种　D. 2 种

4 套圈，能套上一个圈的最远距离

A. 1 米　B. 75 厘米
C. 50 厘米　D. 25 厘米

5 分享好吃的东西时，宝宝会

A. 分给 4 人　B. 分给 3 人
C. 分给 2 人　D. 给自己

6 上厕所

A. 自己上厕所　B. 大人陪着去
C. 自己会坐便盆　D. 随意蹲下

7 听名字拿出认识的水果，如香蕉、苹果、橘子、桃子、梨等

A. 5 种　B. 4 种　C. 3 种　D. 2 种

8 讲出水有哪些用途

A. 讲 10 种　B. 讲 8 种
C. 讲 6 种　D. 讲 4 种

9 自己放玩具上架，能放到原位上

A. 4 种　B. 3 种　C. 2 种　D. 1 种

10 打电话

A. 说“哪位？找谁啊”
B. 说“哪位”
C. 说“喂”　D. 不会

11 知道自己的名字和小朋友的名字

A. 会叫 3 人　B. 会叫 2 人
C. 听懂自己的名字还会叫人
D. 听懂叫自己的名字

12 能点数自己1只手的手指头

A. 5个　B. 4个　C. 3个　D. 2个

13 宝宝会背诵儿歌

A. 完整的一首　B. 一首中的3句

C. 一首中的2句　D. 一首中的一句

14 钻洞，如1米长、半米长、弯洞等

A. 3种　B. 2种

C. 1种　D. 怕黑不敢进

15 用动作表示日用品的用途，宝宝会表示

A. 5种　B. 4种　C. 3种　D. 2种

题号 / 得分	A	B	C	D
1	10	7	4	0
2	10	5	3	2
3	10	5	3	0
4	10	8	7	0
5	10	5	3	0
6	10	8	5	0
7	10	5	3	0
8	10	7	3	0
9	10	8	3	0
10	10	8	3	0
11	10	8	5	0
12	10	5	3	0
13	10	8	5	0
14	10	5	2	0
15	10	5	3	0

测评结果

所得分数	结果分析
70分以下	宝宝的智力发展未达到理想的水平，妈妈要多加训练。
70～110分	宝宝的智力发展尚可，达到平均水平，若要提升宝宝的智能，妈妈要多加训练。
110分以上	宝宝的智力发展非常棒，继续努力吧。

备注：本书中的智能测试评分方法仅供参考。测试的结果因人而异，若宝宝达不到平均水平，可重复测试，让宝宝多学习，就一定做得到。

第2章

1.5~2岁

行走自如的小淘气

我现在是一个大宝宝了，我会自己用杯子喝水，会用勺子吃饭，尽管有的时候还不能够掌握好，经常会将水洒出来或者把饭吃得满嘴都是，但是我很开心，自己动手来做事情真的是一件很有意思的事情。我现在能够记住一些妈妈给我唱过的儿歌，还可以说出一些简单的句子，我现在可以认识好几种颜色，可以将不同颜色的玩具区分开来。妈妈给了我好多颜色鲜艳的橡皮泥，我可高兴了，自己一个人玩了好半天，橡皮泥软软的，还能够捏出各种形状，真的很神奇。

——宝宝寄语

1.5～2岁 宝宝的成长树

大动作

- 宝宝走路变得更加娴熟，双脚靠得更近，步态更加稳了

语言

- 宝宝会背诵几首完整的儿歌和唐诗了

精细动作

- 能搭高五六块积木

人际交往

- 宝宝开始知道故事中谁是好人，谁是坏人

感觉

- 宝宝会说出妈妈和自己的名字

宝宝的基本生长发育

	项目	男宝宝	女宝宝
基本生长发育	身高（厘米）	79.4~92.5	78.3~91.1
	体重（千克）	9.7~14.8	9.1~14

妈妈育儿指南

1. 控制给宝宝零食，防止偏食，不宜多吃巧克力、糖果和太甜太油腻的糕点。
2. 培养宝宝爱劳动的生活能力，如学习穿脱衣服和用勺吃饭。
3. 养成良好的进餐习惯，定时、定点、定规矩，按照食谱安排宝宝每天的饮食。
4. 培养宝宝等待和容忍的品行，用“延迟满足”的方法加以锻炼。
5. 教宝宝学习折纸、穿珠子、拆装玩具、捏橡皮泥、用棍取物等。
6. 跟宝宝玩“过家家”，训练宝宝跑、跳、攀登、掷球、双足跳动等。
7. 教宝宝认识圆形、方形、三角形等。
8. 教宝宝给扑克牌分类，认识一种颜色，让宝宝了解对应关系，会配对。
9. 爸爸妈妈要预防宝宝发生外伤，学会意外伤害的急救方法。
10. 这段时期也是宝宝语言发展的关键期，要鼓励宝宝多说话。
11. 训练宝宝看图讲故事，回答问题，复述见闻。
12. 宝宝进入了第一个反抗期，家长要注意宝宝良好个性的培养。

读懂1.5~2岁宝宝，选择合适的玩具与游戏

“脏兮兮”的探险家

宝宝现在的探索欲很强，在公共场所，总是喜欢乱摸东西，小手、小脸和衣服也总是脏兮兮的，水池是宝宝喜欢常去的地方，只要有机会就会去玩水，生锈的铁链也会让宝宝非常感兴趣，在宝宝的世界中，是没有“脏”的概念的。

其实，这些都是宝宝对自己未知的世界的一种探索，宝宝对外面的世界充满了好奇，想要通过自己的双手去探索、认知和了解。爸爸妈妈不要因为怕弄脏就阻止宝宝的探索行为，脏了手洗干净就可以了，重要的是要宝宝自己在玩儿中学会思考和观察，比如沙子是一粒一粒的，水是可以流动的，石头是硬的，这些如果不通过宝宝自己的亲身感受，怎么能够知道呢?

宝宝的大动作能力特点和训练

宝宝现在运动能力很强，尤其喜欢追着别人玩，也喜欢被别人追着玩。现在宝宝不但走路自如，扶着栏杆能够上下楼梯，还可以连续跑5~6米，宝宝这个时候还可以双脚连续跳，还可以在爸爸妈妈的保护下，在小攀登架上下2层，可以迈过8~10厘米高的障碍，钻过直径67厘米的圆圈，知道先低头、弯腰、再迈腿。

在这个时期，爸爸妈妈可以根据宝宝自身的特点，培养宝宝的动作锻炼能力，比如在宝宝拖拉玩具的时候，既可以练习走路技巧，也可以增强宝宝的手臂力量和四肢的协调性，满足了宝宝玩的兴趣，也更好地锻炼了身体。

妈妈可以用粉笔在地上画一个约10米长的“S”形线，让宝宝踩着线往前走，如果宝宝情绪和体力都很好，可以让宝宝多走几遍，这样的游戏可以促进宝宝左右脑同步健康发展。

在天气晴朗的时候，妈妈们可以带着宝宝在户外进行活动，和宝宝一起玩儿捉迷藏、找妈妈的游戏，引导宝宝学习跑步。妈妈可以在游戏中提示宝宝:“宝宝快点跑，妈妈在这里呢！”这样有意识地让宝宝练习跑，渐渐地要告诉宝宝在停之前放慢速度，让自己站稳。

宝宝的语言能力特点及训练

宝宝在 1.5~2 岁的时候，是语言发展从“被动”转向“主动”的活动时期，宝宝在这个时期，最大的语言特点是学会说简单的句子，一般由 3~5 个字组成，语句结构多为名词和动词组成，比如“妈妈吃饭”“爸爸再见”。有时候语句不完整，句子中只有谓语和宾语，比如“拿糖糖”，有的时候句子会前后颠倒，比如“糖糖没有”。

这段时间宝宝学说话的积极性很高，对周围的事物也充满了好奇，爸爸妈妈要抓住这段时期，除了在日常生活中巩固宝宝学会的词句以外，还要让宝宝多接触大自然和社会，在认识事物的过程中启发宝宝表达自己的情感和思想，鼓励宝宝多说话。

可以教宝宝记住爸爸和妈妈的名字，但是在一般情况下，要让宝宝称呼爸爸妈妈，不可以直呼名字。平时教宝宝认识一些物品的功能用途。先从宝宝熟悉的物品开始，比如勺子是用来吃饭的，杯子是用来喝水的。

平时爸爸妈妈多教宝宝念一些儿歌，也可以给宝宝阅读故事书，让宝宝接触到更多的词汇和内容。

运动能力开发

快到2周岁的宝宝，随着自己能够独立走路，就不会让爸爸妈妈多干预他的运动了。这时的宝宝可以用脚尖行走数步，脚跟可不着地了，能用手扶栏杆熟练地上三个阶梯以上。宝宝喜欢爬高，喜欢爬上小椅子或小桌子等。

找亮光

大动作能力
反应能力

益智点

训练宝宝动作的敏捷性、身体的灵活性及反应能力。

游戏来了

1. 准备一面小镜子。

2. 在天气晴朗时，选择比较空旷的场地。

3. 父母用小镜子对准太阳，将亮光反射在地面上。

4. 让宝宝去捕捉亮光，并用脚踩踏照在地上的亮光。

5. 开始时，移动的幅度不要太大，待宝宝反应较快时再加大幅度。

6. 晚上还可以和宝宝玩互相踩影子的游戏。

注意要点

不要用光照射宝宝的眼睛。父母可以不断变换方位，锻炼宝宝的反应能力。

爸爸妈妈看过来

快2周岁的宝宝，随着自己能够独立走路，就不会让爸爸妈妈过多干预他的行动了。宝宝喜欢尝试自己拉着玩具走来走去，听着玩具发出的不同声音，想象着玩具的动作，玩得不亦乐乎。这时的宝宝可以用脚尖行走数步，脚跟可不着地，能用手扶栏杆熟练地上三个以上台阶。宝宝喜欢爬高，喜欢爬上小椅子或小桌子等。

装豆子

精细动作能力
手眼协调能力

益智点

促进宝宝手眼的协调性，其中的分类练习，也能帮助宝宝集中注意力。

游戏来了

1. 妈妈准备几个空盒子或空瓶。

2. 将一些豆子、珠子、扣子、花生米之类的东西撒在床单上。

3. 在每个空瓶子或空盒子里放入一种物品，让宝宝逐个根据类别往空瓶子或空盒子里面放。

注意要点

做这个游戏，对宝宝长大以后上课认真听讲、做手工等都比较有益。锻炼宝宝精细动作能力的游戏有很多，这些游戏都可以锻炼宝宝的肌肉和注意力。

跨圈圈

大动作能力
平衡能力

益智点

让宝宝学会跨步走，学会保持身体平衡的能力。

游戏来了

在地上用粉笔画出多个排成一条直线的圆圈，每个圆圈直径在30厘米左右，圆与圆之间间隔10厘米左右。让宝宝跨圆圈行走，告诉宝宝不要踩在圆圈线上。

注意要点

如果宝宝总是踩线，妈妈可以重新画圆圈，来帮助宝宝顺利完成游戏，提高宝宝的积极性。

语言能力开发

1.5~2 岁的宝宝进入了学习语言的新阶段。在这一时期，宝宝一步步地把语言和具体事物结合起来，开始说出许多有意义的词，语言发展较快的宝宝已经能说短句了，如“爸爸再见”“爷爷奶奶好”等。

学识字卡片

记忆能力
理解能力

益智点

将不同字音、字形印入宝宝脑海，同时将字形和字音联系起来，并促进宝宝的视觉和大脑发育。

游戏来了

1. 准备一些正面有字、反面有图的识字卡片，如“ 娃娃”“糖果盒”“自行车”等。做正卡、副卡两套。

2. 妈妈读字，鼓励宝宝走过去把字拿过来，先取正卡的字，再到另一处取副卡。

3. 妈妈接着读字，鼓励宝宝将取过来的字放回原位，先放正卡上的字，再放副卡上的字。

注意要点

妈妈在给宝宝做识字卡片时，字要大，可以用废旧挂历裁成宽 20 厘米长的纸条，对折成正方形，可双面写字，这样的卡片既能摆也能挂。

变高变矮

益智点

锻炼宝宝的语言能力和身体动作的协调性，训练宝宝伸展和屈曲身体。

游戏来了

1. 妈妈喊口令：“变高！”和宝宝一起踮起脚尖，伸直身体，举起双手。

2. 妈妈喊：“变矮！”和宝宝一起蹲下，同时双手抱住膝盖。

3. 让宝宝自己来喊，妈妈和宝宝一起做。

语言能力
身体协调能力

注意要点

在喊口令的时候开始要慢一些，妈妈要帮宝宝纠正姿势，姿势熟悉之后口令可以加快一些。

宝宝的冰箱宝藏

认知能力
词汇运用能力

益智点

锻炼宝宝的认知能力，培养宝宝运用词汇的能力。

游戏来了

1. 准备一个长纸盒，将它改装成冰箱。

2. 在冰箱里放上各种水果、蔬菜、牛奶、糖果等，让宝宝打开冰箱去里边的物品，每次只能够拿一件，并让宝宝说出拿出的物品的名字。

注意要点

冰箱中要放宝宝熟悉的东西，这样宝宝可以准确地说出物品的名称，会提高自信心。

和毛毛熊聊天

益智点

锻炼宝宝的语言沟通能力，培养宝宝和人说话的兴趣。

游戏来了

准备一个彩色鲜艳的毛毛熊玩具或者是其他的毛绒玩具，引导宝宝和毛毛熊说话："毛毛熊，你好啊！你好可爱啊！"鼓励宝宝和毛毛熊说话。

妈妈扮作毛毛熊说："宝宝你好，你也好可爱啊！"

注意要点

妈妈一定要多给宝宝说话的机会，让宝宝多进行沟通。

爸爸妈妈看过来

1.5~2岁的宝宝进入了学习语言的新阶段。在这一时期，宝宝一步步地把语言和具体事物结合起来，开始说出许多有意义的词，学习语言较快的宝宝已经能说短句了，如"爸爸再见""爷爷奶奶好"等。这个阶段的宝宝还喜欢看图画，听爸爸妈妈讲故事。爸爸妈妈要借机培养宝宝阅读和听故事的兴趣，通过讲故事的形式对宝宝进行文化教育。

数学逻辑能力开发

这个时期的宝宝对于图形、色彩、分类等与数学相关的概念掌握得更好了。这时候，对宝宝进行数学启蒙教育要特别强调培养兴趣，最好能采用游戏的方法，在日常生活中要渗透数学教育。

哪个碗里花生多

数学学习能力
逻辑能力

益智点

让宝宝能够比较多少，锻炼宝宝的数学逻辑思维能力。

游戏来了

1. 妈妈先准备好两个干净的小碗和一些花生。

2. 将花生放入两个小碗里，一个碗里放入 5 颗，另一个碗里放入 3 颗。

3. 妈妈让宝宝观察两个碗里花生的数量，问宝宝："你看两个碗里的花生一样多吗？你想要哪个小碗里的花生呢？"

4. 当宝宝做出回答后，妈妈再重新分配花生，继续进行游戏。

注意要点

这个游戏也可以让宝宝来分花生，妈妈来挑碗。

爸爸妈妈看过来

这时期，宝宝的逻辑思维能力在不断提高，对于图形、色彩、分类等与数学相关的概念理解更加深刻。

看，我真能干

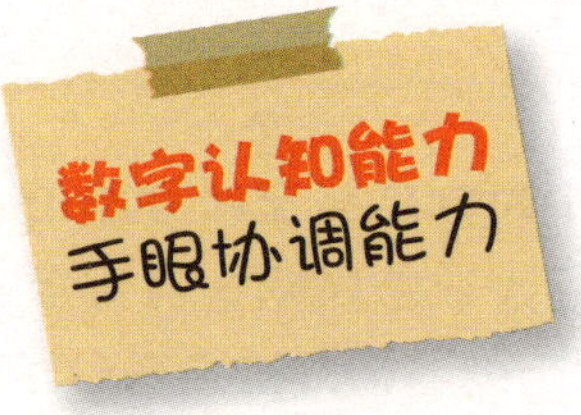

益智点

加强宝宝对数字的认知，加强宝宝对多与少的理解，还能锻炼宝宝手拿物品的能力和手眼的协调性。

游戏来了

1. 准备塑料水杯或纸杯5个。

2. 妈妈将水杯一字排开放在宝宝面前。

3. 妈妈依照水杯摆放的顺序，拿起一侧的水杯套在另一个水杯上。

4. 依次将5个水杯套在一起，演示给宝宝看，然后再将水杯依次排开。

5. 请宝宝拿起一个水杯套在另外的水杯上，依次将水杯摞起来。

注意要点

这时的宝宝可能还不能完全准确地完成套杯子的动作，妈妈需要在旁边协助，并及时鼓励宝宝。

空间能力开发

快 2岁的宝宝空间意识加强了，具备了上下、里外、前后方位意识。

认左右

空间方位认知能力
记忆能力

益智点

提高宝宝对左右空间方位的认识能力。

游戏来了

我有一双小小手（小手张开）
一只左来（左手举高）
一只右（右手举高）
一共十个手指头（小手张开）

注意要点

在教宝宝的过程中，不仅可以教宝宝左右脚，也可以通过游戏告诉宝宝哪边是左手，哪边是右手等。

小腿进山洞

空间感知能力
自理能力

益智点

锻炼宝宝的空间想象力和生活自理能力。

游戏来了

妈妈给宝宝穿裤子，先穿一条腿，对宝宝说："火车进山洞啦。"把另一条腿也穿进那条裤腿中，说："哎呀，撞车啦。"然后抽出那条腿，穿进另一条裤腿里。

注意要点

等宝宝熟悉游戏之后，妈妈可以帮助宝宝自己练习穿裤子。

爸爸妈妈看过来

通过穿裤子的游戏可以锻炼宝宝的空间感知能力，提高宝宝的自理能力，让宝宝做一些力所能及的事情。

人际交往能力开发

宝宝到1.5岁，能够说50个词了，并呈级数增长。这时，宝宝开始把词连成句子，而且理解能力远远超出表达能力。到了2岁，就能听懂一些简单指令。这时候的宝宝要多与人交往，爸爸妈妈要让宝宝初步懂得与人交往的是非概念。

吹泡泡

社交能力
反应能力
语言能力

益智点

增加宝宝与人沟通的兴趣。提高宝宝相应词语的理解能力和反应能力。

游戏来了

1. 节假日或下班后，带着宝宝户外和其他小朋友一起做游戏。

2. 妈妈和宝宝手拉手站着，围成一个圈。

3. 妈妈口中发了指令："吹泡泡，吹泡泡，吹了一个大泡泡。"然后拉宝宝小手向前，让圈变小，还可吹出"高""矮""会跑""会跳"的泡泡。

注意要点

多注意让宝宝和其他的小朋友互动，锻炼宝宝与人沟通的能力。

找朋友

社交能力
语言能力

益智点

提高宝宝与人交往的兴趣。

游戏来了

1. 节假日或下班后，带着宝宝去户外和其他小朋友一起做游戏。

2. 让宝宝们手拉手站着，围成一个圈。

3. 其中一个小朋友站在圈子中央，爸爸妈妈和宝宝们一起唱找朋友的歌，中间的小朋友随着歌曲在圈子里面找啊找。

注意要点

尽量让每个宝宝都有在圈子里面“找朋友”的机会，这样每个宝宝都能觉得自己受重视、受欢迎了。

音乐能力开发

现在宝宝能够记住一些歌曲的3～4段前奏。

学唱一首歌

听觉能力
想象能力

益智点

学习唱歌的过程，可以丰富宝宝的听觉想象能力，提高宝宝的音乐感知能力。

游戏来了

先让宝宝听一首完整的儿歌，然后妈妈一句一句教宝宝来唱这首歌。比如唱《小星星》。当宝宝学会之后，妈妈和宝宝一边唱一边做动作。妈妈还可以唱上一句让宝宝唱下一句。

注意要点

选择的歌曲要旋律简单，歌词押韵，这样宝宝学起来会更快。

自我认知能力开发

对于自己的身体有了认识，可以学会如何保持身体的平衡。

小宝宝遵命

理解能力
自我控制能力

益智点

通过语言来调节宝宝的行为动作，让宝宝养成听从指令的好习惯。

游戏来了

给宝宝一些简单的指示，比如告诉宝宝："吃饭前，洗洗手。""吃完饭，擦擦嘴。""将垃圾扔到垃圾桶。""给爸爸东西。"宝宝做完之后，要及时给予鼓励。

注意要点

如果宝宝没有按照指令去做，就要教宝宝去做，不能够轻易放弃，一定要让宝宝按照指令去完成任务。

辨认衣服

认知能力
分析判断能力

益智点

训练宝宝的分析判断能力，分清哪些属于自己，哪些不属于自己。

游戏来了

1. 将大人的衣服，如背心、薄衬衫、袜子和宝宝的衣物混放在一起，然后问宝宝："哪些是宝宝的呀？"

2. 引导宝宝将自己的衣服一件件挑选出来，并放在一起，妈妈可以在旁边提示："哎呀，这个真小，是宝宝的吧？很好看！""宝宝的小袜子是哪个呢？"当宝宝挑选出正确的一件时，就马上给予宝宝奖励。

3. 宝宝将自己的衣物挑选出来后，妈妈可以指着这些衣物告诉宝宝："这些都是宝宝的。"然后指着另一堆"这些不是宝宝的"。

注意要点

最好选用棉质的衣物让宝宝接触，避免那些可能对宝宝皮肤不利的化纤类衣物。

自然认知能力开发

宝宝逐渐熟悉气象的一些知识，能够认识晴天和阴天。

认识气象

自然认知能力
记忆能力

益智点

帮助宝宝认识天气中的各种现象，提高宝宝对自然的认知能力。

游戏来了

准备一些表示气象的图片，比如晴天、下雨、下雪、刮风等，然后拿给宝宝看。

告诉宝宝有太阳的图片是晴天，可以看到蓝蓝的天，有很多云的图片代表阴天，看不到太阳，有雨的图片代表下雨，这个时候出门要打伞，要不就会被淋湿。

注意要点

形容天气的时候，要多给宝宝讲解一下不同天气的特点，让宝宝有更加具体的认识，也可以在不同的天气里带着宝宝到户外去感受一下。

爸爸妈妈看过来

宝宝现在已经可以区分晴天和阴天了，如果每次天气的变化爸爸妈妈都能够给予及时讲解，那么，宝宝对于自然界的知识了解得就会更多。

感觉能力开发

这个阶段的宝宝喜欢看图画，听爸爸妈妈讲故事。爸爸妈妈要借机培养宝宝对书的阅读和听故事的兴趣，通过故事的形式对宝宝进行文化教育。

摸一摸，是什么

触觉能力
分析能力

益智点

通过游戏锻炼宝宝的触觉能力，提高宝宝的分析判断能力。

游戏来了

1. 准备一些宝宝熟悉的餐具，比如小勺子、小碗、小杯子、小盘子、奶瓶等，让宝宝分别说出它们的名称，将这些物品都放进袋子中。

2. 让宝宝将手伸进袋子中摸出一件物品，说出物品的名称，然后拿出来看看对不对。然后妈妈来摸，说出是什么物品。

3. 宝宝根据妈妈的指令从袋子中摸出指定的物品，然后是妈妈听宝宝的指令摸出指定物品。

注意要点

如果宝宝没有说对也不要责备，可以改让妈妈来摸，然后再换成宝宝来摸，帮助宝宝说对物品的名称。

给气球系上线

视觉能力
理解能力
绘画能力

益智点

这个游戏可以增强宝宝的绘画兴趣，提高宝宝视觉想象力。

游戏来了

1. 爸爸要先准备一些红色气球、气球图片、红色油画棒、画有气球的图画纸等。

2. 爸爸对宝宝说："宝宝，爸爸给你买了个大气球，红色的大气球，给，抓好绳子，不然球就飞走了。"

3. 爸爸拿出画有气球的图纸说："哎？这个气球怎么没线呀？宝宝来画条线，好不好？"

4. 这时，妈妈可以准备一只气球和一张气球图片，让宝宝观察。在妈妈的帮助下，宝宝在纸上气球的下面添画竖线。

注意要点

绘画的过程中，可以将颜料滴入水中，让宝宝观察颜料在水中扩散的不同形状，来锻炼宝宝的观察能力和思考能力。

揉一揉，听一听

听觉能力
分析能力

益智点

锻炼宝宝的听觉分析能力。

游戏来了

妈妈准备几张报纸、塑料纸、普通打印纸等不同材质的纸张。妈妈先揉报纸，对宝宝说："揉一揉，听一听，什么声音。"再给宝宝一张报纸，让宝宝揉。然后妈妈揉塑料纸，对宝宝说："听听声音有什么不一样？"如果宝宝有兴趣，可以让宝宝揉塑料纸。引导宝宝辨别不同纸张的声音。

注意要点

如果宝宝对于不同的声音有不一样的神情，并有进一步探究的行为，说明宝宝对声音相当敏感。

模仿创新能力开发

宝宝喜欢尝试自己拉着玩具走来走去，听着玩具发出的不同声音，想象着玩具的动作，玩得不亦乐乎。

橡皮泥魔术师

创新能力
形象思维能力

益智点

通过宝宝自己制作东西，提高宝宝的创新能力和形象思维能力。

游戏来了

准备几块色彩鲜艳的橡皮泥、一本图画书，从图画书中找几种简单的图形，妈妈做示范给宝宝捏出来。指导宝宝也捏一个出来。还可以从书中找出几种小动物，引导宝宝来捏。

注意要点

找到的图形一定要比较简单，容易捏出来，这样可以提高宝宝的兴趣。

箱子屋

创新能力
动手能力

益智点

培养宝宝的能力，提高宝宝的创造性和审美能力。

游戏来了

准备一个大纸箱子，作为宝宝的小屋，让宝宝自己用彩色纸和装饰品来装饰小屋。妈妈可以在一旁进行引导，教宝宝用布做成箱子的门，在屋子里放上自己喜欢的玩具。

注意要点

在箱子小屋中，让宝宝按照自己的想法来布置，宝宝自己在小屋中玩儿的时候也不要妨碍宝宝。

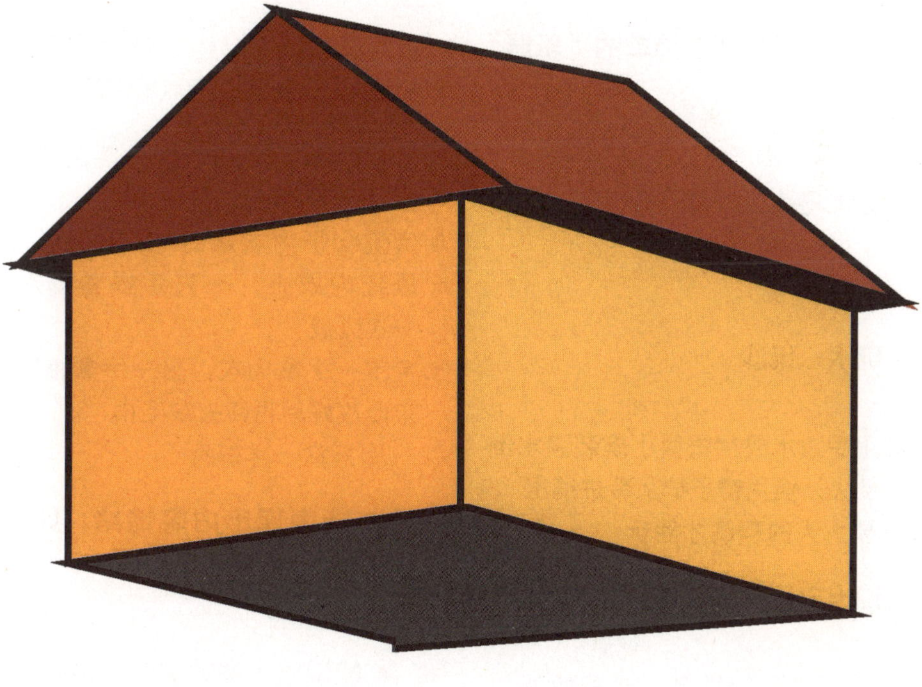

1.5～2岁
宝宝智能水平小测试

1 自己唱歌

A. 宝宝会唱几句或全首自己喜欢的歌曲

B. 会唱几句自己喜欢的歌曲

2 宝宝能记得他所喜欢的曲调和名称

A. 能　B. 不能

3 善于发现生活中简单的“乐器”

A. 是　B. 不是

4 能走马路牙子和平衡木

A. 能　B. 不能

5 玩水、玩沙

A. 会用手泼水或用塑料小碗装满水倒来倒去，能用铲子铲土装进桶里

B. 需要大人的帮助才能玩

6 说出自己或家长的姓名

A. 能说出自己的姓名、爸爸妈妈以及身边亲近人的姓名

B. 会说自己的姓名和爸爸妈妈的姓名

C 只会说自己的姓名

7 能跟着大人学话、唱歌、说歌谣，并且爱重复结尾语句

A. 能　B. 不能

8 数数

A. 能数到 30 或 40，能点着物品数到 10

B. 能数到 10 或 20，能点着物品数到 5

9 逻辑思维能力增强，能连续做三件事情

A. 宝宝会把内衣拿出来，再把毛巾放在内衣上，一只手提着拖鞋，一次完成

B. 宝宝一手拿内衣，另一手拿拖鞋，东西放好后再回去拿毛巾

C. 一回只拿一样东西

10 能表现出内隐情绪，如骄傲、害羞等

A. 能　B. 不能

11 能说出人物的职业和称呼

A 能自己说出　B 靠家长的指导

12 已经学习与人相处的规则

A 在交往中有所体现　B 没有体现

13 能回答大人的问题

A 全部答对　B 能回答，但有错误　C 不明白大人问的问题

14 暗室找物，晚饭后让宝宝自己到厨房拿水果或到厕所拿肥皂，宝宝不必开灯

A 能拿对东西　B 开灯才能找对东西　C 拿不对或不去拿

15 认识冬天或夏天

A 认识　B 没试过

题号 / 得分	A	B	C
1	10	5	
2	10	0	
3	10	0	
4	10	2	
5	10	5	
6	10	8	5
7	10	2	
8	12	2	
9	10	8	5
10	10	2	
11	10	5	
12	10	2	
13	10	8	0
14	10	8	2
15	10	2	

测评结果

所得分数	结果分析
70 分以下	宝宝的智力发展未达到理想的水平，妈妈要多加训练。
70 ~ 110 分	宝宝的智力发展尚可，达到平均水平，若要提升宝宝的智能，妈妈要多加训练。
110 分以上	宝宝的智力发展非常棒，继续努力吧。

备注： 本书中的智能测试评分方法仅供参考。测试的结果因人而异，若宝宝达不到平均水平，可重复测试，让宝宝多学习，就一定做得到。

第3章

2～3岁 小小年纪闹“独立”

现在我对外面的世界非常好奇，喜欢问妈妈各种各样的问题，有的时候妈妈会被我的问题弄得一直笑，有的时候妈妈也会回答不出我的问题，原来大人也有不懂的事情啊。我喜欢吃完饭之后帮着妈妈收拾碗筷，尽管现在我的个头还够不到洗碗池。我还会自己把玩具放进收纳箱。爸爸不在家的时候，我会给爸爸打电话，告诉爸爸我很想他，在旁边的妈妈听到我说的话一直在笑呢。我学着自己刷牙、扣扣子，现在我已经成为一个自理能力很强的小大人了。

——宝宝寄语

2～3岁 宝宝的成长树

大动作

- 宝宝能在坡路上走得很好，也不怕在沙上行走。在走路时，也能做其他的事情，如用手、讲话以及观看周围的事物等
- 宝宝已经具备了良好的平衡能力，并会拍球、抓球和滚球了

语言

- 宝宝会背诵几首完整的儿歌和唐诗了

精细动作

- 会自己系扣子，会玩包剪锤游戏，还会刷牙

人际交往

- 喜欢观察和模仿爸爸妈妈的动作

逻辑思维能力

- 宝宝的因果关系理解力有进步了，对上发条的玩具和开关等设备更加感兴趣了

宝宝的基本生长发育

基本生长发育	项目	男宝宝	女宝宝
	身高（厘米）	87.6~102.8	86.6~102
	体重（千克）	11.1~17.9	10.8~17.7

妈妈育儿指南

1. 让宝宝自己定时定点吃饭，饭前饭后洗手，玩玩具后自己收拾好，养成良好的生活习惯。
2. 鼓励宝宝跑、跳、上下楼梯、滑滑梯、荡秋千、金鸡独立、骑三轮车等，以增强体质，促进协调发展。
3. 有计划地开展玩泥塑、拼插造型、涂涂画画、摆弄积木等活动，来促进宝宝手、眼、脑的协调性，开发创造性思维。
4. 培养宝宝的观察能力，如认识事物、广交朋友、学习和同伴分享玩具和食品等。
5. 让宝宝理解前后、左右、多少、长短、高矮、快慢等概念。
6. 给宝宝讲个故事，学习其中的关键汉字，开展“汉字游戏”。
7. 让宝宝学会自我介绍：如名字、年龄、性别，会说出爸爸、妈妈的名字等。
8. 培养宝宝的独立意识、自尊心、自信心、同情心以及自控能力。
9. 鼓励宝宝广交伙伴，学习与人交往，促进语言能力的发展。
10. 培养宝宝守规矩、懂礼貌的品格。

读懂2～3岁宝宝，选择合适的玩具与游戏

不知疲倦，不停地活动

在这个时期，宝宝学会了奔跑，能用左右脚踢球，而且能抓住栏杆上下台阶。不仅如此，宝宝还能玩“剪刀、石头、布”的游戏。宝宝出生24个月以后，走路的步幅变小了，走起路来非常稳。

3岁宝宝大脑发育已经接近成年人，以后的发育速度就变慢了。从嗷嗷待哺的小婴儿到直立行走的小宝宝，再到现在的运动小健将，宝宝终于“长大了”。他不再是摇摇晃晃的大头娃娃而变成了一个标准的小人儿。现在虽然这个小人儿还有很多事情仍然做得不太好，但已经基本能够自理了。

语言能力飞速提高

在这个时期，宝宝运用词汇和造句的能力快速提升，成天叽叽喳喳地说话。但是，由于掌握的词汇比较少，表达能力较差，还不能正确地表达自己的想法。此时，宝宝经常重复“但是”“那是”“这个”等词汇。妈妈应该耐心地听宝宝说话，然后用正确、完整的句子回答。

在这个时期，“不要”“我自己来做”等自我主张会愈来愈多。一般情况下，宝宝从第25个月开始逐渐形成自我概念和自控的能力，而且有了喜欢和厌恶的观念。

宝宝在3岁左右，好奇心和想象力会愈来愈丰富。在这个时期，宝宝会经常编造不存在的事情，但宝宝并没有恶意，也并非故意的，只是因为他不能正确区分空想和现实而已。

宝宝的数学思维能力特点及训练

现在宝宝到了计数能力发展的关键时期，爸爸妈妈在生活中要多对宝宝进行“数量与数字的积累”的教育，可以在和宝宝一起走路的时候，一边走，一边说：“1步，2步，3步……”也可以让宝宝数生活中一切能数的东西，培养宝宝对数与量的理解能力。

在生活中叫宝宝学习数学的同时，也要注意宝宝逻辑能力的培养，比如让宝宝比较远近，开发宝宝的思维能力。

准备几本薄厚不同的书，让宝宝拿一本，妈妈拿一本厚一点的书，妈妈对宝宝说：“我的书比你的书厚，你的书比我的书薄。”然后鼓励宝宝找一本更厚的书，然后让宝宝说上边的话。

爸爸妈妈还可以准备 2~3 个小球，1 条粗一点的线，将线拉直放在地上，妈妈和宝宝分别拿一颗小球，看谁将小球滚得离线最近，开始几次妈妈告诉宝宝哪个小球离线近，哪个小球离线远，慢慢地，让宝宝自己来判断游戏的结果。

适合 2~3 岁宝宝的玩具与游戏

这个时期的宝宝已经有了简单的逻辑思考能力，可以自己了解数目，概念和工作的架构，爸爸妈妈发现宝宝这个时候对待事情都特别认真，自己感兴趣的事情都会追根究底，有的时候让爸爸妈妈觉得宝宝在调皮捣蛋，爸爸妈妈千万不要以为这是宝宝的坏毛病，这其实是宝宝丰富的想象力在发挥作用的结果。这个时候可以给宝宝一些益智的拼图玩具或者是拆装的玩具，让宝宝充分发挥自己的想象力。

妈妈可以给宝宝一张白纸，教宝宝用胶棒把撕碎的材质一片一片粘贴起来，可以让宝宝自己随意粘贴成各种图案。等宝宝熟练玩了之后，妈妈可以先画好一个图案，让宝宝在规定范围内粘贴。

妈妈还可以找两个一模一样的纸盒，其中一个盒子放入一件玩具，教宝宝抱一抱或者摇晃纸盒，通过纸盒的不同重量和发出的声音，让宝宝判断哪个纸盒里有玩具，哪个纸盒是空的。

运动能力开发

2～3岁的宝宝，运动能力已经非常强了，具有良好的平衡能力，并会拍球、抓球和滚球了。由于这个时期宝宝的运动量较大，肌肉也结实、有弹性了。

向墙壁投球

大动作能力
身体控制能力

益智点

通过这个游戏能训练宝宝手臂的力量和敏捷性，增进爸爸和宝宝间的亲子感情。

游戏来了

1. 爸爸首先给宝宝做个示范。

2. 让宝宝使出全身力气往墙壁投出一球。

3. 然后再让宝宝跑去接反弹回来的球。

4. 虽然刚开始球会四处弹跳，但是经过多次练习后，宝宝就能够控制方向了。

注意要点

不要让宝宝的手臂使用过度，要安排适当的游戏时间。

滚彩球

手眼协调能力
记忆能力

益智点

锻炼宝宝的手眼协调能力。

游戏来了

准备几个纯净水塑料瓶、几支水彩笔、几张彩纸、一个皮球、一个空纸盒子。在彩纸上写一些数字或者汉字，分别放入塑料空瓶中。将瓶子排成一排，引导宝宝在离瓶子一米左右的地方滚动皮球，将瓶子撞倒。

注意要点

宝宝如果撞倒瓶子，叫宝宝从瓶子中取出彩纸，认一认上面的字。

气球高高飞

大动作能力
平衡能力

益智点

锻炼宝宝的大动作能力和身体的平衡协调能力。

游戏来了

准备一个气球和一个硬纸板，把气球吹鼓起来系紧，用硬纸板当球拍，让宝宝把气球托到空中，尽量不让气球落地。

注意要点

妈妈和宝宝一起玩这个游戏会更增加宝宝的兴趣，宝宝会追着妈妈的脚步，有利于大动作能力的发展。

语言能力开发

这一时期的宝宝发音的准确性有待提高。平时，父母要注意训练与培养宝宝发音的方式与技巧，随着宝宝成长和大人不断加以正确引导，宝宝的发音就会逐渐准确。

买水果

语言能力
认知能力

益智点

通过这个训练能提高宝宝的语言表达能力和认知能力。

游戏来了

1. 妈妈提前将准备好的一些玩具水果或水果卡片放在桌子上，让宝宝提着小篮子或小口袋来“买”水果。

2. 妈妈让宝宝说出水果名称，说对了就可以让宝宝将“水果”放到篮子中，说不对就不给宝宝“水果”。

3. 如果有剩下的几种水果宝宝认不出来，就教宝宝辨认，直到宝宝将所有的水果都“买”走。

4. 当宝宝知道了所有水果的名称后，让宝宝当卖者，妈妈可以故意说错 1~2 种水果名称，看看宝宝是否能听得出来，发现问题及时纠正。

注意要点

水果的种类可以不断变换，让宝宝保持兴趣。当宝宝买对了水果的种类时，妈妈要及时给予鼓励。

给宝宝录音

语言能力
表达能力

益智点

让宝宝在愉快的心情下做游戏，同时培养宝宝的语言能力。

游戏来了

1. 将手机或摄像机打开，开启录音或摄像功能。

2. 让宝宝开始唱歌。刚开始，妈妈也可以跟着一起唱，以带动气氛。

3. 即使有人唱错也不要停，继续录下去，等听的时候会更有趣。

4. 让宝宝听一两次自己在录音里的声音，或看看自己的模样，宝宝会觉得很有趣，更想唱歌。

5. 让宝宝听听自己的声音，能练习正确的发音。

注意要点

将宝宝的歌声、画面录制下来，再一起欣赏，这将会很有趣，也为宝宝的成长过程留下美好的记录。

明星秀

益智点

锻炼宝宝的社会交往能力和语言能力。

游戏来了

1. 妈妈和宝宝一起看一小段动画片或广告，然后和宝宝一起讨论电视里看到的画面。

2. 妈妈要鼓励并引导宝宝把动画片或广告中的主要情节表演出来，宝宝表演完之后，妈妈要用掌声给予宝宝鼓励，不要打击宝宝的积极性。

3. 也可以办一个小型的家庭模仿秀，让家庭中的成员，一起模仿画面中的人物进行比赛。

4. 或者分别扮演不同的角色进行对话，最后选宝宝为“明星”宝宝，并奖给宝宝一个心爱的玩具。

语言能力
社交能力

注意要点

通过表演，能锻炼宝宝的社会交往能力和语言能力，能让宝宝熟练运用各种生活语言，妈妈要鼓励宝宝多做。

小兔乖乖

语言能力
理解能力

益智点

帮助宝宝了解生活常识，提高宝宝的语言表达能力。

游戏来了

1. 准备出小鱼、小虫子、骨头、桃子等。

2. 讲故事：小兔乖乖，请好朋友来家里吃饭，请来小猫咪。宝宝小猫咪吃什么？

3. 让宝宝去取出食物拿给妈妈。

4. 然后依次针对猫、狗、鸡、猴……提问宝宝。

注意要点

提问宝宝的时候要引导宝宝将句子说完整。

数学逻辑能力开发

2～3岁这个年龄段是宝宝计数能力发展的关键期，爸爸妈妈在生活中要多对宝宝进行“数量与数字的累积”教育，也可以让宝宝数生活中一切能数的东西，培养宝宝对数与量的理解能力。

点数

数学学习能力
逻辑思维能力

益智点

让宝宝懂得简单的数量关系。

游戏来了

1. 妈妈可以准备不同水果。
2. 宝宝把水果放入框中计数一个。

注意要点

在这个游戏中，除了苹果，还可以用香蕉、桃子、番茄等来教宝宝认数。

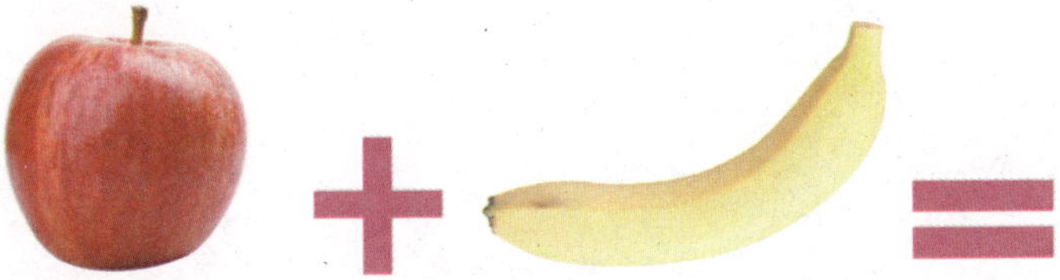

数字涂色

数学学习能力

益智点

帮助宝宝学习写数字。

游戏来了

在纸上画出数字1、2、3的轮廓，让宝宝根据自己的喜好在数字轮廓中添加颜色。宝宝一边添加颜色妈妈一边教宝宝："这是1，这是2，这是3。"

注意要点

在宝宝填色的时候，为了增加宝宝对数字的印象，妈妈可以在旁边摆上相同数目的糖果。

空间能力开发

2岁多的宝宝知道用缆车送玩具，还会玩跷跷板，可以理解相反的方位，并知道如何划分方位。

分辨前后

空间方位感

益智点

锻炼宝宝的空间方位感。

游戏来了

1. 爸爸妈妈（或者其他亲友）和宝宝一起来玩游戏。妈妈站在最前面，宝宝站在中间，爸爸站在最后面。

2. 妈妈问：“宝宝，你的前面是谁？”引导宝宝回答：“是妈妈。”爸爸再问宝宝：“你的后面是谁？”引导宝宝回答：“是爸爸。”

3. 爸爸和妈妈换一下位置，再问宝宝，看宝宝能否正确回答。

注意要点

为了锻炼宝宝的空间认知和想象能力，还可以时常改变宝宝经常走的路线。比如没有走过的街道，周围的景物全部都是新鲜的，能促进宝宝右脑的发育。

小路弯弯

空间认知能力
平衡能力

益智点

提高宝宝的身体平衡能力和对周围空间的认知能力。

游戏来了

1. 剪出宝宝鞋印。

2. 找一块平坦的空地，准备两面小旗子，将鞋印摆放成S形小路，小路的两端分别插上一面小旗子。妈妈示范给宝宝看沿着小路从一面旗子走到另一面旗子，告诉宝宝走的时候踩鞋印，然后让宝宝自己沿着小路走。

注意要点

小路的宽度要合适，太宽或者太窄都会影响游戏的效果。

人际交往能力开发

3岁的宝宝变得更独立了，但也更能容纳别人了，能和别的宝宝建立起友谊。这时的宝宝有了自己的思维，并且能通过大人间的对话，开始模仿学习。宝宝感知事物的能力也进一步增强了。

大家一起玩

社交能力
认知能力

益智点

让宝宝提升社交能力，交到朋友，在游戏中培养相互的默契。

游戏来了

1. 爸爸妈妈带着宝宝到有同龄宝宝的邻居家串门。

2. 让宝宝们一起玩游戏，如盖房子、拍手、拉大锯等，鼓励宝宝与同伴一起玩耍。

3. 给宝宝们相同的玩具，避免他们争夺。

4. 在玩游戏的过程中，当一个宝宝做一种动作或发出一种叫声时，另一个宝宝会立刻模仿，然后互相笑笑，这样可增加亲密感。

注意要点

协同游戏是这一时期最好的游戏方式，爸爸妈妈要想办法为宝宝创造这种一起玩的条件。

扮家家

社交能力
语言能力
创新能力

益智点

培养宝宝的交往能力和创意能力。

游戏来了

1. 设计好故事情节，如招待客人、看医生等，爸爸妈妈和宝宝一起来做扮家家的游戏，并鼓励宝宝为爸爸妈妈、布娃娃和他自己分配角色。

2. 爸爸妈妈要充当隐形的导演，讲述生活中的故事，并不断提示宝宝该做什么，但要让宝宝觉得是他在指挥你做什么。

注意要点

宝宝进入游戏后，往往会将假想与现实混淆，特别是把游戏中的玩具当食物时，常常会把玩具当成是真的食物放入口中嚼一下，妈妈要注意提醒宝宝。

音乐能力开发

2~3 岁的宝宝都热衷于音乐创造，如摇椅子、拍小手、敲打玩具和跳舞等，喜欢创造自己的节奏和旋律，并乐此不疲。涂鸦绘画能带给宝宝丰富的感官体验，刺激宝宝思维能力的发展。

火车开了

音乐能力
听觉能力

益智点

锻炼宝宝的听觉能力，游戏过程中通过有序的节奏培养宝宝的乐感。

游戏来了

准备一段模仿火车节奏的音乐和一个小凳子，妈妈引导宝宝模仿火车的声音：“咔嚓，咔嚓，呜——”妈妈一边和宝宝做游戏，一边唱儿歌：“小板凳摆一排，我和宝宝坐上来，我当司机把车开，我的火车跑得快。”

注意要点

妈妈要根据音乐的节奏来和宝宝一起做动作，让宝宝身体的动作和音乐的节奏一致。

爸爸妈妈看过来

这个游戏可以锻炼宝宝的听觉能力，也能同时提高宝宝的音乐能力，游戏过程中宝宝的身体动作和音乐节奏一致，可以帮助宝宝开启音乐智能。

自我认知能力开发

3岁的宝宝独立能力更强了，认识自己的身体，会进行一些简单的扣扣子的动作。

学穿脱衣服

自理能力
身体协调能力

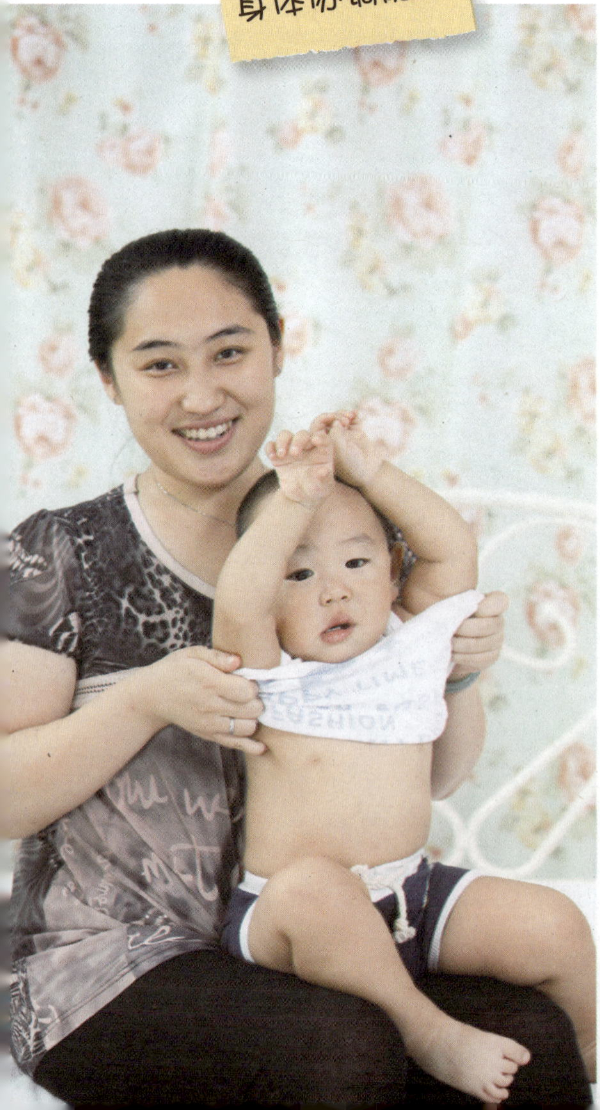

益智点

既可锻炼宝宝小肌肉群的灵活性，又能培养宝宝的自理能力。

游戏来了

1. 宝宝穿对襟开的衣服时，鼓励宝宝自己将两只手放到袖子中。

2. 让宝宝认识一个扣子对准一个扣眼，教宝宝先将一半扣子塞到扣眼里，再把另一半扣子拉过来。

3. 让宝宝反复多做几次，并在旁边及时纠正不正确的动作。

注意要点

如果宝宝扣错扣子了，就拉着宝宝站到镜子面前，让他看看歪歪扭扭的扣子，并指导他进行自我纠正。

自然认知能力开发

现在的宝宝对于自然的事物非常感兴趣，喜欢观察植物发芽的过程。

认识早和晚

自然认知能力
理解能力

益智点

培养宝宝对早和晚的认知能力，帮助宝宝初步建立时间概念。

游戏来了

1. 妈妈要准备“早晨”“晚上”两张卡片：早上活动，起床、洗漱、晨练；晚上活动，看电视、睡觉。

2. 妈妈出示起床、洗漱、晨练的图片，请宝宝观察后，问他：“这是什么时候？”

3. 妈妈出示全家人看电视、哄宝宝睡觉的图片，请宝宝认真观察后，问他：“这是什么时候？”

4. 最后，妈妈手拿图片，并问：“宝宝，天亮了，要起床了，是什么时候？”让宝宝回答：“早上。”

5. 妈妈继续提问：“月亮出来了，妈妈要哄宝宝睡觉了，是什么时候呢？”请宝宝回答：“晚上。”

注意要点

妈妈还可以在相应的时间段中，利用文字或图片，帮助宝宝记录家人的行为。

爸爸妈妈看过来

随着宝宝心理的发展，宝宝的认知也进一步发展，并具有概括性和随意性，他们可以利用词把知觉的对象从背景中分出，这时，在大人言语的指导下，宝宝能感知事物，使感知出现随意性的萌芽，这也是观察力的形成。因此，要引导宝宝进行初步的观察力开发。

感觉能力开发

3岁的宝宝视觉记忆能力和听觉记忆能力都很强，能够记住快速在眼前闪过的东西，听几遍歌曲之后，能够学会唱一些片段。

声音哪里来

听觉能力
观察能力

益智点

游戏能力提高宝宝的听觉灵敏度，提高宝宝的注意力、观察能力和听觉能力。

游戏来了

将音乐玩具打开藏在房间的某个地方，把宝宝带到房间，让他仔细辨别声音的出处，然后寻找玩具。宝宝找到玩具之后要夸奖宝宝。再把另一种能够发声的玩具藏起来让宝宝来找。等宝宝熟悉音乐玩具的声音之后，可以同时藏两件玩具，并让宝宝找出其中的一件。

注意要点

玩具的声音要清脆，容易辨别，藏的地方也要方便找到。

拼图画

益智点

提高宝宝视觉能力和手指的灵活性，进一步提升宝宝的智力水平。

游戏来了

准备一些简单的拼图材料，也可以选一个宝宝熟悉的图画贴到硬纸板上，剪成几块作为拼图材料。妈妈先将图案拼起来，让宝宝认出辨认图画，然后将拼图打乱，让宝宝自己来动手拼好。

视觉记忆能力
精细动作能力

注意要点

开始的时候要选择简单一点的图案，然后逐渐增加难度。

品百味

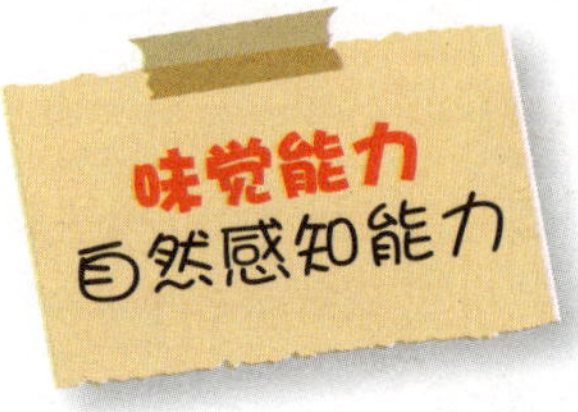

益智点

通过宝宝品尝更多的味道，丰富宝宝的味觉，增强宝宝的味觉能力。

游戏来了

准备几种和宝宝喜欢的口感相近的食物，将食物放到不同的碗里，妈妈可以告诉宝宝食物的名称，然后将宝宝的眼睛蒙起来，用勺子舀一勺让宝宝尝一尝，然后让宝宝猜一猜吃的是哪种食物。如果宝宝猜对了要鼓励宝宝，如果没有猜对，可以让宝宝再尝一口。

注意要点

不要让宝宝一次性吃太多，也不要给宝宝预备太凉的食物。

这是什么感觉

触觉能力
语言表达能力

益智点

激发宝宝的好奇心，训练宝宝的触觉能力，发展宝宝的语言能力和情感能力。

游戏来了

找一个彩色的布袋子，将一个和橘子大小差不多的小玩具放进袋子，让宝宝把手伸进袋子去摸。让宝宝一边摸一边说是什么感觉，然后猜袋子里面是什么。宝宝猜出之后，可以再换另一个小东西让宝宝猜。

注意要点

宝宝摸到东西后会很好奇，这个时候妈妈要引导宝宝，让宝宝说出什么感觉，一遍遍给宝宝重复，让宝宝综合各种信息来猜。

模仿创新能力开发

快到3岁的宝宝开始有分析和综合的能力，开始有思维，能按照物品的用途将其分类。

染色魔术

创新能力
观察能力

益智点

帮助宝宝认识不同的颜色，让宝宝知道几种不同的颜色配在一起可以产生新的颜色，激发宝宝的创新能力。

游戏来了

准备番茄、橘子、菠菜、三个小碗、几张白纸和一把玩具剪刀。将番茄、橘子、菠菜的汁液挤出来，分别放到三个小碗中。将白纸剪成小块，让宝宝将三张白纸块分别浸在三种汁液中，过一会儿拿出来晾干，纸被染上了颜色。

妈妈教宝宝将不同颜色的汁液混合起来，浸入白纸晾干后，看看白纸会变成什么颜色。

注意要点

不要让宝宝接触剪刀，避免宝宝受伤。

火柴塔

创新能力
动手能力

益智点

提高宝宝的创新能力，锻炼宝宝的动手能力，也能够培养宝宝的专注性和耐心。

游戏来了

准备一盒火柴和一块橡皮泥，妈妈和宝宝一起用橡皮泥连接火柴棒，把它们拼成一个三角形的塔。教宝宝自己来动手连接。

等宝宝学会之后，妈妈和宝宝一起来比赛，看谁连起来的塔更高、看谁连得更快。

注意要点

要尽量多引导宝宝自己动手来做，也要及时鼓励宝宝。

图形娃娃

创造性思维能力
语言表达能力

益智点

让宝宝在图形上添加不同的表情，可以激发宝宝的创造性思维，同样也培养宝宝的动手能力。

游戏来了

妈妈先画出几个不同的几何图形，如圆形、正方形、三角形，各个图形上画上表情。引导宝宝在不同的图形上画表情。

注意要点

宝宝画不出来时，妈妈可以在旁边进行指导，但尽量让宝宝自己来发挥。

认知水火

观察能力
分析问题能力

益智点

认知水的不同存在形式，理解水火之间的关系。

游戏来了

1. 通过故事认知水，"我是一滴水，我生活在山里的小河边，我的兄弟姐妹也有生活在大海里。我在山里奔跑，天气一天比一天炎热，我觉得我的身体变轻了，我飞起来了（蒸气）；飞呀飞呀，我看到空中有好多和我一样的小水滴，我们一起手拉手。越来越多，我们变成了云（云）；由于小水滴太多，我被挤开了，开始飘落，飞回大地，我变成了小雨滴，要是我冬天回来，我会变成小雪花的。"

2. 火最怕什么：

风（吹灭火机），水（用水灭火，沙（用沙灭火）。

3. 用火把水烧开。

注意要点

在讲解的时候不要用太多的科学术语，这样不容易让宝宝理解。

2~3岁
宝宝智能水平小测试

1 对于需要表情和表演的歌曲，宝宝的表现是

A. 唱歌时表情准确丰富，表演自如

B. 表情略显刻板，表演略显笨拙

C. 没有表情，唱歌也没有曲调

2 当妈妈唱出某句儿歌的歌词时，宝宝会怎么样

A. 马上接出下一句

B. 有时候会接出来，有时需要妈妈提醒

3 宝宝是否能进行简单的跳绳、排球等活动

A. 是的，而且很熟练

B. 可以玩，不够熟练，但很有兴趣

C. 可以玩，但不大感兴趣

4 宝宝能否自己穿衣服和鞋子，而且能按顺序穿

A. 可以，能熟练地扣好扣子并系好鞋带

B. 可以，但扣扣子和系鞋带需要人帮忙

5 宝宝在叙述一件事情的时候，情况如何

A. 会用一些修饰语，能把事件陈述完整

B. 能把事情说清楚，但不会用修饰语

6 宝宝能否用语言表达自己的意思

A. 能，而且表达得很清晰、生动

B. 能，但有时候讲不清楚

7 当遇到问题时，宝宝的表现怎样

A. 会自己想办法解决，喜欢动脑筋

B. 自己思考一会儿，但很快找大人帮忙

C. 不愿自己解决，遇到问题就找大人帮忙

8 吃饭时，给宝宝一双专用筷子

A. 宝宝能用筷子吃饭，只是不大熟练

B. 即使爸爸妈妈教了半天，宝宝也还是不能掌握用筷子的要领

9 宝宝自己整理玩具和物品

A. 经常　B. 较多　C. 较少　D. 从不

10 在竞赛类训练中，宝宝的取胜信心如何

A. 很足　B. 比较足

C. 不太足　D. 没有

11 宝宝是否愿意把自己最喜欢的玩具带到幼儿园

A. 经常带　B. 有时候会

C. 很少带

12 能准确、清晰地辨别所有方向，如前后、左右、上下等。

A. 是　B. 有时候会分辨不清

题号 / 得分	A	B	C	D
1	10	5	2	
2	10	5		
3	10	5	4	
4	10	5		
5	10	5		
6	10	5		
7	10	5	2	
8	10	2		
9	10	6	2	0
10	10	7	2	0
11	10	5	2	
12	10	5		

测评结果

所得分数	结果分析
70 分以下	宝宝的智力发展未达到理想的水平，妈妈要多加训练。
70 ~ 110 分	宝宝的智力发展尚可，达到平均水平，若要提升宝宝的智能，妈妈要多加训练。
110 分以上	宝宝的智力发展非常棒，继续努力吧。

备注：本书中的智能测试评分方法仅供参考。测试的结果因人而异，若宝宝达不到平均水平，可重复测试，让宝宝多学习，就一定做得到。

读懂新生儿的语言

哭的原因	哭声表现
健康性	正常的啼哭声抑扬顿挫，不刺耳，声音响亮，节奏感强，不会流泪。这是新生儿表达意愿和运动的一种方式。哭的时间较短，无其他特别的征象，不影响饮食、睡眠和玩耍
害怕性	宝宝哭声突然发作，刺耳，伴有间断性号叫。多因害怕黑暗、不敢独处、有小动物靠近、打针、吃药或突如其来的声音等。此时要细心体贴宝宝，消除其恐惧心理
意向性	啼哭时，宝宝头部不停扭动，哭声平和，带有颤音；妈妈来到宝宝跟前，啼哭就会停止，宝宝双眼盯着妈妈，嘴里还会发出声音，小嘴唇翘起，这就是要你抱抱他
饥饿性	饥饿的哭声里带有乞求，声音由小变大，很有节奏，当妈妈用手指触碰宝宝面颊时，宝宝会转过头来，有吸吮动作；若把手拿开，不进行哺喂，宝宝会哭得更厉害
吸吮性	多发生在给宝宝喂水或喂奶 3 ~ 5 分钟后，哭声突然阵发。原因往往是水、奶过凉或过热；也可能是乳头孔太小，吸不出奶水；或乳头孔太大，奶水太冲，呛奶等
过饱性	这种啼哭多发生在哺喂后，哭声尖锐，两腿屈曲乱蹬，有溢奶或吐奶的现象。过饱性啼哭不用哄
口渴性	哭时新生儿表情不耐烦，嘴唇干燥，经常伸出舌头，舔嘴唇；当给宝宝喂水时，哭声会立即停止
尿湿性	尿湿性啼哭强度较轻，没有眼泪，大多在睡醒时或吃奶后啼哭；哭时两腿会蹬被。换上干净的尿布后就不会哭了
便前	便前肠蠕动加快，宝宝会感觉腹部不适，哭声低，两腿乱蹬，妈妈要及时把便
困倦性	哭声呈阵发性，一声声不耐烦地号叫，俗称“闹觉”。多因室内人太多，噪声很大，空气不流通，室温过高。让宝宝在安静的房间躺下来，很快会停止啼哭，安然入睡
疼痛性	当有异物刺痛、虫咬，或是硬物压在身下等，都会造成宝宝疼痛性啼哭。哭声尖厉，妈妈要及时检查宝宝被褥、衣服中有无异物，皮肤有无蚊虫咬伤
燥热性	新生儿多大声啼哭，烦躁不安，四肢舞动，颈部有很多汗；当为宝宝减少衣被，或把宝宝抱至比较凉爽的地方时，宝宝就会停止啼哭

0~3 岁宝宝健康发育对照图

“身高、体重曲线图”使用诀窍

1. 顺时记录

要想了解宝宝的生长发育是否正常，身高体重是否标准等，爸爸妈妈可以为小宝宝每个月测量一次身高、体重，把测量结果标注在生长发育曲线图上（避免在宝宝患病期间测量），然后连成一条曲线。若宝宝的生长曲线一直在正常范围内（3rd~97th 之间），且能匀速顺时增长，这就表明是正常的。可能有些宝宝的生长速度会比较快，生长曲线呈斜线，不过，若一直在正常值范围内就不用担心。

2. 动态观察

利用生长发育曲线图对宝宝的生长发育指标进行定期的、连续的测量，最好每 2~3 个月对生长曲线增长速度进行一次横向比较，如果出现突然增速或减速，就要引起注意了，定期体检时可以向儿科保健医生反映情况，听取医生的建议，以便及早分析原因，采取措施，促进生长发育。

“身高、体重曲线图”的使用误区

误区 1：追求最高值，认为平均值以下为不正常

每个宝宝的生长发育曲线都会有所不同，平均值曲线并非判断发育正常与否的唯一标准。即使宝宝的生长曲线一直在平均值曲线下面，最低值曲线上面，只要一直呈现匀速顺时增长就应视为正常。

误区 2：一直等到生长曲线突破正常值后才引起注意

很多父母往往在宝宝的身高、体重超出或低于正常值后才发现问题，那时已经有点晚了。若宝宝的生长曲线总是超过 85 th，或者低于 15th，就应咨询医生，看是否喂养方式不当造成的，是否需要予以干涉。

注 440~441 页为 0~3 岁男女宝宝的身高体重发育曲线图。以男孩为例，该曲线图中对生长发育的评价采用的是百分位法。百分位法是将 100 个人的身高按从低到高的顺序排列，图中 3rd、15th、50th、85th、97th 分别表示的是第 3 百分位，第 15 百分位，第 50 百分位（中位数），第 85 百分位，第 97 百分位。排位在 85th~97th 的为上等，50th~85th 的为中上等，15th~50th 的为中等，3th~15th 的为中下等，3rd 以下为下等，属矮小。

中国0~3岁男童身高、体重百分位曲线图

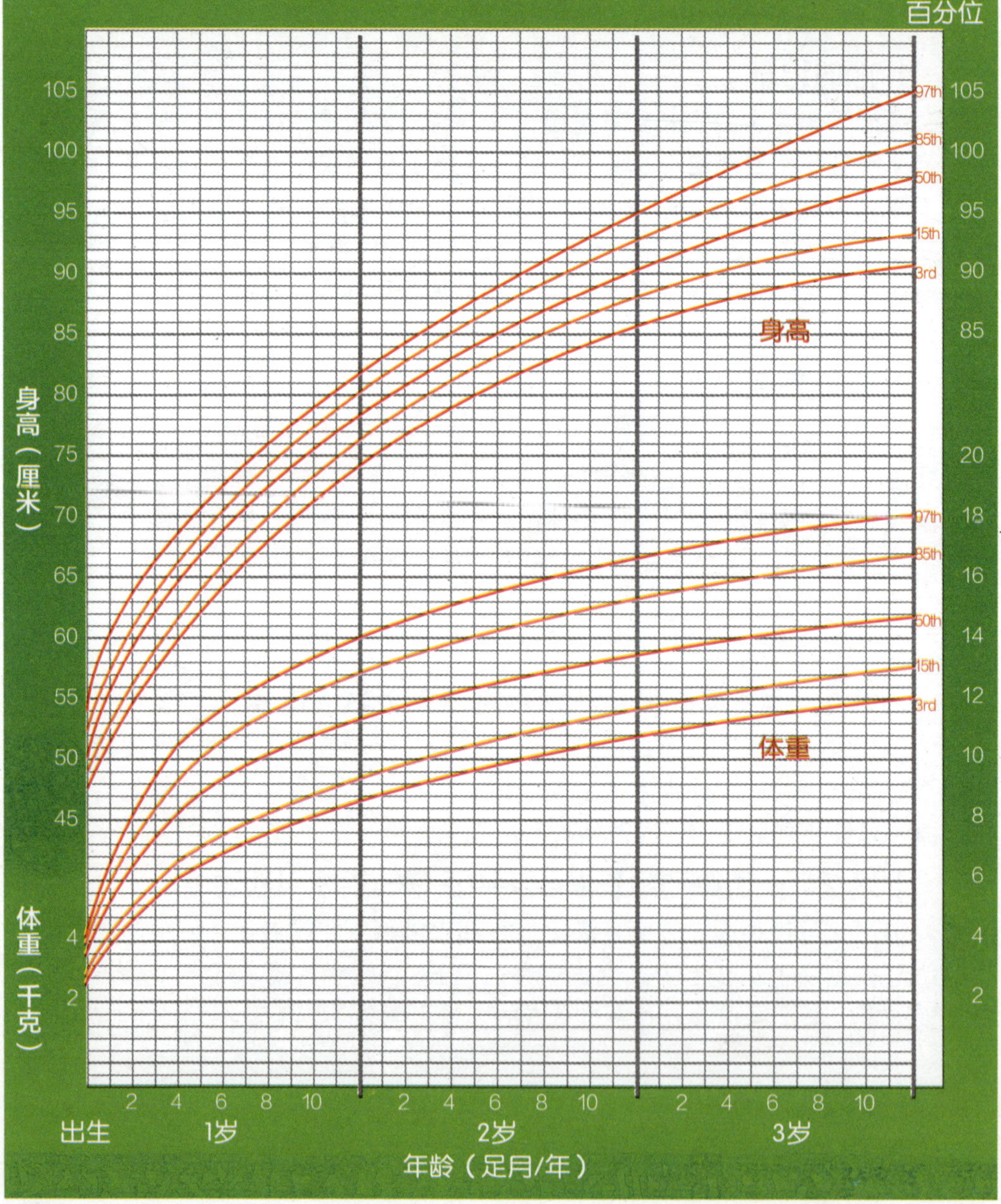